妥协的完美主义

陈洁 著

优秀产品经理的实践指南（卷二）

人民邮电出版社
北京

图书在版编目（CIP）数据

妥协的完美主义 ：优秀产品经理的实践指南. 卷二 / 陈洁著. -- 北京 ：人民邮电出版社，2017.1
ISBN 978-7-115-31447-5

Ⅰ. ①妥… Ⅱ. ①陈… Ⅲ. ①企业管理－产品管理 Ⅳ. ①F273.2

中国版本图书馆CIP数据核字(2016)第301726号

内 容 提 要

本书结合设计项目来讲解移动 App 产品设计的理论和实践知识，主要内容包括如下：视觉设计的演化、产品设计项目管理、项目需求分析、项目用户研究、项目交互设计的方法、项目视觉界面设计的方法和处理界面视觉元素、情感化设计、紧跟设计潮流、项目可用性评估、项目产品优化的方法、善用色彩的心理暗示等。

本书适合平面设计师、交互设计师、产品经理等相关人士阅读，也适合大专院校相关专业师生和培训学校作为学习用书或培训教材。

◆ 著　　　陈　洁
责任编辑　张　涛
责任印制　焦志炜

◆ 人民邮电出版社出版发行　　北京市丰台区成寿寺路 11 号
邮编　100164　　电子邮件　315@ptpress.com.cn
网址　http://www.ptpress.com.cn
北京缤索印刷有限公司印刷

◆ 开本：800×1000　1/16
印张：14.25
字数：260 千字　　　　2017 年 1 月第 1 版
印数：1 – 2 500 册　　　2017 年 1 月北京第 1 次印刷

定价：59.00 元

读者服务热线：(010)81055410　印装质量热线：(010)81055316
反盗版热线：(010)81055315

推荐序一
——产品设计与城市规划

今年是我进入互联网行业的第十六年，从业之初，从未想到会有一天去设计产品。在大学期间，我所学的专业是工业与民用建筑结构，辅修了建筑学。研究生期间，课题的方向是数据库在结构实验数据中的应用，这个方向让我最终走入了信息服务领域。

2002 年刚刚接手 MSN 业务的时候，我们面临很大的困难，经过公司战略部反复研究和测算，MSN 在美国以及其他市场的模式在中国都不可能获得成功。为了到总部去争取一个独特的发展路径，我尝试将 MSN 即时通讯根据交友场景进行了一个概念设计：把若干张想象中的交互界面放在一个 PPT 里面，用 PPT 的跳转模拟逻辑分支。一天，周鸿祎来办公室谈事，顺便把这个 PPT 给他放了一遍，老周说，这个想法还挺好，看来你还挺适合做产品经理。这是我第一次想到自己可能与产品设计发生链接。这个模式的核心是将 MSN 即时通讯作为一个开放平台，通过引入更多的服务和内容合作伙伴来实现用户增长和变现，这显然不在公司业务发展的主轴上。幸运的是，这个低成本发展业务的模式最终得到了总部的支持。2005 年 MSN 在中国正式开展业务，成为了全球仅有的几个盈利市场之一，MSN Messenger、MSN Space 的用户发展速度也成为了亮点。

这个想法的初心，来自当年听建筑学院赵炳时先生所讲授的城市规划里面的一章——对比里约热内卢和巴西利亚：里约热内卢是个典型的生态城市（organic city），而巴西利亚则是一个完美城市规划概念下的乌托邦。

公元 1502 年，葡萄牙航海探险队首先发现里约热内卢（葡文就是热月之河的意思）。里约热内卢靠近水源和大海，交通便利，气候宜人，物产丰富，非常符合生态城市的发展要求。里约热内卢的规划永远赶不上变化的城市，街道拥挤，店铺林立，你所能想到的任何大城市病在这里都能找到。可是，这些却不能阻挡她成为桑巴狂欢节的主场，成为足球明星的故乡。大街小巷人群流动，海滩树林掠影浮光，到处都呈现勃勃生机。2014 世界杯在巴西的 12 个城市举办，不过大部分观众可能只记住了里约热内卢。

巴西利亚是巴西的行政首都，根据政治家和建筑师的梦想所建造的完美的城市，从上空俯瞰像一架即将起飞的飞机，建筑师把功能分区做得非常完善：“机头”部分是总统府、议会和法院”;“机舱”是风格统一整齐的政府各部的办公大楼、教堂及国家剧院，随后是商业区、文化区；向南北伸展的“两翼”是平坦宽阔的立体公路，沿路排列着规划整齐的居民区、商业网点等。“飞机”前方是呈“人”字形的帕拉诺阿湖，张开双臂拥抱着整座城市。城市中的单体建筑也兼具非常高的审美意境和功能诉求。这座堪称设计完美的城市却有一个最大的问题：无法让人真正居住。迁都刚完成的时候，很多官员一到周末就要逃回里约热内卢或圣保罗，什么原因促使人们如此疯狂地逃离？巴西利亚也许不像一个城市，他更像一个主题公园，人在这些纪念性建筑中间找不到自己的归属。火车站和购物中心反而人气最旺，很多人到那里去的唯一目的就是遇到其他人。

互联网服务是面向大众的产品，成功的产品和繁荣的城市一样都需要参与感，都能沉淀文化。用户参与的最大好处就是，产品经理不是一个人在战斗。用户、伙伴和你一起建立了默契的生态。QQ、淘宝和贴吧都构筑了这样的生态：市民（用户与伙伴）自身的发展促进了城市（平台）的繁荣。同时，有长久生命力的产品也不可能一蹴而就，它需要不断自我进化。产品经理的职责就是推动这种进化，帮助用户发现流向，建立规矩制止伤害文化的行为。只不过，这些工作不是通过法律或广播实现的，而是通过线条、符号、数字、色彩等视觉听觉元素，按照有趣的逻辑，呈现到用户面前。陈洁同学做了十多年的产品经理，本书总结了她的心路历程，系统全面地阐述了“场景化设计，以用户为中心”的设计理念和方法，还讲解了这些方法形成的原因和实践案例，而非空洞的理论，是业内不可多得的产品经理和产品管理的专业参考书。坦率地说：没有完美的产品，也没有完美的设计方法，一个有生命力的产品来自产品经理的初心与境界。保持旺盛的好奇心和对使命的热爱，才是让产品持续进化成长的不二法门。

罗川

连续创业者

应用汇　联合创始人、董事长

道口贷　联合创始人、首席执行官

推荐序二

互联网行业的发展，从诞生起就伴随着快速的产品创新和激烈的用户竞争。随着移动互联网时代的到来，乔布斯打造的苹果智能手机及iOS系统所追求的产品极简、用户体验极致的产品设计，更把互联网产品的标准（用户体验）带到了一个新的高度。我身边每一个从事互联网产品的企业家，无不深知产品对于企业生死存亡的重要性，无不把开发设计出优秀的网站或者App作为企业最重要的目标之一。

但知易行难，很多产品在立项时，从用户需求、功能设计和用户运营都感觉信心十足，但在产品交付时，用户使用的体验就谬以千里。这时候，很多公司都会陷入困惑，问题(用户需求了解不够充分、不够美观、交互不友好、功能设计单一、技术复杂等)出在哪里？如何解决？这时候会发现产品设计仅有创意和构思是远远不够的，如何能有系统的知识、方法、工具来保障产品设计对需求的一致性、易用性、美观性以达到用户体验的最优，尤其能够以敏捷开发的方式，用最优的开发管理流程保障产品的交付时间和质量，都成为互联网企业发展中遇到的最关键问题。

陈洁的《妥协的完美主义——优秀产品经理的实践指南》正是为解决上面这些问题提供了详细的解决方案和工作方法，更为难得的是，通过长期的实践经验告知这种工作方法形成的原因和实例演示形成的结果，是行业里难得的全面系统讲解互联网产品设计和管理的专业书籍。

互联网和科技的发展日新月异，智能手机、智能穿戴设备、VR/AR、机器人等新的设备和产品扑面而来，人们的需求和使用习惯也随着发生新的变化。但产品和开发的理论和工作方法是指导所有产品成功的基础，当然也希望陈洁以及所有互联网的从业者在新的实践中逐渐补充和完善工作方法，成为培养优秀互联网产品经理的基石。

联众游戏总裁 张鹏

在人人都是产品经理的时代，晋级高阶门槛的人应具有对产品形态有完美挑剔的追求、对资源伙伴有互利妥协的谋划能力，而陈洁从书名就切入这个职业的秘籍，仔细浏览一遍，感觉本书特别适合新人了解熟悉、老手复盘自己。

互联网早读课（zaodula.com）创始人　Reynold

前言

谁应该看这本书

在移动智能时代之前，使用电视机非常简单，只需要把开关打开，换到适当的台就可以了，这叫“控制行为”。但是现在，我们可以通过手机App控制电视机的开关、换台，决定电视机联网还是连有线电视，在电视上玩互动游戏。通过AirPlay，我们可以同步多屏播放视频、播放照片等，给电视机换个壁纸桌面，在小小的手机屏幕上，有开始、确认、播放、取消、换台、同步等很多不同功能的虚拟操作按钮，这就是与电视和手机屏幕的“交互行为”。

在屏幕分辨率越来越高的多屏移动互联网时代，出现了越来越复杂的“交互行为”的产品和服务，人们也越来越依赖应用软件App。这些变化带来了一门新兴学科“App用户界面设计”。App界面设计从传统设计、心理学、工程学领域吸收了很多经验和技术，对从业者的要求越来越高。这一新兴的学科不是几个学科的简单组合，而是需要在实践基础上，考虑特殊性的工作方法。

和传统软件开发相比，移动App的开发分工越来越细致，对从业者的能力、态度、思维方式、所用工具，甚至价值观都有不一样的要求。移动App的产品设计者要求具备用户研究、交互设计、心理研究、市场研究、视觉设计、项目管理等多方面的综合素质，需要经过系统培训，掌握基础理论知识，在此基础上不断实践。否则，别说是新近从业者，就算是传统从业者如果不及时转型，不学习培训适应新的开发环境，很难说不被公司淘汰。我所在的公司曾经招聘过三四个有七八年工作经验、在从平面设计转型到移动App界面设计的设计师，但由于工作方法不对，一直没有经过系统的培训和学习，始终无法适应新的设计环境，最终只能转为内容文字编辑。并不是说移动App的UI设计有多么难，也不要以为有一定工作经验和设计基础，不学习就能轻松胜任新时代的发展环境，关键是要了解移动智能设备的设计有别于平面设计，有别于传统PC，它有独特之处，设计师需要掌握了这些不同之处后，并掌握好的工作方法，才能迎接移动互联网时代新的挑战。

此外，不同于传统制造业，消费类电子产品更新换代很快。尤其是软件应用的开发成本在逐渐降低，一旦 App 程序被编写完成，基本上无需太大花费就可以很快复制出很多个版本，因此没有必要在产品的设计架构上节约成本，而应该更多地关注提高软件运行的效率、使用率和产品质量。因为，只有软件不断被用户使用，一直在市场上占有一定比例，App 开发所消耗的成本才能有效地被用户消费的价值填补。这就是为什么很多已经处于行业领先的大型公司，都还在拼命强调用户体验，在守住老业务的同时，不断拓展新业务，拼命强调 App 的产品质量。细心的人会发现，一个好的移动互联网的领导者，一定是最熟悉他的用户的好的产品经理。因此想要在移动互联网领域游刃有余，就要放弃过时的传统管理方法，运用互联网思维，采取用户研究、交互设计、视觉设计为主的移动 App 设计方法，来优化设计项目和产品。

本书所讨论的主题适合交互设计的学生和从业者，任何关注移动 App 产品设计和交互的人，都可以从中了解很多理论和实践知识。此外，从事程序开发、视觉设计师、项目管理、用户研究的人也可以在本书中发现有用的知识，从中获得转型或者提升所需的内容。

智能终端和移动互联网的魅力如此之大，设计需求如此广阔，而熟悉这套系统的从业者却还较少，这就意味着许许多多全新的机会。我真诚地希望这本书能给读者带来一种新的观点和方式，促进读者对移动 App 设计的思考，让读者真正喜欢上它，本书读者交流 QQ 群为 497733729。

作者

目录

第 1 章

App 产品设计团队进化史

1.1 App 开发的历史变迁

在 App 的开发过程中，常常有两股主要矛盾力量：开发人员和市场人员。

尽管市场人员精通市场、定价，善于掌握商机，但他们对产品设计和过程的要求，只局限在需求列表、需求清单上，列出他们所需功能，这些需求同用户的实际需要和期望有一定差距，主要在于如何超越竞争对手，如何赚取更多的利润，这些需求的来源基于市场调研和对用户心理的猜测：

“市场数据的表现是这样的，用户可能是因为某某原因不喜欢使用我们的产品。”

“竞争对手增加了一个新功能，吸引用户的地方可能在那里。”

“他们可能不喜欢这个功能，可能需要那个，所以我们要做那个功能。”

除非是专家级的忠实用户，在有闲情逸致的时候，热情耐心地填写反馈意见，发到 App 开发商的客服邮箱里，绝大多数用户是不会主动告知 App 开发者自己哪里不满意、缺什么、想要什么、喜欢什么、讨厌什么的，他们只会在软件崩溃时，或不喜欢使用时无情地卸载 App。就算是那些热心用户发送回来的反馈信息，也只是他个人所关心的次要功能、产品小缺陷、使用小窍门，充其量代表了他所在市场的那部分用户。而“沉默的大多数”用户会让 App 静静地躺在手机里，使用的会越来越低，最终不再使用这些 App，他们不会告诉你他们在想什么，他们正在使用什么 App，即将关注什么，这就是最可怕的，不知不觉中开发的 App 就被用户抛弃了。用户喜新厌旧，市场“朝三暮四”的速度之快，原因之隐蔽是超乎想象的。

虽然开发人员精通代码，知道如何把设计要求最终实现，但他们可能缺乏对用户的理解，缺乏对市场和竞争对手产品的认识。他们擅长和热衷于攻克技术难题，遵从技术开发的标准，更关注于按项目计划、按时完成代码开发任务。但是他们接到的需求往往是不够详尽的、有纰漏的、不严谨的和不专业的，甚至可能是前后矛盾的，无法直接转化成可以实施的需求细节。同时，开发人员往往缺乏足够信息，在信息不对称的情况下，仓促做出关于用户体验如何实现的重大决定。

而其他相关的部门，也有各自的关注点，矛盾不可避免，各个部门关注点如表 1.1 所示。

表 1.1 各个部门的关注点

角色	关注点（举例）
市场部	免费浏览者到付费购买者的转化率更高 用户更频繁支付、升级为付费会员

续表

角色	关注点（举例）
设计师	怎样帮助人们快速找到自己所需的内容 为什么这么多用户点击了【升级为会员】却又放弃了付费
编码开发	是不是值得使用插件 统计用户以手机号为准还是以设备 IMEI 号为准
客服	把更多的客服工作从电话转为邮件 / 短信反馈

在多种矛盾下，软件开发的过程中，技术负责人和市场负责人不会太多考虑用户的需求和使用动机。他们做决策时，又很容易被竞争对手、市场趋势以及技术限制影响，导致设计开发出来的产品缺乏统一的用户体验。

这种情况下开发出来的产品，用户使用起来，只会感觉“别扭、不顺手、不好用”，在使用中有挫折感，严重影响使用者的心情，最终的结果就是不好用和不爱用。

1.1.1 在没有产品设计团队的软件开发时期

在没有产品设计团队的软件开发时期，开发过程如图 1.1 所示。

图 1.1 开发过程

市场人员将市场商机转化为产品需求，提交给开发部门，然后程序员构架产品并开始开发测试，完成后的产品提交给市场人员，市场人员经过简单试用，认为达到其所需，就到市场上发布产品，提供给用户使用。开发部门设计的简单的产品架构如图 1.2 所示。这种结构设计图别说普通用户了，就连市场需求方也都看不懂，更别说提出修改意见进行反馈了。

此类产品缺乏图形用户界面，普通大众使用起来的难度比较大，一般提供给相关行业的专业人士使用，使用者需要经过大量学习和培训，熟练掌握并铭记命令语言、使用方法。经历过大学时期精工实习的同学，还记不记得数控机床的编程界面、汇编语言界面、DOS 命令界面（如图 1.3 所示）？这些软件都不是给普通人使用的常见软件。

地址计数器清0
读入一个语句
有变量或标号定义
查符号表
找到
出错
重复定义
变量标号及地址计数器值写入符号表
查伪指令表
找到
查机器指令表
找到
测试指令长度
地址计数器增加
测试伪指令的类型
修改符号表
语法错
段名进入符号表
地址计数器清0
SEGMENT
END
PASS2
EQU
DB, DW
DD, DT
测试存储区长度
地址计数器增加
Y
N

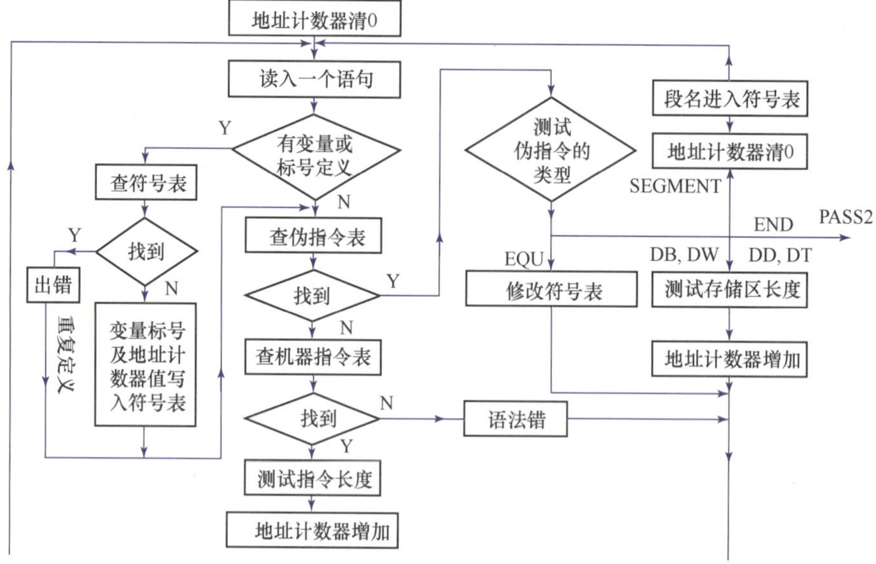

图 1.2 结构设计图

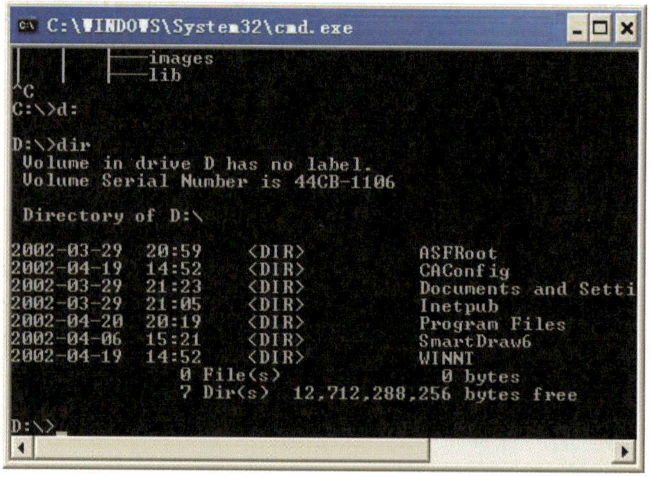

C:\WINDOWS\System32\cmd.exe
images
lib
^C
C:\>d:
D:\>dir
Volume in drive D has no label.
Volume Serial Number is 44CB-1106
Directory of D:\
2002-03-29 20:59 <DIR> ASFRoot
2002-04-19 14:52 <DIR> CAConfig
2002-03-29 21:23 <DIR> Documents and Setti
2002-03-29 21:05 <DIR> Inetpub
2002-04-20 20:19 <DIR> Program Files
2002-04-06 15:21 <DIR> SmartDraw6
2002-04-19 14:52 <DIR> WINNT
0 File(s) 0 bytes
7 Dir(s) 12,712,288,256 bytes free
D:\>_

图 1.3 DOS 界面图

1.1.2 随着图形用户界面的出现

随着计算机技术的普及，普通大众使用计算机和智能设备的机会增多，为了让更多的人更容易上手使用软件，图形设计人员参与到软件界面的制作和美化工作中来，逐渐形成了图 1.4

所示的开发流程。

图 1.4 开发流程

但图形设计人员只对软件的表皮进行美化，不对软件的交互进行优化，产品开发也是以代码能实现为目标，而不是以用户容易使用作为出发点。这样开发出来的软件产品，使用起来非常不友好。哪怕用户没有操作错误，是软件自身缺陷崩溃或者报错，也会导致出错信息代码窗口“啪啪啪”地不断弹出。出错提示只有程序员才能看懂，如图 1.5 所示。报错弹窗一次一次打断用户的使用过程，只能单击【确定】、【取消】、【关闭】按钮被动接受这一结果。用户既不理解弹出的出错提示究竟是什么意思，是什么原因引起的，也不知道下一步该如何继续使用，应该如何正确地操作软件，这样的弹窗对于提升使用体验没有丝毫帮助。

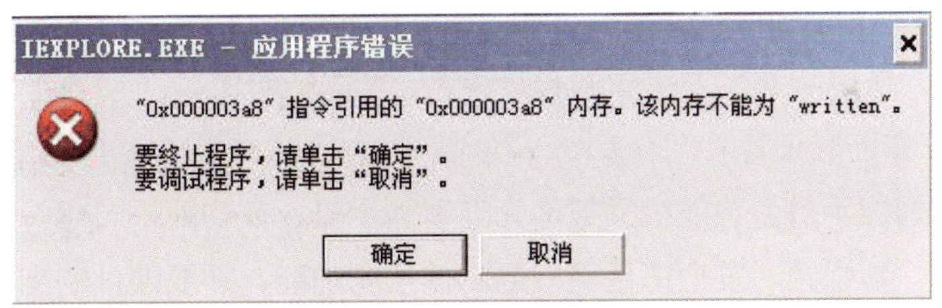

图 1.5 出错信息界面

这些产品缺少对用户的理解和尊重，不是“以人为本”的产品，这种产品的开发过程，是从工程师的角度出发，而不是从用户使用便利的角度出发。对于用户来说，此类软件只是一种工具，就像斧头、剪刀一样，在需要完成某个工作的时候，启动软件使用一下，不能发生真正的人机交互。试想一下，你会去疯狂地喜欢并天天把玩一把斧头或剪刀吗？因为没有用心研究用户的需求，就不会得到用户的喜爱。

虽然这些产品还有很多缺陷，但图形界面设计师的努力工作，已经让软件使用的门槛大大降低了。通过窗口、图形、文字的视觉提示，用户可以单击按钮进行操作，而不需记忆代码，越来越多的普通人可以使用计算机，学习成本逐渐降低。所以，图形界面的引入，对计算机的普及有着非常大的推动作用，是里程碑式的贡献。

1.1.3 引入测试团队和设计优先后

由于产品不友好，报错弹窗多，在后来的开发过程中，软件团队首先逐渐引入专门的测试团队，希望在测试过程中，通过测试团队模拟试用，穷尽各种情况下的用户场景，对产品进行查缺补漏，降低错误率，保证软件的产品质量。就算弹出了提示窗口，也至少是用户可以看得懂的提示文字。

其次是将图形设计环节提前到开发架构之前，试图通过对用户使用界面的设计，使用更友好的文字和视觉提示，提高产品的友好度。在此过程中，逐渐形成了图 1.6 所示的产品团队组织架构。

图 1.6 产品团队组织架构

通过这种开发过程开发出来的产品在当时具有一定先进性，这些优点在非智能手机时代体现得尤其明显，产品好用了，功能非常齐全，如上网、拍照、看视频、玩游戏等，越来越多的软件获得用户青睐。

移动互联网进入了以功能机为代表的消费类电子产品的时代。

1. 功能机更注重外观设计

相对于现在的智能手机，功能机又被称为非智能手机，在功能机时代，用户更倾向于为硬件付费。因为拍照、看视频、发短信是用户最常使用的功能，需要硬件的支持，因此购买者偏爱更大的存储空间，更高的拍照像素，愿意为之支付更多的金钱。为了更炫更酷，产品的硬件外观多样而华丽，配置越来越高，成为卖家的宣传点。在此基础上，非智能手机的外观、色彩、材质，正是使用者对自身身份的认同，对品位的追求，是文化和情感的传递。人们对非智能手机色彩、外观的要求是：

“增强视觉冲击力，追求市场变化，体现个性身份，起到装饰性作用。”

正因为如此，非智能手机时代，对设计师的要求更多的是审美感和装饰性，产品外部形态成为最需要考虑的重要因素。设计师更喜欢花费更多精力在外包装的设计、硬件外观的设计、平面宣传画的设计上，因为这些能更好地促进用户的消费行为。

回想 2007 年左右联想成功推出并大卖的女性手机系列和商务手机，不论是粉红色的玻璃质感，还是声称 18K 金的金属质感，都无外乎对身份品位的心理认同。与其说是人与手机的交互，不如说是购买者想要通过手机获得他人的认同。

那个时候，由于手机系统的不可扩展性，移动系统平台开放性的技术限制、网速的限制等众多原因，功能机里软件功能的吸引力相对较弱，设计师在外观设计领域发挥的余地相对更大。加上功能机操作方式相对单一，软件设计发挥的余地相对较小。如图 1.7 所示，当时的设计风潮下，手机软件产品界面比较单一和统一，专攻软件界面视觉的设计师，想要在“用户体验、交互多样性、软件产品的创新”方面有所建树，难度较大。

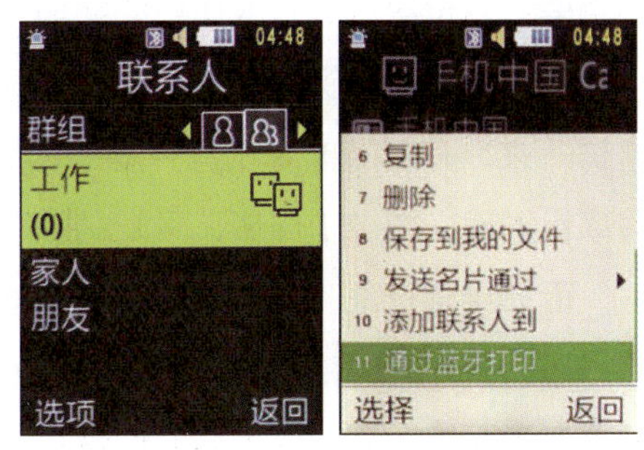

图 1.7 非智能机界面

在种种限制下，开发出来的产品虽然能满足用户的基本需求，但用户在操作中依然需要经过多步单击、精确把握长按短按的时间，通过多步骤操作才能完成工作，使用起来不自由，无法提高效率。

例如，当时流行的 Symbian 操作系统，所有操作功能都必须被归类隐藏在【菜单】或者【选项】功能键里，当需要使用时，不得不从功能列表中一行接一行地上下查看，整个软件的窗口不能随意拖曳或者快速切换。想要在 App 和系统、App 和 App 之间进行切换就更加麻烦，App 之间相对孤立，大量的时间被浪费在单击—查看—返回—退出—重新进入的过程中，用户在使用中被迫做了大量的操作，这无疑对硬件的损耗很大，需要结实耐用的硬件。

问题到底出在哪里？撇开硬件的限制，为什么设计师只能对产品表皮进行美化，无法设计出减少用户操作的流程？这里主要有几个原因，首先是没有对普通用户进行深入研究，缺少一个完整的使用过程的设计，只设计了界面布局，没有为用户的行为流程进行设计，产品注定具有一定局限性。

2. 不了解用户

虽然产品开发团队一直在努力提高产品质量，提高使用友好度，让用户使用得更高兴，但绝大多数开发者和设计者并没有深入研究用户，他们的需求依然是来自市场部，或许所谓的用户细分市场。从用户的收入、年龄、性别，消费情况，来猜测他们大概会买什么颜色的手机，大概会花多少钱买手机。然后再反向去推导，这个价格的手机最多能有哪些配置。

手机的价格、颜色、配置都不能告诉产品经理，什么样的使用体验能让用户更高兴；也不能告诉产品经理，他们设计的这些功能，有多少是用户经常使用的，有多少是用户可能会使用到的，有多少是用户压根一点也不会用到的，还缺少哪些用户所需功能。产品经理更不会知道为什么用户更喜欢竞争对手的产品。

3. 多方利益冲突

在团队中引入设计师和测试团队之后，多方利益矛盾就更加突出了。对于设计师而言，更绚丽的界面意味着更多的图片资源，更多的功能意味着更长时间的代码开发工作，这些因素都会增加开发团队的工作量，延长项目周期。对于测试团队来说，想要产品更稳定和更高速地运行，必须精简功能。谁都知道“越复杂的产品，步骤越多的产品，越容易出错”，这正好和设计部门想要“满足尽可能多的用户的需要”是矛盾的。

而无缺陷无错误的产品，意味着更长的 debug 时间，需要开发团队一遍又一遍调试保证，这样一来，开发周期变长，开发成本增加，这对于市场部来说不是个好消息。但是如果为了缩短项目周期，减少工作量，只能精简功能，无法满足市场部门提出的需求。

而如果降低图片质量，降低界面美观度，市场部门人员又担心无法吸引用户，抓不住用户的眼球，付费率会降低。一想到这一点，市场部门跳起来，“不行不行，付费按键一定大，要醒目！要放在界面正中间，最重要的位置！”“反馈什么的，藏在菜单里就好了，能去掉更好”。

在这样的开发过程中，商业、用户、产品质量各个方面的利益相互冲突，非常不容易同时兼顾。

4. 抓不住用户痛点

由于上述的矛盾和限制条件，设计师只能对界面进行设计，不能抓住用户痛点，无法对交互行为和操作行为进行设计和控制。用户使用后产生的抱怨、建议等反馈，又无法顺利地传达到设计者的耳中。开发团队成员每天绞尽脑汁设计出来的精美画面和巧妙算法，所谓的“重大功能”，最后变成了无关紧要的摆设，用户根本不会去用，甚至直接视而不见。

1.1.4 移动互联网时代的设计开发团队

随着移动互联网技术的发展，硬件、软件的升级换代，开发的局限性越来越小，最终 App 产品的设计开发团队，在各种矛盾作用下，演变成了图 1.8 所示的模式。

图 1.8 App 产品的设计开发团队

市场人员被从产品开发团队中划分出来，专注于商业，研究销售、渠道、市场、竞争对手、合作，越来越少插手 App 的项目开发过程。设计团队被分为用户研究、交互设计、视觉设计 3 个部分，简称“用研”“交互”“视觉”，作为团队的主导。在产品雏形完成后，不仅仅要对产品总体质量把关，也要对产品的可用性进行测试。

苹果公司的团队秉承的就是这种“以用户为导向”的文化，它深知如何和用户建立深厚的感情，它的各种产品和品牌理念，不论是设备、软件、服务、周边、文化都通过独立的部门（体验门店），向用户提供全方位体验和展示。

当其他消费电子产品的制造商们还在通过减低供应链、压缩制造成本、降低销售利润、薄利多销来提高销量和开拓市场的时候，苹果公司将个人电脑和手机变成了可以人手一机、随身携带的日常用品和玩具，越来越多的普通用户加入了苹果粉丝的行列，愿意为苹果产品更流畅的体验、更优秀的设计付费，而不只是为硬件买单。正是在这样的背景下，苹果秉承的设计优先的理念终于获得了成功，并且一直保持着高出竞争对手两倍以上的利润率。

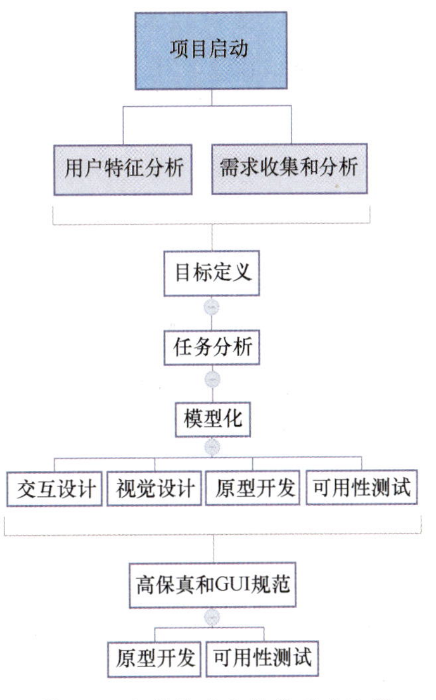

图 1.9　完整的产品设计开发流程

时代发生了变化，用户的付费习惯也发生了变化，越来越多的公司开始注重和用户的交流，强调“以用户为中心”的设计理念，建立起完整的产品设计开发流程，如图 1.9 所示。

在整个设计开发过程中，甚至在产品还没有诞生时，就让用户对产品有所体验：亲眼所见，交流所感，提出要求，进行反馈，并通过这些体验，逐步建立起对公司品牌的追随感情，逐步激发持续拥有产品的购买欲望。在中国，小米就是苹果理念的追随者。于是乎，在此过程中，交互设计、用户研究、视觉设计的设计分工应运而生。

1.2　交互设计不是横空出世

在“以用户为中心”的设计开发理念形成之前，对产品的功能定义、流程架构，是由负责做架构的开发工程师完成。在接到功能清单后，开发工程师根据自己之前的项目经验，设计出软件架构，相对应的功能流程和界面结构基本也就出来了，就像前文所提到的，那个时候看到的交互设计稿，其实就是赤裸裸的软件线框图。

产品设计团队已经逐渐意识到：

“想让用户体验好，不能只对界面的表皮进行美化，还应该对用户的操作行为进行引导。想要让 App 产品深受用户喜爱，就需要真正了解用户，要和用户深度互动起来，让用户对产品有所期待。交互设计作为一个起点，创造和用户之间的感情纽带，重塑产品让用户喜爱。交互设计师需要了解用户如何看待产品和使用产品的，从而设计出辅助用户使用的界面布局。最终，用户对产品的心理预期和软件完成的功能是一致的，这样交互设计师的工作才算是成功。”

交互设计不是讲故事，也区别于用户研究。做交互设计时，所用的记录用户行为、使用场景的工作方法，确实和用户研究很相似，但其本质并不是讲故事，更不是一个个体在倾诉心声。在交互的过程中，需要使用者参与其中，交互设计师不能仅仅满足用户目前的需求，还要对未来的目标进行“预先设计”，从而做到创新设计，设计新功能、新产品。

交互设计师需要有远见，可以预见用户现在生活中没有遇到，但不久的将来可能会遇到的新场景，就像一个只用过计算机的用户，如果没有用过手机，对相机类产品的交互设计的要求，仅仅停留在计算机层面上，他的诉求就是“怎么快速把相机里的照片导入到计算机”，用户是不会提出关于手机拍照、无线传输相关的需求的。但是一旦他开始使用了手机，上述需求就自然而然地产生了。

正如 Interaction Design—Beyond Human-Computer Interaction 一书指出的：“交互设计指的是，设计支持人们日常工作与生活的交互式产品。具体来说，交互设计就是关于创建新的用户体验的问题，目的是增强和扩充人们工作、通信及交互的方式。Winnegard（1997）把交互设计描述为‘人类交流和交互空间的设计’。”

交互设计不仅仅是美学的选择问题，而是基于对用户心理、行为的认知和理解，通过对用户交互行为的研究，让用户的行为符合设计预期。它是指设计师对产品及其使用者之间的互动机制进行分析、预测、定义、规划、描述和探索的过程。这种以面向行为的分析为导向的设计，满足了用户的使用目标和动机，被称为“目标导向设计”，这种设计方法对产品的好用性、友好度有非常重要的提升。

但同时，产品的交互设计由于受到系统平台的技术限制，交互设计师又需要遵循一定设计规范和开发指南，不能天马行空地随意布局，需要对系统平台的性能充分了解。

在后续的章节中，本书详细介绍了在具体项目实践中进行交互设计的几种工作方法，包括如何让用户直接参与到设计中来，包括在设计工作中如何有效记录、分析、了解用户的目的和动机，包括如何有效将用户目标、任务分析的结果，转化成设计中可以具体实现的界面布局，包括如何灵活选择最恰当的平台控件，运用到最合适的界面布局中去。

1.3 用户研究越来越被强调

在此前的开发设计过程中，产品设计团队已经意识到对用户心理、行为进行研究的重要性。用户是怎么想的，他们需要什么、想要什么、讨厌什么，这些对产品设计起着至关重要的作用，要做到和用户真正交互起来，首先要建立以用户体验为中心的开发过程。用户体验中心，不仅仅是产品设计的先导，也是市场营销的窗口，通过向大众传达设计理念，化解用户体验和市场商业之间的矛盾。

用户研究人员的工作就是通过细分用户群体，搞清楚他们的需求，找到目标用户和研究目标用户的用户体验。

1. 什么是目标用户

市场人员给出的市场数据千变万化，说明的是整个市场供需的变化、竞争对手的情况，购买者怎么想的并不知道。市场人员当然希望购买产品的人越多越好，但用户的喜好是千变万化的，他们的付费意愿也是不一样的，想用一个大而全的产品去满足所有人的喜好，是不现实的，只有市场中那些特定人群、有特定需要的购买者，才是我们的目标用户。哪些用户会使用我们的产品，如何使用，可能付费吗，他们在哪里，是一群什么样的消费者，是用户研究人员迫切想知道的。给目标用户画像，是他们的第一步工作。

2. 什么是用户需求

为了让软件消费者数量增加，为了让软件使用者付费率更高，广告卖得更好，市场部关注的目标是更多的付费会员、快捷的支付过程，但这并不是全部用户的需求。不是所有被设计出来的功能都会被所有用户使用一遍，总有功能是一部分用户经常使用的，也总有些功能对于所有用户来说都是必不可少的。因此对于产品的不同使用者，他们需要什么，他们是怎么看待和使用产品的，他们的使用方式是怎样的，他们最常用在什么场景下使用产品是设计师最关心的。因为那些必不可少的重点功能，一定要投入人力和精力保证最好的质量，而那些特定用户特定场景下偶尔用到的功能，则一定要保证效率。

如果把所有的功能陈列在同一个界面上，界面铺得满满当当的，如同杂货铺，用户就会眼花缭乱，找不到自己最想要的功能在哪里。原因就是缺乏对用户需求的分析，对产品功能的优先级不能优先排序，没能有效处理用户需求。

3. 为什么还要细分用户

在产品的目标用户群体中，不是所有的用户使用软件的频率都是一样的，个体用户的情况差异很大，有每周只使用一两次，有只使用其中一两个功能的新手用户，也有天天启动，热衷于对每个版本进行试用反馈的专家用户，他们对于产品的关注点是不同的。

开发工程师对于所有功能都一视同仁，报错有问题是不行的，他们要处理大量的代码，没有时间关注用户的个性化需要。这就需要产品经理和设计师细分用户，针对不同的用户设计出最常用的产品功能，重点优化这些功能，给用户提供最优体验。

4. 什么是用户体验

用户对产品的要求和预期以及使用产品后达成的结果和操作方式，两者的中间过程就是用户体验。用户体验设计师需要对用户的中间过程进行研究，在交互中有效引导，这样设计出来的产品才能基本满足用户的预期。但有时候用户的真实需求是说不出来的，或者说不愿意说出来，需要做深入的用户研究，给目标用户画像，模拟用户的使用场景，才有可能抓住用户。

产品设计中的用户研究，不同于市场部门的用户研究，可以说，市场部门的用户研究基于市场的表现，来源于大数据分析，是市场供需现状的总体表现，受制于市场热点的变动、竞争对手的情况，是市场的宏观反映，并不具体。

产品设计中的用户研究，更多的是针对个人用户，更倾向对微观的具体问题的解决。

- 我的用户是如何看待我们设计的产品的?
- 我的用户认为我的产品应该如何工作?
- 我们的产品应该如何布局才能讨用户的喜欢?
- 白色和蓝色的配色，男性用户会不会反感?
- 我设计的这个功能想要用户使用，他能不能接受?
- 怎样的设计能让用户使用的更流畅，更快速入手?

为了透彻研究用户，越来越多的新型实验法和新技术被引入，如本书介绍的调查问卷法、数据分析法、卡片法，新科技比如跟踪用户眼珠移动的轨迹、检测脑波的感应仪器等。

1.4 视觉设计的演化

工业设计时代开始，视觉设计师工作的重点一直在转移，从平面包装、硬件的外观设计，转移到如今的 App 交互和体验设计。

视觉设计是最容易被误解的科学。所有的视觉设计师都讨厌被称呼为“美工”不是没有理由的，视觉设计工作常常被简单地认为是界面的表皮设计，App 的“视觉设计”工作内容又区别于“平面设计”和“图形设计”。如果视觉设计师在某个公司里还在被叫做美工，干着配配色、做个圆角、添个阴影这样的简单设计工作，只能说明公司总体设计水平有限，对体验设计的认识不足。

由于用户体验越来越受到重视，视觉设计师要表现开发者的设计意图，软件的功能点也通过视觉设计师的工作传达给用户。开发团队和视觉设计师密切配合，不论是“瀑布迭代”开发方式还是“敏捷开发”的方式，视觉设计的工作应该放在产品设计之初，至少和代码开发同步进行，成为满足用户和业务需求的工具，而不能放在开发之后，变成只对界面进行美化。

产品设计意图的表达，不仅仅体现在用户界面上，交互界面确实是一个重要的呈现部分，但并不仅限于此。提示、操作反馈、控制方式等操作路径需要被设计，用户的视觉感受体验也同样需要被设计，和交互设计师一样，视觉设计师运用色彩、布局、明暗对比、界面形状、字体大小、图形尺寸等界面视觉元素引导用户的视线，在使用中引导用户。

根据产品的不同，视觉设计有很多相关技能和方法，本书的后续章节会介绍这些方法，还会介绍考虑特殊人群时如何做视觉设计，如何通过研究用户情感做出设计，还有有源式设计方法、学习色彩心理学，以及移动产品设计界的设计潮流演变。当然设计师必须首先培养一些基本的视觉素养，具备基础设计理论，例如颜色搭配、形状、构成，还要熟练运用界面设计工具。

由于移动 App 设备不同于平面设计和绘画，平面设计中的颜色运用和绘制技法并不全部适用于移动 App 的界面设计。我们不要求设计师精通代码开发，虽然市面流行的移动系统平台都有系统和设备的限制，不能让设计师任意发挥。这既是利好消息也是挑战。好消息是开发平台一般都会在其开发者官网，提供设计指南和参考用的资源包，设计师可以到官网下载，并在熟悉平台规范的基础上，迅速完成 App 界面的设计。具有挑战的方面是，由于屏幕小、有些颜色显示不出来，或者由于手机内存、显示屏、控件有限等原因，移动产品设计师需要充分掌握系统平台性能、控件的运用和限制、掌握一定的用户心理和交互设计的基本规范，避免触碰设计中显而易见的禁忌。

第 2 章

产品设计项目管理

随着传统互联网逐渐向移动互联网行业过渡，移动产品设计项目的管理工作，越来越不同于工业设计时代的软件开发管理工作。在团队组织构架方面，也和以往的传统互联网行业有很大不同。

2.1 项目管理内容

2.1.1 什么是项目

项目是为了创建产品、服务、实现功能技术等而进行的临时性、阶段性的活动。这一系列活动需要在特定时间段内，通过特定团队成员，完成相关联的活动，具有阶段性、独特性的特点。阶段性是说项目都是临时的，有一定的周期，有明确的开始时间和结束时间，项目完成的标志就是达到一定的阶段性目标。

移动产品的开发项目，根据创建的产品又可以细分为技术可行性预研子项目、产品设计子项目、平台研发子项目、前端开发子项目、产品升级子项目。虽然移动产品的项目可大可小，项目往往也很复杂，但有效的项目管理方法可以帮助创建产品、达成阶段性目标的目的。

由于产品设计部门带头的开发团队组织架构的变化，需求方也逐渐发生了变化。原来的需求可能来自客户，也可能来自市场部，如果是客户由市场部门直接接触，开发部门从市场部门那里接需求，不和客户直接接触。现在变成了产品设计团队带头，需求可能来自客户，也可能来自市场部，更大的可能是源于自身产品的创新需求，如果是外包合作性质的项目，产品部直接接触客户或者最终用户。

过去的需求对接模式如图 2.1 所示。

图 2.1 过去的需求对接模式

现在的需求对接模式如图 2.2 所示。

图 2.2　现在的需求对接模式

这样，移动产品设计项目管理工作就变成开发团队和需求来源的中介和枢纽，产品设计团队需要任命专门负责该项目的项目经理，负责协调和传递两者之间的信息，安排设计开发项目的日常工作。一方面，项目管理者接受客户委托，帮助客户了解设计过程安排，使客户积极参与设计要求的建立；另一方面，项目管理向设计小组分配设计任务，组织完善设计要求，达到小组成员之间充分共享的目标。

2.1.2　项目管理区别于产品管理

产品设计团队的项目管理不同于产品管理，很多传统互联网公司沿用工业设计时代软件开发的惯例，用产品管理来涵盖项目管理，产品经理常常兼顾项目经理的工作，这种模式适合传统互联网公司的产品，但不能满足移动互联网服务性产品的开发。

在软件行业开发领域，产品通常以单独安装包的形式发布，发布间隔为几个月到几年不等，产品和项目相对零散，开发频率也比较低。基于市场提出的开发需求，当这批次产品卖得比较好的时候，市场部可能就不再提出新需求，精力和工作重点转为销售目前已上市的产品，设计团队也没有什么新的工作，在项目进度不是那么紧张的时候，产品经理兼顾项目经理是可行的。

但是进入移动互联网时代后，移动 App 或者移动站点代码的发布周期明显缩短，平均是每个月发布一次，甚至每周都要调整，大部分项目的开发周期又明显长于发布周期，为了适应这种变化，很快出现了并行开发的模式，通过两个或者多个开发小组并行交替开发，错峰发布产品，让用户感觉产品是不断更新的，“小步快跑”满足用户的痛点需求。这样，项目管理和产品管理工作就需要分开，产品经理不再负责项目管理工作，而是专心负责产品的设计和运维工作，而多个项目经理有效地跟进项目，保证多个项目并行开发。两种职责分开还是合并，对于不同的公司，不同的项目，要具体问题具体分析，不可一概而论。

2.1.3 项目经理的职责

产品经理的职责是探索有价值、可用、可行的产品，重点在于研究产品本身，要定义好产品，需要产品经理、产品设计人员、软件架构师、代码开发人员、测试人员通力合作，共同实现。如果要又快又好地在既定时间内完成开发任务，并且保证产品的质量，就离不开项目经理的协调和控制，也就是项目管理的工作。产品经理是定义产品，而项目管理的工作则是如何执行计划并按期交付产品。

在市场部门为先导的团队架构中，项目经理属于开发团队，和产品经理并列成为团队核心；而在产品设计部门为先导的团队架构中，项目经理可以属于产品设计部门，也可以归属到开发部门，有时候项目简单或公司规模比较小的时候，产品经理又兼顾了项目管理的工作，每个公司的具体情况不一样，这也是本书没有将项目经理和产品设计团队的其他成员并列，作为产品设计团队的设计师来对待的原因。日常产品设计部门（产品部）项目管理的日常工作内容包括：和需求方定期汇报沟通，团队内部的日常组织工作，与开发部门的日常开发交流工作，使用项目管理工具和方法对项目中遇到的具体问题进行协调和解决，并召集安排项目开发进度会议，确保项目进度和计划一致，如果遇到问题或突发紧急情况，以及团队中意见不统一有争执的时候，项目经理需要想办法协调解决。

2.2 项目管理方法

由于项目进度紧张的安排，要求项目经理必须具备紧迫感，善于捕捉工作中的问题和难点，思路清晰，掌握并灵活运用数据说话。在会议效率低下毫无建设性意见的沟通中，清楚要解决哪些问题，清楚难点在哪里。优秀的项目经理善于安排时间和项目计划，能够掌握数据并灵活运用，善于沟通协调各方面资源，果断做出判断和决定。

除了不断提高自身素养，在实践中身经百战外，使用项目管理工具也是必不可少的。一般说的项目管理工具是现成的软件工具，常见的项目管理工具有 Sciforma 公司的 ProjectScheduler、Primavera 公司的 SureTrak、Microsoft 公司的 Project、IMSI 公司的 TurboProject 等软件。但这些软件适合大型的工程类项目，对于软件开发项目有时候并不太实用，因此国内也有人根据具体情况自己开发小工具来使用。项目管理是对人员（People）、产品（Product）、过程（Process）和项目（Project）进行分析和管理，但项目具体还是由人来执行的，说白了记录管理的还是人的工作，解决协调的还是人的问题，就算是没有工具，只是利用文档进行管理，只要方式方法正确，也能够做好项目管理的工作，因此产品经理如果掌握一定的项目管理办法有助于管理能力的提升，对于非专业从事项目管理工作的产品设计人员来说，掌握一定的项目管理方法，对于版本迭代、文档管理、项目进度也有一定的帮助。下面就对三种项目管理方法进行论述。

2.2.1 分阶段

1. 项目、版本和产品的关系

在移动互联网行业，产品就是可以满足外部用户需求的软件、硬件或者系统平台，对于外部用户产品是可使用并获得感知的。对于普通手机用户来说，某个公司提供的客户端软件安装包和服务就是一个产品。

版本是产品在不同时间段的特性集合，包括产品的交付物、后续升级的交付物，一个产品可以有多个版本，版本是在产品的生命周期中，依据特性对产品做出的细分。

而项目是产品或版本的实现过程，反过来说，版本和产品是项目的输出。例如，新浪公司推出的手机微博客户端就是一个产品，它包括了客户端软件，以及软件内的内容服务。这个产品又分为 V1.0 版本和 V2.0 版本。为了实现和 V1.0 不同的功能需求，V2.0 版本作为另外一个独立的项目展开，在实现新功能完成上线后，发现一些缺陷，每个月再升级补丁版本发布 V2.1、V2.2 等新的版本。分为不同的版本是为了满足不断变化的需求。

2. 项目周期

和产品有一定生命周期一样，项目也是有周期的，但产品生命周期和项目周期是两个不同的概念，产品生命周期是从产品概念产生到产品停止维护使用的过程，项目周期是产品生命周期的一部分，指项目从开始到收尾。产品生命周期开始于一个想法或者概念，结束于产品停止运维和使用。例如，市场部门在拜访某运营商时，发现了一个新需求，市场部的客户经理把这个需求反馈给产品部，这个产品就算开始了；经过市场分析和产品分析，如果证明是有价值的，可以进行开发，完成后交付给运营商客户使用，最后这个产品逐渐过时，公司决定不再支持这个产品，就表示这个产品的生命周期结束了。

有时候项目周期已经结束，但产品依然在被使用或维护，只能说项目周期结束了，但产品生命还继续存在，可见产品周期一般都长于项目周期。

3. 项目阶段

根据项目周期，将项目管理分为 7 个阶段，如图 2.3 所示。

立项 概念 计划 开发 验证 发布 关闭

图 2.3 项目周期 7 个阶段

（1）项目组织准备阶段：从资源、技术和组织等多个方面进行评估和准备，完成项目立项计划书。

（2）项目概念阶段：制订初步的项目计划，完成设计需求和备选需求。

（3）项目计划阶段：制订详细的项目计划，完成架构设计和概要设计。

（4）项目开发计划：执行项目计划，完成模型 demo 开发。

（5）项目验证阶段：执行项目计划，完成可用性评估和 beta 测试。

（6）项目发布阶段：执行项目计划，完成交付和维护支持。

（7）项目关闭阶段：完成项目，总结项目，关闭项目。

在本书后续的章节中，大家可以看到产品设计团队的项目流程，虽然和开发人员的工作内容不同，但项目流程也是 7 个阶段，并正好和项目开发计划一一对应。

2.2.2 文档化

项目的管理执行是否顺利，取决于产品设计团队的专业素养能力高低，也取决于团队总体的工作方法，相比国内的团队，国外的团队做设计，非常注意方法和目标：输入是什么？输出是什么？采用什么模型？相关影响分析？

输入是什么？输入是要获取各方面的资料，做到信息全面，收集整理来自市场部、客户、用户、开发团队以及其他相关团队的资料，这种资料有文档、照片、产品的应用场景记录、开发技术评估等，获取资料的过程，实际上是一个理解需求的过程，只有先理解需求，产品设计人员才能根据确定的需求一步一步地进行需求整理、功能分解、模块划分、建立逻辑流程、模型验证等。

设计输出是设计团队的设计成果，不仅仅是线框图、设计图稿、开发文档、需求记录等交付物，还应该包括设计团队对会议、思维过程、信息流的记录、共享、传达，输出的不仅仅是文档，还应该有设计思路、理由，只有充分输出，才能给相关团队成员足够多的信息。同时，通过暴露设计思想，团队成员之间才能发现问题，共享成果，及时纠正设计偏差。

文档化包括文档的归类整理、上传、更新、共享、作废等，为了减少返工，防止全盘推倒重来，前一步的输入是后一步输出的基础，也就是进行下一阶段工作之前，要求必须完成前一阶段的工作并为下一阶段工作提供高质量的输入，以保证每一阶段的工作都是连续的、正确的，才能保证一次性把设计工作做好。一般来说，通过运营专业的管理工具，或者最简单地建立共享网络空间等方式，做到输出的充分共享，才能在项目变更，或者被摒弃的需求又重提时，回忆一下，当时为什么我们不做这个功能，当时的理由和原因是什么，帮助产品团队结合现有情况重新评估需求。

要做到项目管理的文档化并不简单。首先项目成员日常工作繁忙，“手懒”不愿意占用时间写；其次很多急性子不耐于写那些他们称为形式化的东西。但事实是，文档化正在潜移默化地改变我们的工作方式，并从一个侧面优化产品的设计构造，使之不偏离最初的设计初衷，防止走歪路走冤枉路。

再者，要解决文档细化程度的问题。有的公司对产品文档怎么记录，有自己的一套规定，比如对设计团队的输出，可见部分的长宽高都做了严格的设计，代码设计上更是细化到方法体。团队成员可以在公司内部的管理工具上查到记录，当然首先得根据团队和项目的具体情况，确定符合项目的细化程度，然后作为制度和规范规定下来，团队成员统一执行。

最后，项目的文档化在改善人际关系方面有很好的作用。项目文档无记录、文档记录混乱，导致团队成员在接手时不容易看懂，或对某个需求理解不一致，出现争执等，在项目中非常常见，小则影响心情，大则影响工作，影响团队合作。

因此项目管理工作中，项目输出中代码管理、设计输出、需求纪要等的文档化非常重要。

2.2.3 规范化

在文档化的过程中文档如何记录、记录的格式是否统一，如果没有明文规定，容易造成查无对证的隐患，造成的设计理解出现偏差、责任不明确，更是诸多问题的根源。被“冤假错案”搞得一头雾水的项目成员，可能会产生恐惧或排斥的心理，这种心理对于项目是不利的。那么问题是谁造成的呢？都归结为文档输出者，或者项目经理吗？具体地说是项目管理策略的不严谨、不规范造成的。

在设计输出中有一大堆的开发文档、需求列表等，其中需求列表主要是用于审查系统的高层设计，比如系统设计上是否应该采取什么措施或设计操作，满足产品目标用户中哪一类人的需求就算达标了呢？虽然目前设计行业没有严格的标准，但至少各个系统平台发布的开发设计功能实现应该作为基础的标准，如果连这个基础标准也无法满足，那么再好的设计也是不规范的。

虽然网络上流传着很多指导书和规范，但很多初级的项目执行人员没有看规范要求再工作的习惯，而是通过自己的经验或者模仿他人设计作品完成工作任务。作为产品设计人员，不论项目大小，都应该遵循设计指南，为自己的 App 产品制定 GUI 规范、设计开发标准。越详细标准的开发规范越利于项目，一方面有利于养成良好的工作习惯，对自身素养提高有帮助；另一方面，将来产品团队扩大，项目规模扩大时，标准的开发和设计规范也有利于项目的延续性和规范化。

2.3 团队内部组织管理

大家都知道，随着社会分工越来越细，产品设计团队中的设计师一般分为三种角色：用户研究、交互设计、视觉设计。越来越激烈的市场竞争环境对设计师的要求也越来越高，设计师不仅要懂产品还要懂设计，要了解用户和市场，还要懂项目管理和运营分析。因此不论是做产品设计还是视觉设计，优秀的设计师都应该拒绝单打独斗，要融入团队，虚心学习他人的经验教训，融入到自己的工作中去，提升自己的产品质量。对内配合学习，对外充分沟通交流。

2.3.1 团队架构

设计小组合作不单是设计任务的分配与组合，合作中除了设计活动外，还有交流和管理活动。首先，小组成员需要完成分配的特定设计任务；其次，小组成员之间需要利用合作机制进行多领域的交流与沟通；最后，小组成员需要花费额外的精力为建立共同团体而努力，使合作活动有序进行。有研究表明，在设计团队中三分之二的时间小组成员在面对面地处理项目的具体内容，而有三分之一的时间在处理设计团队的组织协调、日常管理活动。因此将团队分为核心团队和实施团队，既是为了方便管理，也是为了日常工作备份替补。

产品设计团队内部透过对核心团队授权与同步参与，提升产品开发过程中重要事件的决策速度与能力，提升部门间的沟通速度与能力，提升各部门间的协同设计速度与能力。

产品设计团队内部的组织建议由产品经理带头，用户研究、交互设计、视觉设计的骨干成员构成核心团队，实行单人负责制，防止分工不清推卸责任的情况发生，如图 2.4 所示。

2.3.2 交流共享

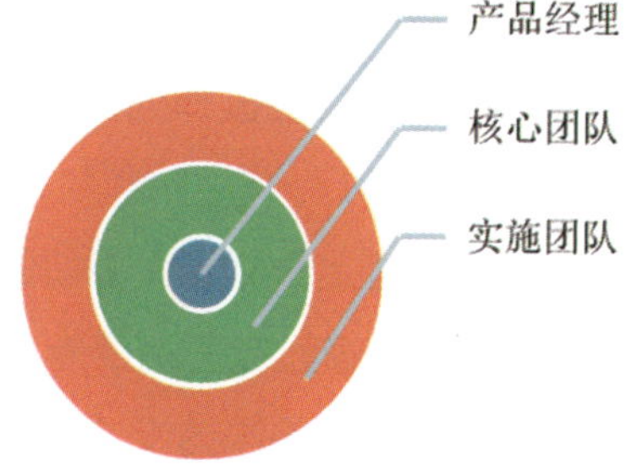

图 2.4 产品设计团队内部的组织

在日常工作中，根据项目工作量和紧急度情况建立日报、周报、月报汇总制度，每一个项目工作阶段之初通过召开项目工作会议，汇报上一阶段项目进度、各成员的工作内容和情况，计划和宣布下一阶段项目进度、各成员详细的工作计划。

除了工作内容的交流，通过对日常文档、信息、资源的共享，运用项目管理工具和文档管理工具，对项目的设计输出物进行管理，做到内部共享、外部保密，项目资料得以保存和归档，如果将来项目负责团队出现返工或人员变动，也能方便纠错和工作交接。

1. 头脑风暴

此外，时常进行头脑风暴可以碰撞出灵感火花，运用集体智慧设计出来的方案，可以给小组成员多方面的知识网络支持，为设计成员提供多种技巧帮助，设计成员可以从设计团队中获得不同领域的知识和技术，通过共享解决棘手问题，还能推进团队不断创新，如图 2.5 所示。

图 2.5 设计团队头脑风暴

2. 奥斯本智力激励法

奥斯本智力激励法头脑风暴会设主持人一名，主持人只主持会议，对设想不作评论。设记录员 1 ~ 2 人，要求认真将与会者每一设想不论好坏都完整地记录下来，通常成员由 5 ~ 10 人或者一般教学班级组成，会议时间控制在 1 小时左右。

采用这种方法组织群体决策时，要集中有关专家召开专题会议，主持者明确地向所有参与者阐明问题，说明会议的规则，尽力创造融洽轻松的会议气氛。主持者一般不发表意见，以免影响会议的自由气氛，而是由专家们自由提出尽可能多的方案。

会议形式有设想开发型和设想论证型。设想开发型是为获取大量的设想、为课题寻找多种解题思路而召开的会议，因此，要求参与者要善于想象，语言表达能力要强。设想论证型是为将众多的设想一一分析，归纳转换成实用型方案而召开的会议，要求与会者要善于归纳、善于分析判断。前者是要尽可能激发创造性，产生尽可能多的设想和方法；后者则是对前者提出的设想、方案逐一质疑并分析实现可行性的方法。

3. 默写式智力激励法

默写式智力激励法，又称为“635”法、默写式头脑风暴法，是德国人鲁尔巴赫根据人们习惯于沉思的性格以及由于数人争着发言易使点子遗漏的缺点，对奥斯本智力激励法进行改造而创立的。

每组成员 6 个人围坐成一圈，主持人公布会议主题后，要求每人 5 分钟内在各自的卡片上写出 3 个设想，然后由左向右传递给相邻的人。每个人接到卡片后，在第二个 5 分钟再写 3 个设想，然后再传递出去。如此传递 6 次，半小时即可进行完毕，可产生 108 个设想。然后，整理归纳这 108 个设想，找出可行的先进的解题方案。“635”法的优点是能弥补与会者因地位、性格差别而造成的压抑；缺点是因只是自己看和自己想，激励不够充分。

4. 卡片式智力激励法

卡片式智力激励法也称卡片法。这种技法又可分为 CBS 法和 NBS 法两种。CBS 法由日本创造开发研究所所长高桥诚根据奥氏智力激励法改良而成，特点是对每个人提出的设想可以进行质询和评价。NBS 法是日本广播电台开发的一种智力激励法。

CBS 法实施步骤如下。参加者对会议开始前所提示的主题进行设想，并把设想写在卡片上，然后带入会场（每张卡片写一个设想，每人提出 5 个以上的设想）。在开会时，各人把卡片放在桌子上，轮流进行解说（5 ~ 8 人为一个小组）。倾听他人设想时，如果自己有新构想，应立即写在备用的卡片上，并把它放在桌子上。参加者发言完毕以后，将内容相似的卡片集中起来，并加上标题。分好类的卡片把标题列在最前头，横排成一列。主持人决定分类题的重要程度。

BS 法实施步骤如下。各人单独进行脑力激荡活动，参加者各自在卡片上填写萌发的创思，每张卡片写一个设想，以不超过 30 字为宜，文字应简明易懂（全部时间的 1/6）。参加者按座次轮流发表卡片上的创见，各成员自右往左，依次宣读自己的一张卡片，然后将卡片排列在桌子中央，排成 7 列。若卡片内容与他人重复，应予以舍弃，待下一轮回，但不得两次轮空。（听众可以提出质询，或实时将新的构想写在备用的卡片上。全部时间的 3/6）。全体参加者自由发表，自由宣读自己手中新的设想卡片（全部时间的 2/6）。

不论哪一种头脑风暴都是让人们充分思考、交流、发言的过程，越多不同角色、利益不同的相关团队成员参与，头脑风暴越能产生意想不到的效果，但同时也要注意控制会议节奏，防止会议陷入不可控制的拖沓局面，或漫无边际的胡思乱想，偏离会议主题，最后要注意保留会议纪要，总结会议成果，让思索讨论结果落实到产品的优化上去。

2.3.3 工作细分

团队内部的管理工作要做到工作细分。工作细分包括责任明确，责任到人，不要出现两个人同时负责和从事同一样工作，但在交流共享中，团队成员需要得知其他成员的工作内容，保证有备份，在单个成员出现缺席的情况下，其他成员可以临时补救。

工作细分还包括工作内容的细分，纵向时间上的项目进度细分，这个阶段需要完成的功能点、文档归类、数据上传汇总等工作；横向人员上的工作细分，由于项目各个阶段中团队成员工作的重心不一样，在项目初期，用户研究工作多一些，到了项目中期，交互设计师和视觉设计师的工作责任重一些，项目成员之间的工作内容相互承接，在工作重点转移中，做好交接和共享，防止出现项目由于文档丢失等原因引起的返工和方向偏离。

在制订项目工作计划时，开始一般不可能知道工作中所有活动的细节。只能将计划制订成较大的几块（重要版本升级），然后将这些大块进行细分（次要版本升级），细分后的小块再细分成更小的块（小版本升级），然后再制订这些小块的详细计划。这个技术就是所谓的创建工作细分结构。

有一个问题是：到底多大的块才不需要进行进一步细分呢。这取决于项目的规模和对工作的理解程度。

可以采用下面的标准作为指南：对于典型的大项目（超过 5000 个工作小时）中，任何超过 80 个工作小时的工作都可以被继续分解成更小的块。中等大小的项目（1000 个工作小时左右）所有的细分工作块都不超过 40 个工作小时。而小型项目（200 个工作小时）所有的细分工作块都不超过 20 个工作小时。

例如一个有 250 个工作小时的项目被分解成 80 工作小时的块，如果其中有一个块产生问题，则会没有时间进行修复。如果分解成只有 20 个工作小时的块，则可以比较快地查清问题。

当然，项目开始阶段团队成员对工作还有很多不了解的地方。在这种情况下，可以将工作分解成两个更小的项目，第二个项目在第一个项目结果的基础上进行精确定义。

除了更有效的管理工作之外，对工作进行分解的另外一个原因是为了对它有深刻了解。当指派一组人员进行工作时，他们有可能不了解这工作是什么，因此进行询问寻求解释。如果你也不知道这工作是什么，就麻烦了。因此，可以将工作分解成小块以便于理解。例如在一个需要 80 个工作小时的工作还没有开始之前，可能需要分解成更小的工作块，以确保所有工作人员都了解需要做什么。

根据工作小时数进行项目管理，这就是为什么在项目立项时，项目经理要求团队成员对工时进行评估，就是为了分解工作，同时制订的项目计划不至于过于紧凑或松散。

2.4 团队外部协调

2.4.1 项目配合和输出

一般软件开发项目分为七个阶段，对应到移动 App 产品设计开发的项目也是一样的，也是 7 个阶段：（1）市场分析、（2）需求分析、（3）原型设计、（4）可用性评审、（5）界面输出、（6）测试上线、（7）优化方案。每一个阶段参与的人员不同，产品设计团队成员的工作重点也不同，如图 2.6 所示。

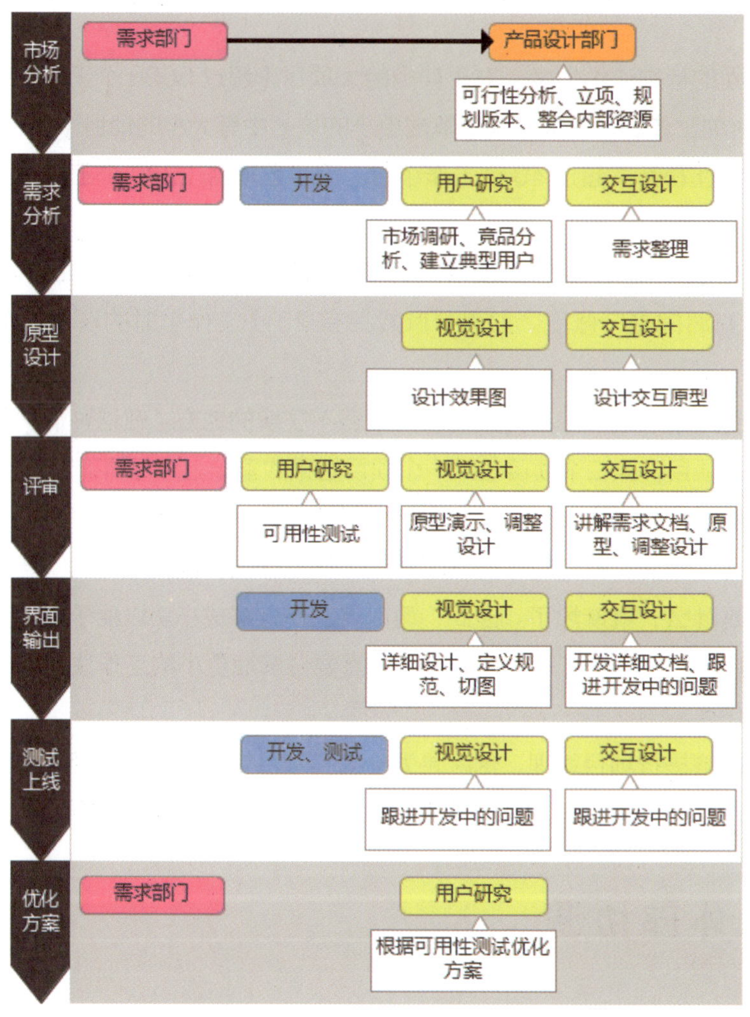

图 2.6　产品设计团队成员的工作重点

从图 2.6 中可以看出，在项目进行过程中，需要对外和需求部门进行沟通，需求部门可以是同公司内部的市场部门、运营部门，也可能是公司合作客户，但都是由产品部门牵头。来自需求部门的需求可能是原始需求，需要全新的设计，充分发挥设计部门的能动性；也可能是经他们整理提出的方案，只需要设计部门具体实施。

在这 7 个阶段中，产品设计团队需要对内、对外承担不同的工作，做好需求变更记录和会议纪要。以下是各个阶段中的重点工作内容和参与其中的团队成员的设计输出。

阶段一：市场分析

（1）产品设计团队成员应充分了解需求来源方的意图，了解产品的市场需求、目标用户、机会和风险、投入产出比、产品盈利模式、运行方式等。

（2）对项目进行可行性分析，规划版本。协调公司内部资源，包括确认设计团队成员、确认配合部门接口人，开立项会议。立项会议讨论说明项目基本情况、说明版本规划大致时间、确认团队成员和其他部门接口负责人。

（3）市场需求分析由用户研究 / 产品经理编写。立项报告由产品经理 / 项目经理编写。

立项报告或者叫立项说明书，立项报告要填写的内容大同小异，例如下面的这个 IT 软件开发立项报告，主要内容一般包括九点。

一、项目概述

项目定义：用简练的语言说明本项目是什么，什么用途。项目定义一定要简练且清晰。例如 abc 项目是为 Andriod 手机用户提供在线充话费的客户端软件，它可以用来：1. 查询话单、查询余额和欠费；2. 通过输入充值卡密码，或在线银联的支付方式，给自己和他人手机号码充值。

项目开发背景：从内因、外因两方面阐述项目开发背景，重点说明“为什么”要开发本项目。内因方面着重说明开发方的短期、长期发展战略，开发方的当前实力。外因方面着重介绍市场需求及发展趋势，技术状况及发展趋势。如果是委托开发或合作开发的合同项目，请说明项目的来源。

项目的主要功能和特色：列出主要功能列表（需求列表），说明本项目的特色。

项目范围：说明本项目“适用的领域”和“不适用的领域”。说明本项目“应当包含的内容”和“不包含的内容”。

二、市场分析

客户需求：阐述该项目面向的消费群体（用户）的特征。说明用户对项目的功能性需求和非功能性需求。说明该项目如何满足用户的需求，以及会给用户带来什么好处。

竞争对手分析：分析市场发展历史与发展趋势，说明该项目处于市场的什么发展阶段，该项目和同类项目的价格分析。统计当前市场的总额、竞争对手所占的份额，分析该项目能占多少份额（注意：引用数据应当写明数据来源，最好有直观的图表）。

项目发展目标：说明该项目的短期目标和长期目标，绘制项目的 Roadmap。目标必须清晰并且可以度量。

三、项目技术方案

项目方案：阐述项目预计要采取的设计方案、阐述平台采取的开发方案，如果有多个设计方案，要比较优缺点。

关键点：阐述技术开发和设计工作中的难点和关键点，预计可能会出现的风险点。

所需资源：阐述项目所需的资源，包括人力资源、物品资源、资金资源等，确定哪些项目部件应当采购、外包开发或者自主研发，说明理由。

四、项目计划

项目团队成员:说明项目团队的角色、知识技能要求、建议人选、人数、工作时间，如表 2.1 所示。

表 2.1 项目团队

角色	知识技能要求	建议人选、人数	工作时间
项目经理			
产品经理			
用户研究			
交互设计师			
视觉设计师			
架构设计			
编程人员			
测试人员			
服务与维护人员			
其他			

五、成本评估

估计项目的“人力资源成本”“软硬件资源成本”“商务活动成本”等，如表 2.2 所示。

表 2.2 项目成本估计

条款	成本（人民币元）	备注
人力资源		
软硬件资源		
差旅费		
会议费		
接待费		
协作费		
其他		

六、进度计划表

绘制项目开发的进度表（建议用甘特图表示）。

七、市场营销计划

八、投入产出比 / 成本效益分析

九、审批意见

一般来说，项目立项计划书需要在会议之前制作好，会议前沟通好，召开立项会议的目的就是要向项目成员和领导汇报，并获得大家的一致支持。

阶段二：产品定位

（1）收集市场相关资料，对竞品的优劣进行分析，通过分析目标用户的使用特征、情感、习惯、心理、需求等，建立典型用户卡片，模拟使用场景，进行用户分析，以此细化功能开发需求。

（2）输出用户分析报告，用户分析报告包括典型用户描绘和典型场景描绘两大部分内容。用户分析报告既是产品设计团队的设计思路，也是项目规划的依据，对功能定位、排序，方便进行下一步原型设计。用户分析报告的展示形式多样，可以是图表、PPT 或模型说明，为了方便演示和讨论也可以是照片和卡片，没有统一的规定，将这些资料汇总归档，以方便项目后续追溯。

可以参考下面这个用户分析报告的内容要点。

网站用户数据分析模型（参考）[1]

一、用户的来源

（1）访问我们网站的用户都是从哪些网站过来的？这项数据可以从网站后台技术记录的 LOG 中分析得出（虚拟网络来源）。

（2）访问我们网站的用户都是来自现实中的哪些省份？这项数据可以从网站后台的 IP 地址记录中分析出（真实地域来源）。

二、网站造访人次

（1）网站每月造访总人次。这项数据来源于后台的 LOG 分析。

（2）网站每日造访总人次。这项数据来源于后台的 LOG 分析（以上均以 IP 个数为准）。

（3）网站每日每个栏目、每篇文章的造访人次。这项数据来源于后台的 LOG 分析。

1 格式来自互联网 http：//blog.sina.com.cn/s/blog_53e2bb800100007w.html。

三、用户年龄

访问我们网站的用户都在哪些年龄段？具体可以分为 15 ~ 18 岁，18 ~ 21 岁，21 ~ 25 岁，26 ~ 30 岁，30 ~ 35 岁，35 岁以上。这项数据来源于网站的人工调查分析。

四、用户职业

访问我们网站的用户职业分布，大致可分为学生、上班族白领、自由职业者、政府机关干部、IT 卖场服务、高科技产业服务等。具体可根据网站的定位来进行细分化调查。这项数据来源于网站的人工调查分析。

五、用户习惯

（1）用户浏览我们网站的习惯，主要包括新闻栏目内容的排列、服务操作的使用是否方便、整体业面的布局使用是否方便、浏览新闻时觉得哪里不符合用户的浏览习惯等。具体可以根据各自网站的特点进行细分。这项很重要，大部分用户已经养成了一定的浏览和访问的习惯。符合他们习惯的设计服务，会黏住这些用户。这项数据来源于网站的人工调查分析与网站后台技术分析。

（2）用户习惯每天什么时间浏览我们的网站？也就是大部分用户访问网站的登录时间。这项数据必须要求精确。模糊、大概、可能这样的词语不可以使用，否则这项数据将失去意义。这项数据来源于网站的人工调查分析与网站后台技术分析的结合。

（3）用户习惯在我们的网站上停留多久？也就是大部分用户打开我们网站直到关掉站点中间停留的时间，这部分数据可以充分说明，我们网站的内容是否对用户的胃口，内容质量对比上周是否有提高？内容是否具有黏滞力。这是最有说服力，也是最客观的分析数据。这项数据来源于网站的人工调查分析，与网站后台技术分析相结合获得。

六、用户所最喜欢的网站服务

用户最喜欢的网站服务是什么？是商城？是渠道信息？是 RSS 服务？是论坛社区？是硬件信息？是软件技术信息？这项数据可以充分地了解我们的服务该朝哪个方向努力，该强加哪些方面。

七、用户最讨厌的网站服务

（1）用户最讨厌的网站服务是什么？是商城？是渠道信息？是 RSS 服务？是论坛社区？是硬件信息？是软件技术信息？为什么讨厌？这个数据是我们提高服务质量、改变自己服务模式的重要依据。

（2）每周评选网站做得最差的栏目或服务。让网站的用户来评选出，网站中每周做得最差的是哪个栏目？为什么差？这个栏目由谁负责？被用户评为最差的原因在哪里？这样分析讨论找出原因后，再进行评选，如果一个栏目连续几周都被用户评为最差栏目，那么这个栏目的相关负责人就要受到相应的处罚。必须明确栏目与责任人的关系，否则到时候数据出来了也不好处理。如果处理之后还是最差，那么就是这个栏目本身定位有问题，需要再开会讨论确立是否需要淘汰。

八、用户最喜欢的网站活动

网站活动是聚集人气行之有效的手段，至于做什么活动还是应该由网站的用户说了算。通过充分的人工调查，了解用户最喜欢什么活动，那么就可以在今后的工作计划中逐渐安排这些活动，以带动人气，提高访问量。

九、用户的建议和意见整理

在网站的显眼之处，留出一个用户可以直接留言给网站管理者的留言板，这个留言板可以不对外。但务必每周将网站用户集中反馈上来的意见和建议都整理好，留做会议上讨论，去粗取精使网站工作有明确的改进方向。

网站的结构和 App 的结构还有一定差异，比较平面化，上述报告比较简单，而且没有对个性用户行为进行详细描述，后面的章节中，我们还会具体介绍研究用户的几种方法。

阶段三：原型设计

（1）设计产品原型，确认产品架构、交互方式线框图，确认主要流程和主要功能界面等。

（2）和开发部门沟通确认需求，讲解设计原型和交互线框图后，开发部门开始架构设计、代码编制。

（3）输出产品架构设计——交互设计。输出产品原型设计——交互设计。

通过阶段二中用户行为模式的研究，可以方便地设计出符合用户使用习惯的产品架构，并通过架构设计出 App 主要和重点功能块的界面，产品架构常见的是线框图形式。常见形式如图 2.7 所示。[1]

原型设计在有的公司又叫低保真图。交互设计师在设计产品架构和原型中可以根据自己的喜好选用工具，有惯用 Visio 的，有喜好用 Axure RP 的，也有爱用 UIDesigner 的，甚至还有用 PPT 流和手绘风格的，网上搜索一下，就能发现十几种有趣的原型界面设计软件。还有一些公司，比如腾讯 UCD 团队，用的是自己团队开发的原型设计软件。

---

1 图片来自互联网 http：//www.uml.org.cn/zjjs/200910222.asp。

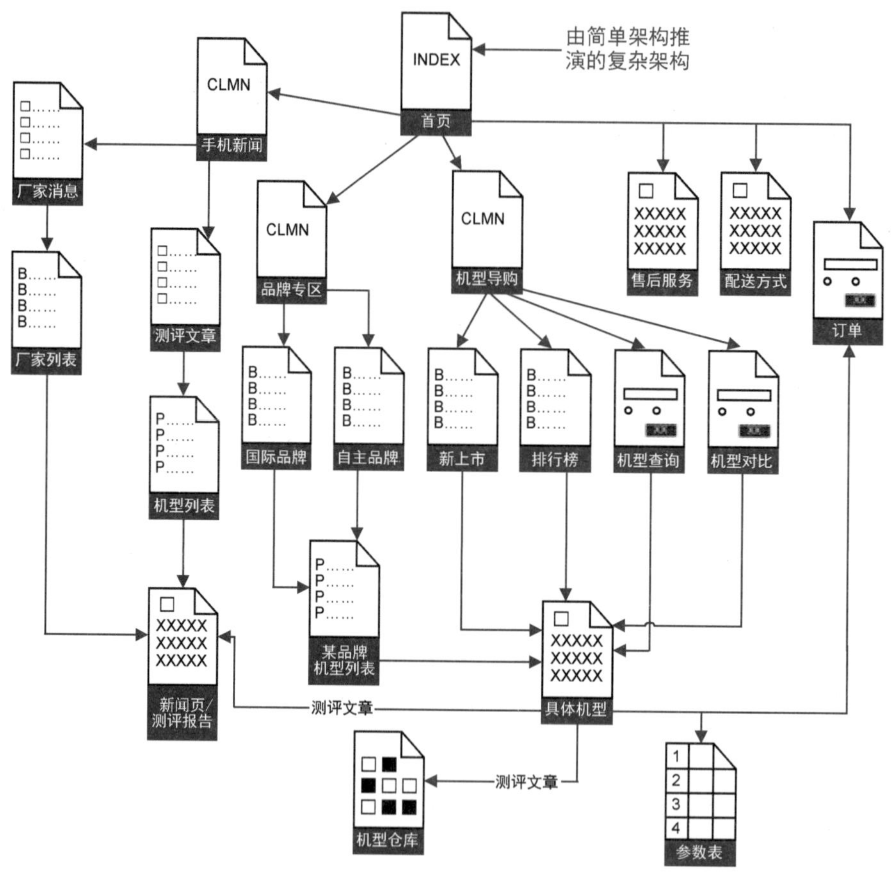

图 2.7 产品架构常见的线框图形式

图 2.8 是手绘风格的原型设计[1]。

阶段四：风格定位

（1）产品定位和原型设计直接影响着风格定位。用户群体的分析定位、功能确认完成之后，UI 设计师可以提出若干套可能的设计风格方案。

（2）和需求方、开发部门、产品部门其他组员进行沟通，通过方案评审，确认交互细节和设计定稿，确认整个界面的色调、风格、界面、窗口、图标、皮肤的表现。如单一方案不能令人满意，需要及时反馈，进行 UEUI 的优化调整。

1 图片来自互联网 http：//www.cnblogs.com/lhb25/archive/2011/10/08/balsamiq-mockups.html。

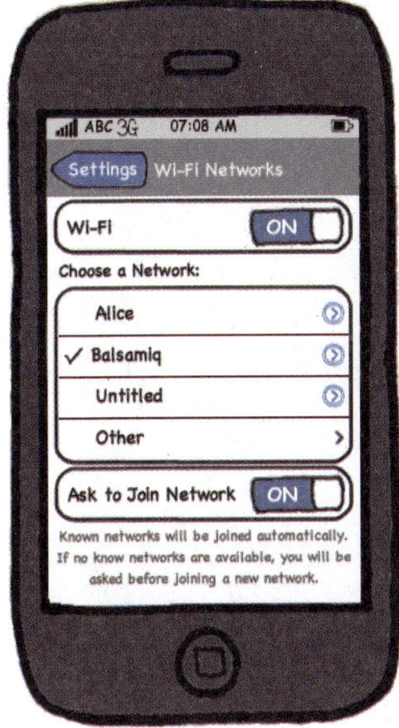

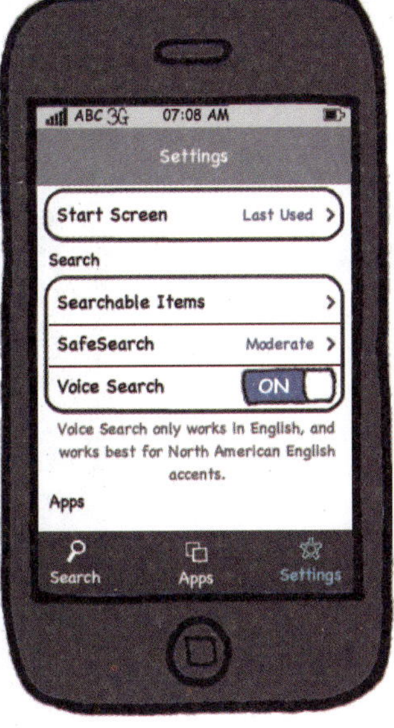

图 2.8 手绘风格的原型设计

（3）如果时间允许，可通过测试部门，召集符合典型用户卡片模型的用户进行可用性评估，优选设计方案。

（4）输出高保真效果图——视觉设计。为界面制定统一的 GUI 规范——视觉设计。

根据交互设计师的原型设计图（低保真图），视觉设计师设计并决定产品的配色、风格，设计高保真效果图，高保真效果图在设计时，可能并没有为所有平台的手机精确考虑尺寸，和真实的界面输出相比还是有一点差距，但已经很接近真实效果了，高保真效果图如图 2.9 所示。

经过讨论后确认其中一套方案，然后根据这个设计，输出界面的 GUI 规范，设计团队成员根据 GUI 规范，完成所有界面的总体设计图。GUI 规范一般如图 2.10 所示。[1]

阶段五：界面输出

（1）交互设计师设计较为详细，可供开发的界面交互和流程的设计文档，图文结合包括操作与跳转流程跳转说明、结构、布局、信息，可能出现的各种场景下的 App 的反应。

（2）视觉设计师根据 GUI 规范，制作所有界面的高保真效果图，并提供开发所需的资源包文件。

1 图片来自互联网 http：//www.zcool.com.cn/work/ZMTE2MTQ2MA==.html。

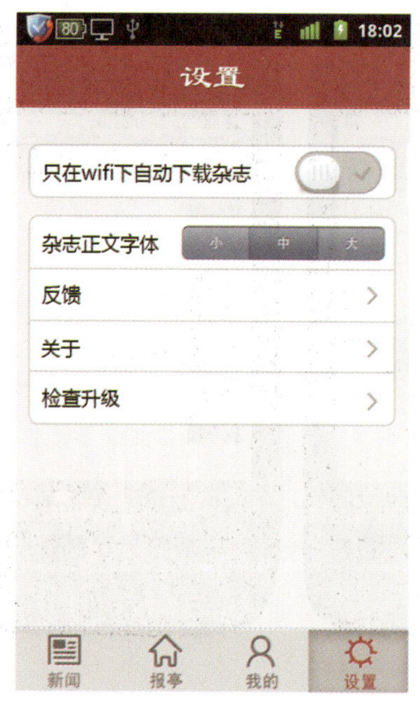

图 2.9 高保真效果图

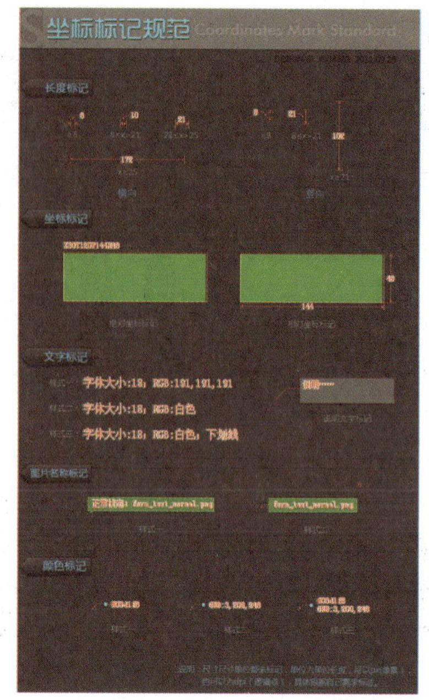

图 2.10 GUI 规范

（3）输出详细的开发说明文档 PRD——交互设计 / 产品经理。

所有界面的高保真图、切图资源包——视觉设计。

开发说明文档 PRD 详细描绘了每个界面上的跳转关系和交互流程，一般用 Word 文档进行详细说明，低保真效果图的主要界面设计配合文字，如图 2.11 所示。[1]

切图资源包里如何切图、如何打包在初级教材中已经有详细说明，这里不再赘述。

阶段六：调试提交

（1）配合好开发人员完成相关的界面功能，根据开发设计说明文档和 GUI 规范，对功能实际达成的效果进行测试跟进，完成一致性测试、信息反馈测试、界面简洁性测试、界面美观度测试、用户动作性测试、行业标准测试。

（2）在模拟器和尽可能多的真机上进行调试，最终提交符合要求的版本。

（3）输出测试版本测试反馈结果。

除了功能和流程的测试，设计师安装、调试阶段的每一个版本，并协助测试，所有界面和切图的效果在模拟器和真机上查看一遍，最好是安装在手机里，确认是否遵循 GUI 设计规范。

---

1 图片来自互联网 http：//www.chinaz.com/manage/2012/0215/235418.shtml。

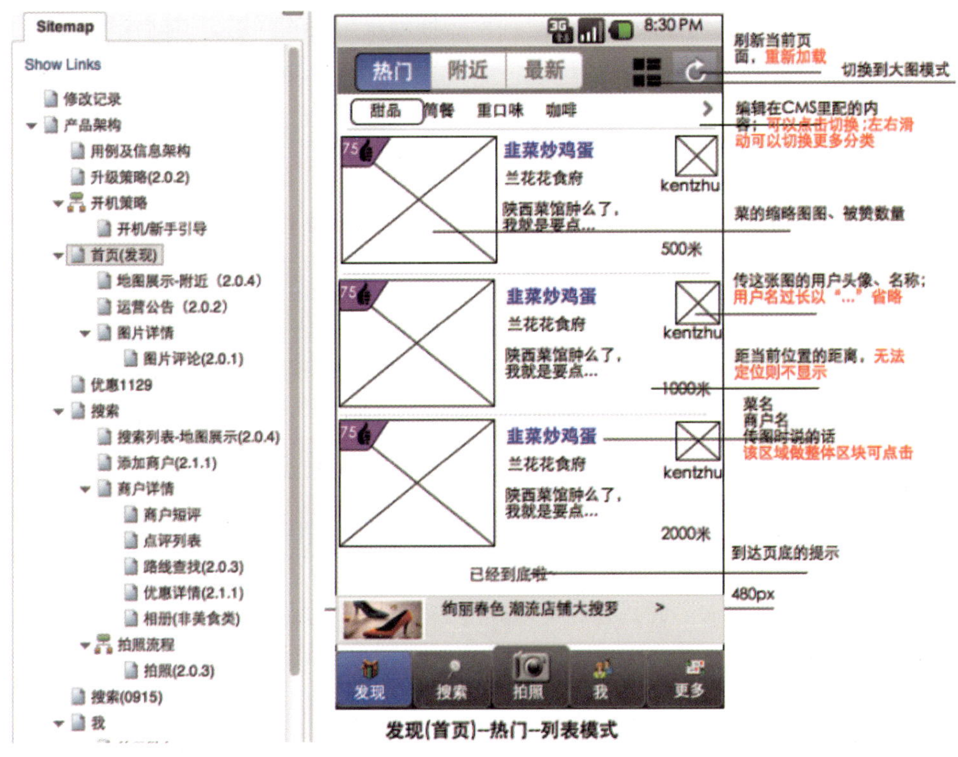

图 2.11 低保真效果图

阶段七：产品优化

（1）对上线版本进行可用性评估，收集来自各方面的反馈意见，记录并整理新需求，融合到下一个版本的迭代开发和优化中去，为下一次界面设计提供有力的证据。

（2）输出优化方案，反馈收集，汇总成优化反馈报告。

意见反馈有时候非常多，和下一个版本的需求交织在一起，这时候要学会有效识别需求，整理需求，这个工作方法将在后文的章节中详细讲述。

随着产品的不断优化和迭代，这 7 个阶段只是项目一般版本的完整周期，最终在完成上一周期版本后形成优化方案，并融进下一个周期的产品优化和迭代过程中去，项目最终形成闭环，产品质量呈螺旋上升趋势，这才是项目良好运作应有的结果

2.4.2 资源协调

项目实施的每个阶段，团队内部、团队之间、客户和公司之间难免会出现由于利益立场不

一样，由于沟通不畅、意见有分歧、缺乏资源等各种因素导致的问题，这时候项目受阻无法继续进行下去，项目经理需要使用一定的组织行为或方法对干扰和障碍进行排除，简单地说就是解决问题。

1. 控制优先级

控制项目进度，其实就是安排好项目各个阶段要完成的工作，具体到每个团队成员身上，就是先做什么后做什么，每天每周每月干什么。在安排工作内容的时候，难免会出现分歧，这时需要对项目部件的优先级进行控制，需要对大大小小的工作进行优先级排序，并协调说服大家共同完成，统筹安排，保证项目团队各个成员的工作时间被有效利用，团队成员的工作负担平均，否则会出现前紧后松、厚此薄彼的情况。

项目经理的工作实际上相当琐碎，每天要处理各种关系和进度，不像其他设计师有自己专注的方向、专业领域，所以项目经理需要具备市场感觉、产品感觉，这些感觉建立在足够的市场调研、技术了解、产品定位、数据分析的基础上。所谓的感觉就是如何透过现象看本质，而不是竞争对手怎么做，我们就怎么做。尤其是在需求如山的情况下，项目经理需要对需求进行分解，排列出开发需求的优先级，才能有效地为项目进行进度安排。

2. 协调人员

前文说过，项目管理虽然使用的是工具，管理的看似是时间进度和设计输出，但说白了人才是项目的具体实施者，项目管理协调的还是团队之间的人际关系，因此一定要在组织协调中站在项目的立场上，公平处理每一个纠纷，从中找出平衡点，达到项目利益的最大化，这里主要是协调人力资源，也就是协调人员。

作为项目经理或产品经理，经常需要到职能部门去协调资源参与项目工作，除了告知核心团队了解小组中团队成员的工作量，请求具体安排到团队的某个成员去执行外，还需要和实施人员进行沟通，自上而下沟通。在具体展开工作的时候，项目实施者如果有想法，或者遇到困难，项目经理还需要帮助其打开心结，解决问题。这就需要良好的沟通能力，不论是口头沟通还是文字沟通，正式场合的沟通还是私下非正式场合的沟通，项目经理需要做好人的工作，调动得起各种资源，才能保证项目的顺利进行。

2.5 产品设计团队能力要求

优秀的产品设计人员不是马不停蹄地跳槽跳出来的，想要成为优秀的产品设计人员，除了在项目的实践工作中磨炼出来之外，技术需要学习，个体素质需要提升。在成为资深高级设计师之前，他/她可能在大学里是学软件开发的，也可能在之前的公司是做心理研究的，优秀的产品设计人员不能只专注于自己专业工作的领域，需要放开眼光，既要考虑产品战略目标（市场目标、运营需求、商业价值）又要考虑用户需求。

产品设计人员除了要有热爱产品、尊重用户、敬业的基本素质外，还需要注意培养几大能力和素质。

2.5.1 有效识别用户需求的能力

1. 需求和解决方案

当工作需求抛过来时，平庸的设计师想的是完成它，普通的设计师想的是把它做好，优秀的设计师想的是尽自己所能把它做到最好，而卓越的设计师则优先考虑：对方提出这个需求的目标和动机是什么？这个需求到底合不合理？值不值得去做？对产品有什么帮助？用户是否需要它等。

有时候需求并不等同于用户的目标，曾经有一个很有名的段子，大致意思就是说在汽车尚未出现的马车时代，做消费者调研，只会得到这样的答案："我需要一匹更快的马"，而不会得到："我需要汽车"。因为对于消费者来说，他从来没有看到过汽车，怎么可能回答你需要汽车呢？

讲这个段子的人，其实没有搞清楚用户的原始需求和目标。

在"我需要一匹更快的马"这句话里，其实"更快"才是目标或者说原始需求，而"马"只是一个用户在他的认知范围内提出的解决方案。需求方在这句话里不仅提出了需求，而且还提出了他能想到的"解决方案"。现在，你到底是要满足他的需求？还是满足他的解决方案？

因此有效的识别"需求"是一切设计的开端，这也是为什么我们要强调必须了解我们的用户，通过后文提到的创建典型用户、模拟典型场景，来搞清楚用户的目标。目标驱动用户采取行为，当他们没有更好的解决方案时，为用户提供解决方案，就是产品设计师的工作，也是一个移动App产品能够成功的基础，这和设计是息息相关的。理解了目标，才能理解用户的期待和动机，这样分析出来的结果才有意义，才能设计出令用户满意的、喜欢使用的产品。

2. 认清目标

如何将用户的目标从一堆需求中剥离出来呢，有一个简单的标准，那就是用户的动机是由目标驱动的，目标不会随着时间的推移而变化。例如，人们的目标是快速舒适地到达目的地，刚开始人们发明了马车，越来越多的人购买或租赁马车，再后来当汽车和火车被发明出来之后，越来越多的人乘坐汽车或火车，随着时间的推移，速度更快的飞机成为人们远途交通的首选。马车、汽车、火车，不论是哪一种形式，都只是解决方案，只是人们为了“快速舒适地到达目的地”的选择，科技手段再怎么变化，人们的行为发生了变化，但他们的目的从来都没有发生变化。这也就是业内常常说的“科技再怎么变，人性没变”。

了解用户的需求，帮助设计师撇开现象看本质，通过研究典型用户，模拟典型场景，抛开现有的技术、现有的手段，寻找人性中最本质的需求，并通过设计，满足用户的基本需求。

2.5.2 重塑和分解需求的能力

作为需求方，往往不懂产品不懂开发，而作为代码开发人员，又不可能直接和需求方进行沟通，这时候承担分解需求工作的产品设计人员，就更像是“翻译员”，把需求方的原始需求转化为开发人员可以理解的分步骤方案，把开发人员的设计架构和界面图形设计的原因，解释给需求方听。最终达到多方一致，进入到产品的实际可开发阶段。

作为专业、有经验的产品设计人员，在搞清楚用户的原始需求后，能快速提出设计方案若干套，能够快速“翻译”给需求方，解释如何满足其需求，并说服和建议他们采取最佳的方案。有时候需求方可能已经有了自己的主见，他们参考了一定的竞品，或先入为主地提出了自己的“解决方案”，但并不见得多么合理，这时候就需要设计人员通过分析、解释数据有理有据地说服对方采取最佳方案，而不是被动地接受需求。这个关键节点恰恰是设计师最能发挥价值的地方。

下面的这个例子，可以帮助解释设计师重塑和分解需求的思考过程。

随着微信、微博的风靡，在某一次版本迭代中，市场人员提出“在自身的用户账号登录注册体系外，加上第三方账号登录”的合作要求，市场人员的目的是通过合作，导入来自微博微信用户的流量。有登录注册设计界面是 App 中最基础的功能性界面，但当前时机加入第三方登录是否合适，这是设计人员需要考虑的。毕竟开发资源和精力是有限的，做了第三方账号登录这个功能，这个周期内有没有足够的时间，或者就不能做其他功能了，因此产品人员需要在设计该功能界面之前，需要分解该需求的充分性和必要性。

- 为什么软件在建立了自身的用户账号登录注册体系外，还要使用第三方账号登录？
- 第三方账号登录和自身账号体系相比各有什么利弊？
- 哪些用户喜欢自由体系登录，哪些用户更倾向第三方账号登录？

先来看一下自主账号体系与第三方账号登录体系的利弊（注：文中的“第三方”指微博、QQ、人人网等平台）。

1. 对用户

对用户而言，第三方账号登录带来最大的好处就是方便。一方面可以省去一个注册流程，另一方面也不用费心去记忆各种账号密码，可以用微博等账号一号走遍天下。另外通过微博、QQ 等平台可以更容易地对好友进行分享并与好友实现互动。这些好处让许多比较“懒”的用户更倾向于用第三方账号体系登录。

而第三方账号登录带来的一个巨大问题就是隐私安全。虽然现在第三方账号登录普遍使用 OAuth 技术，可以让你无需将微博等第三方平台的用户名和密码提供给应用，在一定程度上保证了用户名与密码的安全。但通过授权，该应用仍可以访问用户的很多资源，比如评论、好友、生日等信息，而且许多在授权时都是默认选项，用户非常容易因此泄露自己的信息。许多应用在授权时还会默认在微博等第三方平台同步状态，这等于将你用了什么应用、在应用里做了什么都公诸于众，让用户感觉毫无隐私可言（比如用了某款婚恋应用你却不想让人知道）。所以对个人信息敏感的用户可能就不会选择用第三方账号登录体系。

2. 对开发者

对开发者而言，第三方账号登录的好处主要是有三点。一点是提升了用户的注册转化率，降低了进入的门槛。另一点就是可以利用微博、人人等平台的资源，提高自己的知名度。还有一点就是可以省去自主登录体系的开发工作。提升用户注册转化率是因为给了用户更方便的路径，减少了因嫌注册流程麻烦而流失的用户数量。

而对开发者不好的地方就是如果没有较多的授权，无法掌握用户的全部信息。从某种角度而言用户还是在微博、人人等平台下，自己没有累计下用户的沉淀，虽说开放是现在的主旋律，但总还是受制于各大平台，万一哪天开放的策略有变或平台以用户相要挟，开发者也没有什么太好的反击办法。

利弊就如上面所言。现在有人认为可以完全放弃自主登录系统，仅用第三方账号登录，理由是第三方账号已经十分普及，通过第三方账号登录可以提高用户注册率，而且平台开放程度较高同时资源丰富，做自己的登录体系费时费力没必要。也有人认为还是应该自主登录与第三方登录共存以满足不同用户的需求。那么自主登录体系是否还有存在的必要呢?

这还是要根据应用或网站的定位、功能来决定。如果你的应用注重分享、重评论、重社交，并不定位于做行业的标杆，是比较轻量级的应用，那么你可以选择放弃自主账号体系，让用户无需纠结是用第三方账号还是重新注册一个账号，让注册流程更加简洁，用户目标更加明确，如 Papa、Instagram、你画我猜等应用。而如果你的应用是重内容、轻社交，独立性较强，有可能形成一个社区或闭环，可以经过时间培养起一批有自己风格的用户，有自己的用户文化，那么还是应该保留有自己的登录体系，一来可能适应更多用户的需求，二来也容易让用户产生一种归属感。如果有信心的话甚至可以放弃第三方登录，让用户对你的产品有着更深的需求与认知，这样慢慢发展也许会成为另一个第三方平台，不过这毕竟是少数。另外移动端和 PC 端注册的成本也不同，在移动端输入更少的应用也许会让用户更舒服一些，这也是要考虑到的。

通过典型用户调研，看看他们平时是用第三方登录体系还是应用的自主登录体系，下面是几个发现：(1) 女性朋友为了方便更喜欢用第三方账号登录，而男性朋友则对隐私有着更多一些的关注，有些更倾向于自主账号登录；(2) 如果应用正规、名气大、口碑良好，则对隐私泄露的担忧会下降；(3) 如果发现应用会自动在第三方平台更新用户动态，则对该应用好感度明显下降；(4) 如果第三方登录会带来明显好处（如一些社交类游戏就是为了与好友一起玩），则更倾向于使用第三方登录。我咨询的朋友不多，而且用户模型也较为相似，所以不具有很强的代表性，不过从中也能学到一些东西，如在授权第三方时默认授权不要过多，要尊重用户，要让自己的产品更加专业与正规，给用户留下正面的印象等。

总之，自主登录体系与第三方登录体系均有利弊，要结合自己产品的形态、定位、风格以及愿景进行选择，无论何种选择，永远要尊重用户。[1]

2.5.3 收集资料和整理数据的能力

随着市场变化发展，用户的需求也在不断发展变化，为了迎合市场的发展变化，满足用户变化的需求，产品团队必须主动求新求变，需要不断收集市场数据和资料，使自己产品紧跟市场，不被用户抛弃、淘汰。

在项目开发过程中，有时候被动的需求变动情况也是会有的，这种被动有时候来自团队内部，也有时候来自外部。在需求分析阶段，需求方、团队成员会提出各种各样从自己角度出发的“解决方案”，有的是为了节省成本、有的是为了提高效率、有的是为了增加运营数据等，有时候甚至项目还没进行到中间阶段，产品还没开发出来，合作客户看到一款竞争对手的新产品非常喜欢，虽然竞争对手产品不见得就一定是好创意。变动需求是令产品设计团队非常头疼

1 来自 http：//blog.sina.com.cn/s/blog_4d65b8820101ad13.html。

的。这个时候难免会出现分歧，如何通过自身收集整理的资料说服客户也是产品人员必备的能力。如何让自己的产品设计方案脱颖而出，达到各方面的平衡，就要有理有据，用证据和数字去说服对方，这就要求在平时工作中主动自觉地收集行业资料，并有效整理和保存数据，运用到自己的报告、文档中去，如图 2.12 所示。

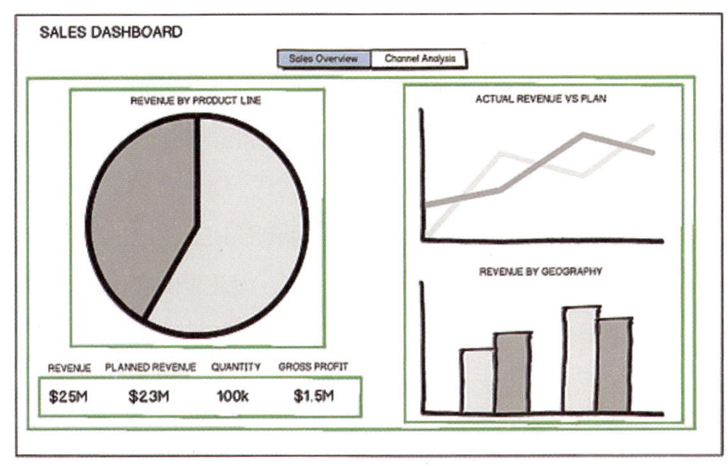

图 2.12 用证据和数字说服对方

不仅是日常的文档保存，有些常用数据，例如市场占比、用户数量、用户反馈意见、用户研究中的典型用户反应都应该深深映入脑海中。即便在激烈的会议讨论中无法一下子翻到所要用到的精确数据，但有力的资料说明能大幅增加方案的说服力。

在后面的章节里，我们将会介绍收集和处理数据的方法，告诉读者从哪些渠道收集整理数据和资料，平时要留意哪些类型的数据和资料。

2.5.4 提高专业素养和沟通协调能力

项目具体实施过程中，团队中每个人工作能力和素质的高度，直接决定了设计输出的质量，决定了产品的质量。在日常工作中要虚心学习，注意自我培训提高，提高自己的绘画基础和设计能力，扩展丰富的想象力，平时更要留意收集身边的美好事物作为素材，提升对色彩、质感、素材、构图的感觉，同时，注意开阔眼界，需要更加全局地考虑整个产品层面的内容，对于整个产品思路以及用户需求都要有非常敏锐的直觉，能够了解到最核心的东西。在交互层面也可能有自己的理解和看法。尤其是视觉设计师在经历过初级阶段之后，感觉在自身的专业能力上进步的空间很小，Photoshop 的技能技法，大家都是大同小异，甚至做的产品虽然说有好有坏，但是也不至于相差巨大，很多时候只是一个精细度的差别，给予足够的时间去磨，也可以磨出特别精致的作品。设计师可以向着团队管理的方向发展成为管理者，也可以向专业方向发展，在团队中比别人更敏锐地发现问题、预见问题、解决问题，提高考虑问题的层次，比如别人还在考虑这个地方用圆角还是方角的时候，你已经在考虑产品的总体品牌形象和对产品气质的系统把握了。这样才能成为更高级的设计师，比普通设计师做出更优秀更高层次的作品出来。

设计项目不是单打独斗，我们经常说就算设计 100 分，在沟通中如果出现障碍，视觉实现打八折，代码开发再打八折，测试再打八折，基本上出品的就是一个不及格的次品。产品设计团队需要对外沟通合作的成员和部门很多，尤其是在迭代开发中，和开发团队接触最多的就是产品设计团队，设计师除了提高专业素养外，沟通协调能力也是相当重要的。良好的沟通能力并不只是适用于客户，也适用于协调开发人员开发产品，传达准确的任务需求、表述设计意图。良好的沟通协调能力，能塑造和谐的工作氛围、能节省沟通成本，提高沟通有效性，防止因沟通出现的理解偏差和错误，防止返工。

协调是指团队管理者或者核心成员运用自己的权力、威信以及各种方法、技巧，使项目活动中的各种资源各种因素整合起来，行动一致，形成组织活力，达到共同的目标。如果团队管理者没有能力协调解决项目中存在的矛盾和问题，团队成员的积极性比较差，效率低下，项目要么会停滞无法进展，要么会造成成本、时间、资源的大量浪费。

前面章节介绍了移动 App 产品开发项目的整个工作流程，纵向介绍了如何和团队其他成员进行配合，并提供输出物，以及对产品设计团队能力的要求。从下面章节开始，我们介绍产品设计团队在项目各个阶段，以及日常工作常遇到的一些问题，以及如何运用一些具体的工作方法解决这些问题。

第 3 章

需求分析的工作方法

对于合作类项目而言，在需求分析阶段，由于需求方提出的需求从市场、用户的角度更多一些，在战略层需要同时考虑产品的战略目标（市场目标、运营需求、商业价值）和用户需求。在实际情况中，需求部门往往背负着沉重的指标，他们不可避免地更多考虑产品的商业目标；而设计团队更倾向于站在用户体验的角度考虑问题。二者需要互相平衡，互相制衡，否则容易失控。

3.1 功能定位：四象图

3.1.1 四象图

项目不是一蹴而就的，作为产品设计团队，面对如山的需求，我们需要对这些需求重新定位，排列优先级，哪个紧急重要，需要先开发，重要功能不能马虎，需要投入优质资源和时间，安排得力干将核心成员精心开发。哪些次级功能可以后开发，或者暂缓开发，方便合理对项目分阶段，并安排合理的项目开发计划。再加上团队成员中的个体素质有高有低，每个成员的工作负担不一样，团队精英骨干手头有重要的事情，就不必把所有的事情都安排给他们占据重要工作的时间，而是安排给团队的其他成员去分担。

在对功能的优先级定位中，根据功能的紧急度和重要性进行划分，采取四象图法，如图 3.1 所示。

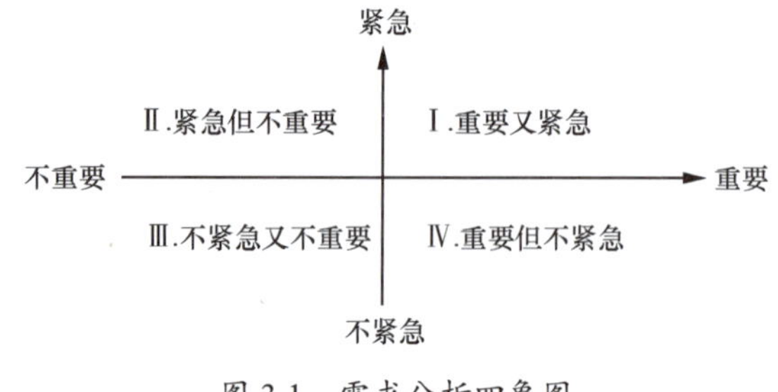

图 3.1 需求分析四象图

重要又紧急的功能，位于第一象限，肯定是被优先开发的，可以把它们放在最近的重要版本里，安排最优质的资源来开发。由于是重点项目，因此需要重点设计、重点开发、重点测试，当然也需要精心准备，时间也会比较长一些。其次是第二象限紧急但不重要的功能，这种紧急的问题，可能是上一个版本遗留下来的 bug，这个 bug 虽然小但如果不解决会严重影响在线使用该产品的用户的感受；也可能是合作伙伴客户紧急追加的新功能，但这个功能并非影响版本的重大功能；也可能是公司推出了其他新产品，老板安排下来的任务，要求公司所有产品都要联合推广，放一个入口或下载链接。这种需求放在次要版本，也就是小版本中通过升级解决，既不影响主要功能的排期，又不会让大多数用户频繁升级使用体验受到影响。以此类推，第三象限和第四象限的需求，需要被合理地安排到相关版本中排期，安排给不同能力的团队成员去实施就可以了。

那么矛盾随之而来，哪些功能应该被合理分配到不同的象限呢？

一般难以避免会有下面的场景。

客户 CEO（对公司 CEO）说："市场正快速变化。我们希望追加某某功能，这个功能非常重要，为应对这些变化，你们需要重新调整你们的开发计划！"

公司的 CEO（对公司业务副总）说："我们的客户表示我们需要根据他们的需求重新调整产品。为什么你不和客户事先沟通好，令对方不满意？赶紧把某某功能加进去！"

公司业务副总（对产品经理）说："领导认为某某功能非常重要，我们研究了竞争对手的产品，发现他们都有某某功能，为什么我们的产品还没有看到这个功能？"

产品经理（对项目经理）说："我们在效果图里是设计过某某功能的，你准备安排到哪个版本上线？什么？要3个月后的版本才能看到，不行啊！老大催得很急，赶紧提前一些吧，下个月的版本怎么样？"

于是项目经理把所有人召集到一起开会，商量怎么把这个功能插进来，优先开发。

开发工程师说："不行啊，要做这个功能，那个功能得先做，否则没办法实现啊，平台也得修改呢。再说人手也不够啊，都安排满了。"

产品经理说："必须得赶紧做啊，哥们儿，领导都说了好几次了！"

项目经理站出来说："要不兄弟们加班吧，大家一起把项目计划重新安排一下。"

于是在怨声一片中，重新排期，通宵加班。

3.1.2 期望值和边界值

在这个时候，四象限法的期望值法可以帮助解决这个问题，给每个功能点设置一个期望值并为每个象限设置边界值，你可以简单地理解为给每个功能打分，然后根据分数把这些功能投到不同象限中去。由于团队成员关注的重点不一样，打分的角度也不同，但大家都按照自己的工作量从占用的时间、功能对于用户的重要意义、问题继续解决的紧急度几个角度进行打分。有时候，我们还需要参考客户和老板的意见，综合考虑他们对哪个功能最为期待，然后把这些功能点的权重调高，经过汇总，放在各个不同的象限中去，如表 3.1 所示。

表 3.1 需求四象图的期望值和边界值

角色	打分	期望值考虑角度
外部因素	100 分制	公司要求或客户要求
产品经理	100 分制	功能的重要程度

续表

角色	打分	期望值考虑角度
设计师	100 分制	设计工作量
开发工程师	100 分制	代码工作量
测试工程师	100 分制	bug 影响范围
项目经理	百分比 %	分配角色权重并汇总分数

为四象图设置期望值和边界值，这样做的好处如下。

（1）有效避免团队纷争。就算有分歧，最终也是综合考虑各个方面意见的结果，不会出现因为领导个人意志或个人喜好把控产品，避免因为武断，随意变更需求和项目安排。

（2）有效的可追溯。最终产品被开发出来之后，重要功能是否被实现，紧急问题是否得到了解决，可以根据期望值对产品进行对照验证，让产品预期得到有效追溯。

3.2 重要功能确认：卡片法

在上一个四象图期望值的需求分解方法中，参与分解的主要成员是客户、产品设计团队、产品开发团队，主要是项目已经开始后，或者正在执行的过程中，主要产品设计和需求之间的权衡。缺点是难免主观，客户认为重要的需求不等于用户渴望的目的，产品经理认为重要的功能也不等于用户最迫切的需求，在确认项目需求之前，产品人员需要让更多不同角色的人参与其中，公平客观地确认最重要功能。冗长的问卷调查就算了，这里介绍简单实用的卡片法。

卡片法

（1）产品经理和项目经理将项目功能细分成大的功能模块，将每一个功能模块的名称写在卡片正面，将功能描述写在卡片背面或者小字体写在名称下，如果功能模块较大，可以再分解成二级子功能。不用分得太细。一套卡片涵盖了该产品想要的所有功能点，准备多套相同的卡片。

（2）项目经理作为主持人。产品经理记录。

（3）选择使用习惯、性别、使用机型、年龄段、从事职业尽量不同的用户作为体验者，体验者可以来自公司内部也可以是来自公司外部的普通使用者，可以是公司客服、财务、前台等非业务部门的同事，但不要包括项目相关成员，客户代表、公司领导、项目成员可以列席旁观。

（4）向体验者介绍产品想要达到的目标，每个体验者分发一套卡片，请体验者根据他最期待的功能模块、或者他认为他最需要、他所认为的功能模块进行排序，写下序号1、2、3……，重要程度差不多的功能，则可以在墙上竖着排序，形式如图3.2所示。

（5）分别请每一位体验者讲述他描述功能的理由，讲述他会如何使用这些功能，以及为什么，产品经理如实记录。在这个过程中，项目成员可以列席旁观，不要插嘴不要讨论，就算是体验者对功能的理解和产品设计人员的设计期待不一致，甚至理解错误，也不要提醒体验者，不要打断他的讲述。

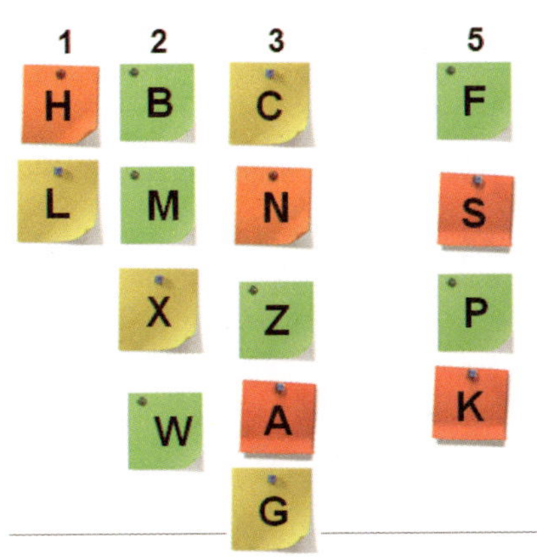

图3.2 卡片法的使用方式

（6）开始对用户的访谈讨论，产品经理解释产品设计人员的设计初衷，请用户对卡片进行调整，如果用户有他所期望的新功能，请他描述和解释，并将卡片插入到已有的卡片序列中。也可以请用户拿掉他认为没有必要的卡片，直到卡片调整结束。如果有反复的情况，可以讨论沟通，但要注意的是通过获取体验者的想法和信息，不要提醒体验者理解错了，也不要去反驳体验者。这里同样做好记录，记录下产品设计人员和用户理解的偏差。

（7）请体验者离开现场。项目经理和团队成员一同讨论卡片的顺序，并当场确认下卡片的最终顺序。最好是请有经验的人对已经排列的顺序进行验证。

在实践中，用户往往比较关注细节。如你们有没有“一键分享到微信”的功能啊？我的招商银行信用卡能不能用来支付？用户提出的新功能，可能已经出现在卡片的某一部分功能描述中了，这时候不要着急，可以记录下来，但不要陷入到功能细节的讨论中去。有些用户在讲述中期待值过高，故事讲得太大，工作量估算等方面的风险就会加大，以至于超出了产品范围，主持人要注意把握。

3.3 如何避免无谓的争吵：数据说话

项目会议上最常见的情况，就是陷入到无休止的讨论和无谓的争吵中去，除了良好的沟通，很多时候是信息不对称造成的结果，收集一些有用的资料和数据，不仅是日常的文档保存，有些常用数据，例如市场占比、用户数量都应该深深映入脑海中。即便是在激烈的会议讨论中，无法一下子翻到所要用到的精确数据，但有力的资料说明，能增加方案的说服力。

如果你能够有效运用这些数据，及时在会议中使用数据支持自己的观点，最终也是能达成一致意见的。

在充斥互联网的庞大数据和信息面前，哪些对产品设计人员来说是有用的呢？需要从以下几个方面综合把握。

3.3.1 掌握硬件、设备、系统、软件新技术的进步以及动向

随时可能会因为新硬件新平台新技术的出现，引起市场格局连锁反应式发生变化，这种变化可能很快，也可能是涟漪式经过好几年才波及你所在的行业，作为移动 App 设计师，设计开发的重点也就是提供给用户的解决方案的重点也会发生变化。

2008 年，中国的无线技术从 2G 升级到 2.5G 和 3G，三大运营商的 SMS、MMS、移动邮箱和移动即时消息等移动消息类业务，以及移动音乐、移动游戏、移动电视和视频等娱乐类业务的普及率均有提高，是当时最火的业务，这个时间段出现了大量提供内容盈利的移动互联网公司，出现了一大批移动 App 产品。

而到了 2013 年，中国工业和信息化部开始发 4G 的牌照，这个时候移动互联网用户数也从 2008 年的 1.5 亿发展到了 2013 年突破的 8.1 亿，更快的网络让移动数据业务的发挥空间扩大，用户数量的扩大和互联网用户基础消费能力的提升让社交、娱乐、金融、医疗、视频音乐、电商类产品成为市场热点，更多的虚拟运营商进入行业内，涌现出一大批如新浪微博、微信、天猫、支付宝、搜狐视频这样的新产品形式，虽然此前这些产品也在提供服务，但数据表明在手机等移动设备上使用该产品的用户远远超过了 PC 用户。移动 App 的产品设计相关从业人员需求量剧烈增加。

3.3.2 掌握市场发展和占比等数据的变化

竞争对手、合作伙伴、产业链的变化，往往体现在数据统计和占比中，收集整理并关注这些数据的变化，能培养设计人员的市场感觉。比如图 3.3 所示的 2010 年 10 月主流手机操作系统市场占比。

那个时候，feature phone 依然是市场的主流机型，设计师围绕 Java 等平台进行开发，仅仅一年半后，2012 年 5 月，主要手机操作系统占比就发生了巨大的变化，如图 3.4 所示。

Symbian 机型占了主流，feature phone 迅速萎缩，近几年 Android 和 iOS 操作系统的手机迅速占领市场，门户网站和开发商又开始围绕这两个平台做文章。

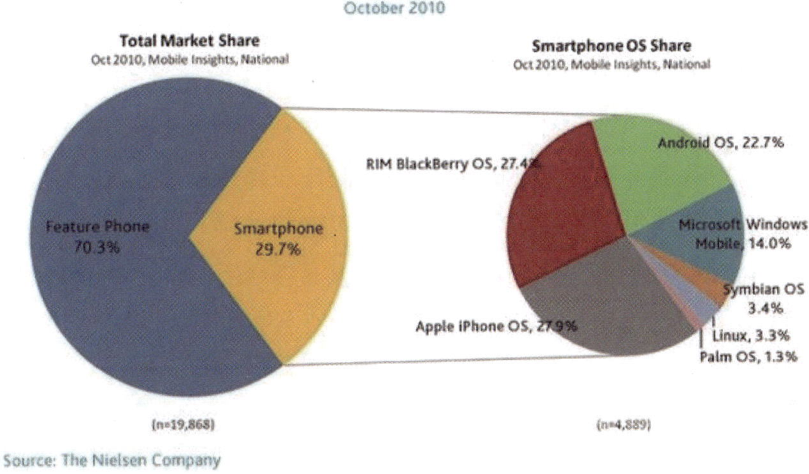

图 3.3　2010 年 10 月主流手机操作系统的市场占比

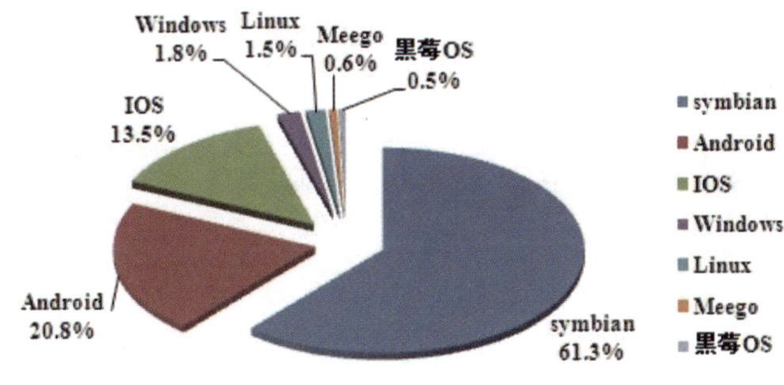

图 3.4　2012 年 5 月主流手机操作系统的市场占比

3.3.3　看准产业链的发展趋势和新机会

随着技术难题一个一个被解决，以前很多移动互联网无法取代的行业，现在正在被新领域冲击着，传统行业需要适应的平台，新的产业链正在形成，新的工作机会也随之出现。

2008 ~ 2009 年，在金融危机的大背景下，全球报业的经营环境也是每况愈下，继 2008 年年底美国论坛报业集团成为首家申请破产的美国报业巨擘之后，2009 年上半年又有《太阳时报》等多家规模不一的报业陆续步其后尘。连一向以富人排行榜出名的《福布斯》，不仅单本订阅额下滑，并且从 2008 年年底到 2009 年上半年已经裁员约 10%。在这次金融危机中，美国著名的《纽约时报》不仅出售了报社大楼，同时裁减编辑部里 1332 个岗位中的 100 个，并宣布减薪 5%；McGraw-Hill 出版社有意出售《商业周刊》，后者上半年的广告页数仅为 590 页，与上年同期相比下滑超过 30%。2009 年，中国报业遭遇了金融危机、发行量锐减、受众审美疲劳、经营成本攀升等多重压力，加上电视、网络等电子媒介强力挤压，传统纸媒的经营收入已大不如从前。2009 年 9 月 2 日，新闻出版总署的《中国报刊业面临洗牌—— 2011 年前非时政类全改制》公布，则意味着中国报业的集团化发展在经历了十五个年头后需要面临更深层次的改革和创新，“断奶”后的非时政类报纸如果不能迅速准确地找准市场定位，就会有被消费者抛弃的危险，从而直接导致该报纸的关闭。[1]

再以电影这个传统产业为例。电影出现 100 多年以来，从过去进电影院欣赏大屏幕的方式，过渡到在电视电脑上看电影，到这几年的通过手机看电影，一直到自制微电影的出现，电影从业的门槛越来越低，如果从业人员的眼光还停留在传统拍摄、发行渠道上，电影产品的道路只会越走越窄，就和现在移动互联网下的纸质媒体一样，很有可能出现消亡。

3.3.4 研究用户喜好和市场热点变化

经济快速发展，居民收入不断提高，消费观念大有改变，住房、汽车、文化教育、通信、餐饮和旅游等几大消费热点渐趋活跃，迅速崛起，成为推动市场走向繁荣的关键力量。人们的消费观念从原来的以基本生活消费为主的初级阶段，变化成享受型消费驱动：过去，人们添置硬件摆设在家里，以备生活必需，比如手机，人们追求的都是高配置、高性能、好材质、高端大气上档次的外观；现在，越来越多的人愿意花钱买软件、买服务，换手机和换件衣服一样，愿意为更好的服务、更精美的设计和用户体验付费。过去，花费 10 元人民币看一部网络影片会感觉很难接受，盗版、免费下载到处都是，现在很多网站都有免费在线视频，但也有许多收费的，并且浪费视频要么忍受长达 3 分钟的广告，要么付费成为会员免除看广告。

在产品的内容运营中，用户喜好和市场热点变化更快，新的网络流行语频频出现，让生活充满了欢乐，对于电商、阅读、网站、视频等以内容为主的移动 App 产品，除了产品功能上的设计，设计师也要抓住内容热点，迅速做出反应，为用户提供紧跟市场的解决方案。

---

1 来自 http：//blog.sina.com.cn/s/blog_5de19b9c0100etw1.html。

3.3.5 研究新的交互方式、用户体验设计方式、设计流行趋势

从 feature phone 时代的滚轴、方向键，到苹果多点触控的新型专利技术，再到最近成为热点的眼动控制、肢体控制；从 Android 的实物风格，到 iOS7 的简约设计风格；新的交互方式不断出现，新的设计风格的流行，让使用者的体验越来越愉快，作为优秀的设计师，需要考虑更新颖的交互方式，只有让用户出现眼前一亮的感觉，才能使自己的产品紧跟潮流让用户喜欢。

3.3.6 收集整理资料的方法

互联网的信息良莠不齐，哪些资料是精华哪些是糟粕呢？从哪儿得到的数据信息更准确、权威，而不是道听途说或者是竞争对手放出来的水分消息呢？甄辨这些数据，可以通过以下渠道：搜索引擎关键词搜索，专业资料库和专业资料，专家组讨论，日常数据、资料的自我整理和有效归类。

1. 搜索关键词

首先，感谢搜索引擎和互联网，我们可以几乎零成本地获取所需要的资料，通过关键词搜索，网站上可以找到很多别人分享的数据、文档、案例。但要注意多试试几个不同的搜索引擎，不要只知道一个百度，国内针对中文用户的 360、搜狗、搜搜、有道都可以试试，平时也要注意外语的学习，主要面向非中文用户搜索的 Google.com、Bing.com、Yahoo、Ask 能找到更多意想不到的结果。

其次，就算是下载资料也要尽量从官网上下载原始文件，学习领会编写者的意图，不要只是在百度上搜索本国翻译后的文档。互联网行业发展变化如此之快，翻译版本和官方版本相比，还是有延迟的，慢人一步怎么行。

2. 下载专业数据

一般移动互联网公司对外发布的数据都有水分，真实的运营数据涉及公司商业机密，很难取得，但宏观的市场分析报告，如果浏览专业数据库，还是可以下载到统计资料的，例如中国互联网络信息中心、易观国际、艾瑞咨询等针对互联网行业的信息公司，大都提供免费的资料，但有时候也需要付费购买，才能得到一些更有用更细致的数据。

还有各大门户网站，大多开辟了移动互联网、手机、科技、3C 产品相关板块的频道，比如腾讯科技、新浪科技频道、凤凰网科技等，专业媒体编写的文章有些也是不错的。还有新兴的自媒体，比如 36 氪、正和岛、雷锋网、虎啸网等有业内人士喜欢在网站上投稿。还可以关注一些业内领军的微博、微信公共账号、个人官网等，也能学到不少东西。

3. 同行专家讨论组

想必大家都已经加入不少同行业 QQ 群，经常讨论工作生活上的问题。很多公司的 UCD 中心，还有社交猎头网站，比如 3W 咖啡、拉手网等，也会经常组织同行聚会，经常能请来业内的高级设计师、产品经理等，听听他们说什么。当然不要忘记购买专业出版物，参加专业的培训和考试，认识同行和他们成为朋友。

4. 有效的整理归类资料

平日里的资料，可能是图片、文字、文档、图标、录音、视频，也可能是图书和磁盘，收集来之后，需要经常整理和归类，方便在使用的时候查找。整理归类的过程也是对资料重新学习，系统领会的过程。在整理中，你会发现有些资料的真实性、科学性是存疑的，资料之间的相互对比，可以帮助你核实鉴定，淘汰那些存疑的不可靠的资料。来源不同、时间不同的零散片段的资料，经过标注、排序，写摘要、评论，可以对资料信息进行有效重新加工，系统地汇总出自己的一套独特资料库。

分类的依据可以是特定的专题，按不同的文件夹存放，从大的行业领域分，如移动互联网、手机数码、游戏等（可以参考互联网门户科技频道的分法）。也可以根据不同类型的产品分，如电商、社交、工具、效率、生活等（可以参考 App Store 的分类）。也可以根据时间划分，年、季、月、日等。

第 4 章

用户研究的工作方法

我们常常说产品设计人员要"尊重用户体验",尊重用户体验最基础的就是要寻找你的用户，了解你的用户，知道你的用户在想什么。以前的软件产品开发过程同时也是开发工程师的思维过程，走的是计算机逻辑，计算机能实现什么，用户就怎么用，通过这种思路开发出来的产品，需要用户努力学习和理解其中的逻辑，学会如何使用这个工具。而现在的产品设计遵循的是用户的使用逻辑，站在用户的角度，让移动 App 产品灵活地适应用户的思考方式。但是最终设计出来的产品还是需要计算机开发实现的，从理解用户到产品设计，从产品设计再到产品开发，这中间的产品设计人员更像是一个翻译官，把用户信息语言翻译成模型，把模型翻译成设计方案，再把设计方案讲给开发工程师实施完成，如图 4.1 所示。

图 4.1　用户建模的过程

4.1　为什么要建立用户模型

模型其实是事物运行的机制。例如,如果我们规定 A+B=C,这就是一个运算模型,如果把 A、B 看作是这个模型的零部件，是输入，那么模型运行的结果就是得到 C，就是输出。我们不可能为每一个用户定制软件，也不可能穷尽所有用户可能会遇到的使用场景，但如果做到在软件设计过程中选取典型用户，通过分析这些典型用户在典型场景下的表现，建立起用户的心理模型、行为模型，那么大部分用户在一般使用场景下的反应是可以预见的，这就是为什么产品设计者也要在工作中建模。

4.2　寻找并了解典型用户

4.2.1　为什么要建立典型用户

用户角色最早是在《The Inmates are Running the Asylum》[1] 一书中提出,作为用户建

1 [美] AlanCopper 著，Chris Ding 等译，《交互设计之路》(第二版)，北京：电子工业出版社，2006 年。

模的工具使用。

创建一个能满足广大用户群体的产品，就是要使产品的功能尽可能广泛，以容纳最多的用户，这样，我们的产品功能就要大而全，涵盖所有移动终端的硬件和系统可以提供的所有能力，这个逻辑显然是错误的。同时，当你肆无忌惮地扩展用户功能时，就会增加所有用户的认知成本，为了满足个别用户，降低了其他用户的满意程度。成功满足大量用户最好的方式就是为那些具有特定个性的典型用户设计产品。

这种方法的关键是首先确认产品是为哪些人设计的，符合哪些个体的使用需求，他们的需求就代表了大部分关键用户的需求。此后根据这些用户代表在总体用户中的占比，进行优先级排序，来决定最重要的用户需求。这样，就可以保证我们满足了最重要个体需求的同时，又不会伤害其他次要用户的需求。

其次对典型用户群体定量和定性的研究可以帮我们理解产品中的问题、情景、约束条件等，不仅仅能推进设计项目的流程，还能帮助我们发现平时没注意的问题，找到新的商机，如下面这个例子。

在家用数码相机普及的前几年，越来越多的父母辈用户会使用相机，但当内存卡满了，或者用户想要把照片导出到电脑上保存或传给别人的时候，有研究发现 20 个老年用户中有 11 个不知道如何导出照片，这对于他们来说是极其困难的，而那唯一的一个用户还是在儿子教了他多次，并且把家里的电脑都设置好链接之后才会使用的。这个比例远远超过市场调研的平均值。相机厂商了解到这一情况之后，很快向专业数码相机转型，与此同时，手机拍照和通过网络共享的 App 运营商发现了商机，包括新浪、腾讯、百度在内的传统互联网公司迅速开发出一大批类似微博、微信、美颜相机这样具有拍照和分享功能的软件，迅速获得成功。

4.2.2 典型用户在哪里

为了分析市场，寻找目标用户群体在哪里，市场部门会委托专门的调研公司，或者自己通过客服、市场团队对用户进行调研。得到的统计数据是对用户群体的总体分析和描绘，描绘了产品所要面对的主要用户的特征：年龄段、性别、教育程度、喜好、生活习惯、收入水平、消费习惯、所用设备的价位、特性等。这些特性直接决定设计要采取的风格、交互方式、App 上的元素尺寸、布局。这类市场调研得到的一般是这样的饼图或者柱状图，如图 4.2 所示。[1]

1 来自 ZDC 调研中心《2013 年中国 IT 网民手机上网行为调查报告》。

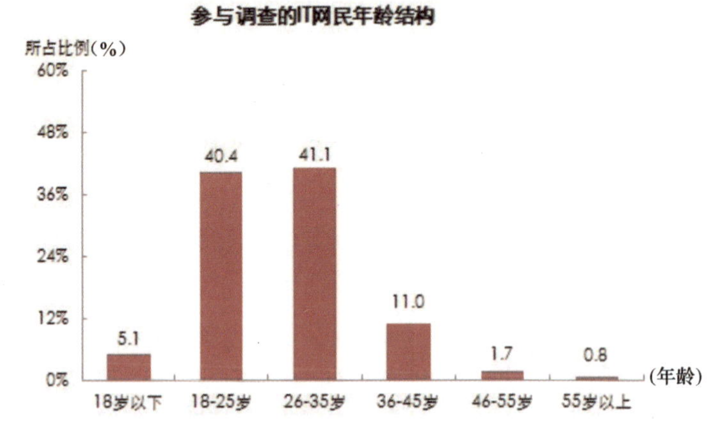

图 4.2 2014 年 2 月网民年龄结构调研柱状图

这种分析反映的是某一个阶段市场的总体表现，可以帮助我们找到目标群体，比如上文提到的《2013 年中国 IT 网民手机上网行为调查报告》。只不过我们看到，由于使用手机上网的用户群体集中在 18 ~ 25 岁以及 25 ~ 35 岁，这就是手机网民的主要年龄区间，如果我们要制作一款大众用户使用的移动手机 App，目标用户群体也包含在这个年龄段中间，那么选取典型用户的时候，就需要招募这个年龄段的体验者，不必从小学生或者中老年中选择了。

上述图表法是通过大数据进行定量分析的结果，表示某一个时间段某一个市场的总体情况，既不能代表单个用户的想法，又不能看成是一个固定不变的状态。而人的变化是最复杂的，受很多因素的影响，无法依靠定量分析的数据来理解，因此设计师还需要通过定性研究来关注用户行为的变化，了解我们的用户在做什么，需要什么。

4.3 访谈调研法

使用固定格式设计并发放大量的调查问卷，是咨询公司做市场调研的方法，并不适合产品设计人员开展用户研究。但产品人员又不能纸上谈兵，需要了解用户就需要走到用户面前，了解他们的想法，最简单的方法就是一对一的访谈，单独交流能让用户放下戒心畅所欲言——交流也能保证少数人的看法不会被多数人的意见淹没。

如果要重新设计新产品，那么访谈可以发现潜在用户，潜在用户是那些目前没有使用、但将来很有可能使用新产品的人，甚至很有可能付费购买，因为他们就是目标，所以产品要满足他们的要求。如果要优化设计改良现有产品，了解现有用户的想法，也是非常重要的，可以发现过去旧版本中的使用问题，和使用其他产品的经验对旧版本产品观念的影响。

4.3.1 在交互发生的地方访谈

在访谈中要了解某些信息，如果用户是自告奋勇报名的被调研者，当然最好；如果用户是在其他场合，那么一定要在交互发生的地方进行访谈，访谈位于用户实际使用产品的地点，这是情景调研的要求，这样不仅有机会观察到用户使用的情况，也能有机会了解交互发生环境中产品设计对用户行为的约束，以及用户在交互场景中切实的需要。

随手记录下用户的信息、使用产品的频率、使用功能优先级、体验者遵循的工作流程，未经允许，不要偷看，如果用户比较介意，如果访谈地点当面记录不太方便，产品设计人员最好要将调研问卷的要点烂熟于心，并记录下用户回答要点，在访谈结束之后尽快整理，或者通过观察，推测出用户的情况。

如果不能把用户请进安静的公司会议室，设计师就应该走出去。很多互联网公司的移动产品设计师常常跑到手机卖场、苹果体验店，把自家的产品安装到演示体验机器上，看似无意地和体验者交流，推荐自己家的产品。有些设计师索性招募自己家亲戚朋友体验产品。

4.3.2 避免讨论请求讲解

在访谈和调研中，应该引导用户留意问题，围绕调研者关心的问题进行交流，虽然没有固定的格式，但应该避免为了寻求解决方案而向用户发问。大多数时候，用户看问题的角度往往比较片面、细节化，缺乏产品设计师对产品和技术的总体把握，他们也没有专业设计人员对各方面平衡的考虑。如果用户冒出一个有趣的想法，要询问他：这需要解决您的什么问题？或者你认为这样做的好处在哪里？所以当用户开始说出他的解决方案时，往往会掩盖他真实的需求。倾听用户的想法，请求用户详细讲解，不要在访谈过程中和用户争论他提出的解决方案，要把用户提出的设计解决方案作为一个有趣的话题跳板，引导到使用产品所遇到的问题中，剥离出他真正的需求来。

比如多年前 10086 客服回访一个使用手机阅读客户端产品的用户，根据 10086 客服记录的反馈，用户表示：能不能在阅读界面查看股市实时变化的情况和交易情况。产品人员接到这个反馈认为非常不可思议，10086 的客服却表示不是只有一个用户有这个需求，经过产品人员的访谈，才了解到，用户并非是想在一个图书阅读的客户端看到股票交易的情况，用户的原始需求只是认为当时书库里缺少财经方面的书报杂志，并且只有图书没有杂志、新闻，财经类书的内容不如杂志报纸和新闻来得及时。

4.3.3 和用户谈什么

1. 询问 / 观察用户基本情况

询问或者观察用户的基本情况，并非对用户进行单纯的人口统计学，人口统计学是在筛选用户的指标，帮助我们找到目标用户群体。产品设计中研究用户的基本情况，有助于我们对产品的既有用户进行分类。

使用我们产品的用户分为哪几种不同的类型？

他们对产品的需求和期待是什么？

在什么情况下，用户对产品的需求会发生变化？

比如微信朋友圈这个模块，不同类型的用户使用情况不一样。

用户 A，23 岁，女性，单身，每天发很多条自己的状态信息，不是文字就是自拍，然后分享到朋友圈去——重度用户。关注照片拍摄的效果、分享的数量。

用户 B，28 岁，男性，工程师，看的多、发的少，在旅游时拍到不错的风景发一发——中度用户。关注评论和评论提醒。

用户 C，40 岁，男性，狗贩子，通过微信卖狗，上新货就发——轻度用户。关注发送的速度和流量。

为不同用户设计产品，就要考虑不同的功能侧重点。

2. 业务使用情况

不同类型的产品，用户的使用场景和频率不同；不同类型的使用者，使用的地点和时段又有不同，对功能模块熟练使用的程度也不一样。

根据用户对产品使用、掌握的程度，分为新手、中间用户和专家，下文将详细讲述这一分类。根据用户的使用频率，又可分为重度用户、中度用户、轻度用户。根据对个体用户使用情况的连续追踪，可以预计出市场总体变化的趋势，对产品布局进行调整。

比如 2012 年大量微博内容的产生者来自 PC，阅读者则来自手机，内容多为文字。到了

2013 年，照片分享和内容分享越来越多的来自手机使用者，内容的产生和阅读者都在移动中使用，时间段也由 2012 年白天比较均匀的碎片分布，变成了早 9 点中午 12 点晚 6 点和晚 10 点的峰值波段。通过对使用者的个体调研发现，这几个时间段正是上下班路上、睡前躺在床上。

在上面这个例子中，作为产品经理需要修改产品的布局，把原来对 PC 的重点，转移到 App 的开发上来，重点开发拍照、分享相关功能。

3. 消费偏好

商业领域有一个“二八原则”：即在全部既有用户中，只有 20% 的用户愿意为产品直接支付使用费用，或者在产品上直接消费；而剩下 80% 的用户则倾向免费使用这个产品，对产品的主要贡献是时间、单击，这些行为看似不直接付费，但通过广告等其他形式转化成间接付费。所以通过用户的消费偏好能有效区别 20% 的直接付费用户和 80% 的间接付费用户。他们的消费偏好可能和以下行为紧密相关：

支付频率（经常付费、偶尔付费、从不付费）；

支付方式（用不用信用卡，会不会在线支付、线下支付）；

购物偏好（经常开通会员、买点卡等虚拟产品，还是仅限于购买实物）；

购物动机（喜欢买便宜货还是只买自己需要的、喜欢花钱买实物还是享受服务）。

4. 专长和爱好

并非所有产品都是为初级使用者设计的，有些专业或者特殊人群也会使用软件中的某个特殊功能来解决问题，比如同一款软件的图片美化功能，模特喜欢自拍的使用美容功能，而摄影爱好者选择不同滤镜拍摄风景，表达想要的意境，也有人专门用来拍小猫小狗，因为他是通过网络卖小猫小狗的。不同的用户使用同一个产品重点功能也有所不同。不同用户的专长和爱好，决定了他会使用软件中的哪些功能，根据用户的专长和爱好来设计软件，是产品设计的必要部分。

在访谈和问卷过程中，如果直接询问其收入消费比等比较敏感的问题，可能会招来用户的反感，不愿意回答，可以通过观察其穿着、使用手机包等物品的品牌、价格等猜测大致范围。用户的个人偏好可以通过了解其经常去的场所、使用的软件等推测出来。

4.3.4 访谈后的记录

访谈和调研完毕后，要及时完成调查情况的记录，团队对每一份记录进行比较，通过观察到有趣的共性和倾向，吸取经验教训，通过观察细节，对比过去的问卷，看看是否还存在尚未解决和回答的问题。研究这些缺漏的问题，通过回访的方式去弥补或者重新制订问卷方案。

访谈的记录和汇总，要作为资料整理保存下来，这也是设计输出物之一。要将设计输出物保存在公共共享的空间，或上传到项目管理工具里，有典型意义的问题，要将图片、文字打印出来，贴在墙上或黑板上，提醒设计团队成员随时留意。

4.4 用户使用轨迹分析法

网络上都流传的统计资料数据等，下载者趋之若鹜。咨询公司都在做大量的问卷调研吗？他们也不可能亲自接触产品的每一个用户，手里掌握的信息、大量的数据是从哪里来的呢？这一点说起来并不难，就是运用信息分析法。普通设计师如果了解掌握了信息分析法，不仅能够准确把握产品的方向，还能在产品设计中加入可追踪的关键点，通过这些关键点观测关键数据，主动收集和分析用户行为，这对产品的持续优化是非常重要的。

信息分析法是一个源自情报学和新闻传播学的方法，可以运用在很多学科领域。信息分析法是搜集、整理、汇总用户行为留下的痕迹，通过分析这些日志数据，建立起用户典型行为特征的一种方法。有别于访谈调研法，信息分析法不直接接触人和事，是一种非接触性研究。

一个完整的移动 App 产品的结构，它不仅仅包括呈现在用户面前的本地前台的 App 客户端，还包括进行数据交换的远端服务器后台（Server），产品设计人员千万不要忽略了服务器后台的设计架构。

正是由于这种（Server+App）结构，用户在使用 App 时留下的痕迹信息可以被记录下来，有些上传到 Server 上被保存下来，这些信息，有些是用户个人账户等数据，有些是用户访问留下的日志。有统计表明，用户在使用产品寻找自己所需信息的时候，40% 以上的信息是可以被提取的。

这些信息大致包括用户什么时候登录、退出的大概时间、用户从哪里来了、用户进入了哪个页面、用户发出了什么请求、用户刚刚进行了什么操作命令、用户下载了什么、修改了什么等。

设计师可以从服务器也可以从客户端提取信息，根据信息提取的位置不同，可以分为内部信息和外部信息。内部信息来自 App 收集到的用户行为记录，外部信息来自服务器后台和网站对用户行为日志。

4.4.1 内部信息：服务器日志

客户端 App 可以全面而精确地获取用户的浏览行为，记录用户发送的响应请求。通过记

录这些用户行为并进一步分析，对于产品可用性的改善具有很大帮助。如果把客户端收到的用户响应直接和服务器交互，分析这些信息，可以称之为客户端信息分析法。[1]

客户端信息分析法的优点如下。

（1）由于用户是在真实环境下进行的操作（如在家里或办公室），减少了人为干扰因素，因此获得的数据更加真实。

（2）从客户端收集到的数据更加精确，不会有动态 IP 识别、服务器返回超时等技术性问题的干扰，对用户操作的行为记录更全面。

客户端信息分析法最大的缺点如下。

信息多负担重。用户不可能是无时无刻在线的，否则交互传输的数据非常大，带宽要求也会非常高。服务器和客户端 App 的交互是以发包的形式传输交换的，不可避免地会遇到缓存问题，当用户再次浏览已经存放的页面时，客户端直接读取缓存内容，而不是向服务器发送新请求，此时服务器就无法记录用户新的浏览行为了，虽然在设计中可以强制要求页面内容的过期时间为 0，缓存大小为 0，但无疑增加了用户和服务器的负担。同时，很多用户不喜欢被监视的感觉，不愿意泄露个人信息。

4.4.2　外部信息：客户端获取

分析外部信息就是自动获得用户行为数据，并基于服务器日志（Server log）进行分析，就是通过服务器产生的日志文件来获取有用的数据，可以称之为服务器日志分析法。通过日志文件收集到的数据形式与服务器的具体类型有关，不同的服务器产生的信息是不一样的。通过日志文件可以获得很有价值的产品使用情况的数据。

服务器日志分析法的优点是如下。

（1）日志文件是由服务器自动生成，所以花费比较小。

（2）日志文件是用户在日常使用中产生的真实数据，和会议室的访谈相比，更自然真实，通过日志文件获得的数据更能反映真实环境下用户的真实使用情况。

（3）和几小时内与用户进行访谈或测试而获得的数据相比，通过日志文件获得的是大量用户在相当长一段时间内的行为数据，样本分布越广，数据就越准确，可以利用数据对用户进行分析。

1　参考《互联网网站用户行为数据收集和分析方法》，中国信息产业网，www.cnii.com.cn。

（4）基于日志文件的数据分析工具相对比较容易，非常方便提取，几个代码就可以导出，花费也不是太大。

服务器日志分析法最大的缺点如下。

数据缺漏或者不足。服务器把用户请求的页面发送出去之后，如果用户不继续发出请求，则服务器并不记录页面和用户之间发生了什么，这样从日志中导出的信息就可能发生缺漏或者不足，这样分析出来的信息和用户的实际操作就会有偏差，产品设计师就会被误导。

例如用户在每页的停留时间。日志文件记录的是数据开始传输的时间，而不是传输完成的时间。而且也不清楚在页面下载的过程中，用户到底在什么时间开始浏览页面。除非在页面显示的时候，用户因有事离开了，不然可以通过比较用户的当前请求和下一次请求之间的时间来粗略计算用户在此页面停留的大概时间（通过后一次的请求时间减去第一次的请求时间得到，但对于从 cache 中获取的页面来说就容易出现很大偏差）。

4.4.3 关注哪些有用的指标

在分析用户的使用轨迹，要确定产品有哪些不足和改进的地方时，一般要关注以下几类指标。

1. 总体性指标

一段时间内的内容被使用的总量，例如日单击、月下载。

特定时间内内容被使用的分布情况，例如白天用户使用量是不是比晚上的大。

整个产品的内容浏览分布情况，例如对网站某个板块，或者某一个功能模块被使用的情况进行分解。或者单个内容的下载量。

2. 单个流程的统计

单个流程的平均使用数量，比如从加入购物车到支付整个付费流程平均经过了多少个步骤，成功支付率是多少。

单个流程的持续时间，例如从启动到使用到退出关闭的时间，从下单到支付的整个过程的时间。

3. 单个用户的统计

对单个用户的行为跟踪，告诉你典型用户的使用路径。

使用次数，代表用户使用产品的忠诚度和信任度指标。

访问频率，代表用户对产品使用的活跃度。

停留总时间，是对产品忠诚度和信任度的另一个指标。

留存率，首次使用和下次再次使用人数的比例，或者通过周、月、年来衡量，这是产品运营质量方面的指标。

转换率，从免费用户转化成付费用户，从普通浏览用户转化成会员用户，从访客转化成注册用户，这个比例是产品成功最直接的指标。

4. 路径分析

来源，用户从哪里下载我们的产品，用户是从哪里引导进入我们网站的，这些来源可以帮助产品分析推广或者渠道的质量。

“A 还是 B”，在有分支产品设计中，选择 A 路线还是 B 路线可以帮助分析用户的使用倾向、使用习惯等。

5. 统计工具

对于网站和服务器方面，Google，Baidu，WebTrends 好多公司都有基于 IP 的统计工具，基于 App 客户端方面，国内有些公司提供专门的 SDK，但更多的公司会自己定一些数据统计指标，对自己的用户进行跟踪分析。

4.5 关键词法

4.5.1 关键词勾画典型用户

关键词是用于表达文献主要内容的方法，大家在很多论文、学术报告上经常看到。在互联网行业中为了便于搜索引擎的抓取和分类，对互联网的内容一般都会打上标签关键字。这种方法，也运用到了很多行业中，比如电影的分类、论坛的分类等。在网站上，为了区别用户，网站设计者想了一个很巧妙的方法，那就是让用户给自己打标签，打标签的方式有很多，选择和订阅自己感兴趣的栏目、评价他人印象，甚至是让用户自己输入心情，不要单纯的以为这是显示用户状态，用户的任何输入都可以作为关键词被搜索到。

比如豆瓣上曾经有一个网上活动：创建自己的豆瓣标签。看似是和联想电脑共同发布的一个广告，实际上，如豆瓣网站的说明一样——“豆瓣关键词，是清华大学自然语言处理组开发的一个自然语言处理应用平台，如图 4.3 所示。该应用利用自然语言处理的关键词抽取技术，分析用户近期发表广播内容，提取代表用户兴趣的关键词，并采用文档可视化技术对关键词进行可视化，便于用户快速了解自己、好友的关键词。”[1]

图 4.3　豆瓣关键词

通过设计师某种巧妙的设计，用户产生的网络内容越多，典型用户的形象就描绘得越清晰。各种各样的分析工具、搜索工具，可以帮你有效地找到所期待的用户。把这些关键词写在卡片上吧！你的目标用户就活生生地站在你的面前了。

精选关键词

合作项目中，需求方想要囊括数量最大的用户群体，这就需要精准定位用户。要想精准定位用户，需要准确描绘用户，首先必须做好精选关键词。这里介绍一种关键词精选的方法：关键词卡片法。

（1）根据市场分析的结果，把目标用户的特点写成关键词，每个关键词一张卡片，把所有关键词写在不同的卡片上，关键词分越细越好。例如【18 ~ 25 岁】、【25 ~ 35 岁】、【月收入 3000 ~ 5000 元】、【月消费 5000 元】、【性别女】、【性别男】、【时尚】、【爱分享】等，和合作伙伴的需求方进行沟通，补充或者剔除多余重复的。

（2）先让需求方从众多卡片中选择 10 个关键卡片，并进行优先级排序。

（3）让需求方从选出的 10 个卡片中选择 3 个不太重要的拿掉，这个过程是很容易的。再让需求方从剩下的 7 个当中拿掉 2 个，这时候的抉择就比较困难了。通过询问讨论后，剩下的 5 个最重要的卡片描绘的就是合作伙伴最重要服务用户的特征。

1　来自豆瓣网站 http：//166.111.138.15：8080/douban/。

上述关键词是描述用户统计学特征，北京（位置）、男（性别）、八卦 / 阅读（兴趣爱好）、设计 / 工程师（职业）……但是用户的统计学特征并不能代表这类用户都会有此类行为，不能说明北京所有爱好阅读和八卦的男性工程师就一定会喜欢用你的产品，也不能说明喜欢用你产品的用户就一定用同样的方式在使用你的产品，要想预估和解释用户的行为，需要研究用户的心理目标。

4.5.2 研究用户的心理目标

1. 用户行为背后是动机

用户在使用产品的行为背后隐藏着动机，或者说目标。用户使用产品时，并不需要了解软件产品背后复杂的设计过程和运行细节，因此用户只看 App 界面上的软件表现，这种软件表现并不一定能反应产品设计运行的机制，但对于用户和软件的交互来说已经足够了。

比如，用户点了账户设置界面中的【确认】，软件会去联网后台服务器，把用户的个性设置做出的修改信息上传并保存到服务器，并返回告诉前端的客户端软件，客户端软件弹出“保存成功”的字样，用户就知道：“哦，我修改过的账户信息已经保存下来了”。软件在后台是怎么运行的，用户并不需要知道这些过程，说白了，用户对于客户端是怎么工作的毫无感知，软件实现的模型和用户的心理模型完全没关系。但一旦设计有缺陷，软件反应和用户心理反应之间的差异就表现得非常明显了。比如说，如果在刚才保存账户的场景中，由于信号差中间出现联网失败的情况，服务器一直返回给客户端错误值，如果产品设计人员没有考虑到并做好这个场景的设计，要么是直接把错误值呈现给用户，用户不知道该怎么办，“什么意思？我该怎么做？”就会造成使用体验的降低。再要么就是前端没响应，让用户误以为已经保存成功了，但下一次发现“账户修改怎么没有改过来？还是之前的样子”，就会造成用户对软件产品的不信任。

2. 用户的 3 种行为目标

设计师要善于发现用户行为背后的目的和动机，在《情感化设计》[1] 一书中，作者诺曼提出用户使用产品有 3 种层次的目标，从浅到深为体验目标、行为目标、人生目标，如图 4.4 所示。

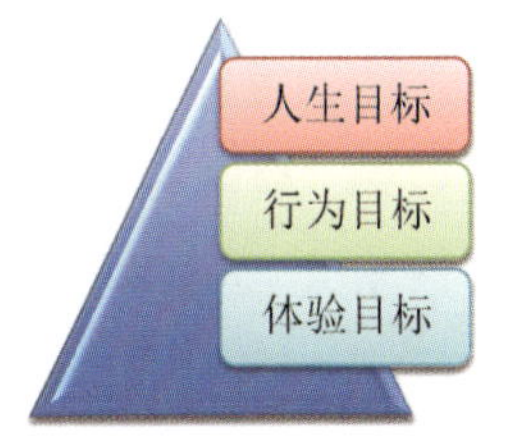

图 4.4 用户目标三层次

3. 体验目标

体验目标是个人的使用动机，是基础层面的目标，体验目标表

1 ［美］诺曼：《情感化设计》，电子工业出版社，2005 年 5 月。

达了用户在使用产品的交互过程中、看到产品界面的过程中，所产生的期待感受，这种目标让人们关注产品的听觉、视觉、感受，比如动画的过渡和渲染、画面切换的延迟、按键的反应等。本能目标和人的本能认知联系在一起，产品的视觉和感觉使我们能对产品什么地方好、什么地方不好、是否令人愉悦、是否安全做出快速判断。这种目标可以通过建立用户的心理模型在使用本能的层次上表达出来：感觉很流畅，非常容易控制；很有乐趣；感觉很放松，很时尚，够炫酷。如果产品让用户感觉自己很笨或者使用不舒服、不流畅，自尊心就会受挫，工作效率也会降低，其他两个层次的目标也无法达成，用户会感觉产品偏离了他的预期，违背了他的目标。

有很多用户心理研究者、交互设计专家在研究体验层面，提出了很多设计规范，比如克鲁格在 *Don't Make Me Think*[1] 一书中，提出"用户喜欢无须思考的选择"，设计师应该在设计中帮助用户减少选择的痛苦，加速决策过程，提高产品的使用效率。在设计中避免使用自以为很酷很新的生僻名词，省略不必要的文字，让界面做到简洁，一目了然，从而减少点击，降低界面噪音。减少用户思考和选择的痛苦，就是降低用户的挫折感和流失率，这一点对于消费类网站或者 App 非常有价值。

4. 行为目标

行为目标代表用户在使用产品中的动机，是对用户中间层行为认知的处理，大多数交互设计和可用性工作基本上是围绕这个层面的设计进行的。行为目标是特定场景下决定的：拿起手机打电话的时候，你希望快速从通讯录里找到要联系的人的号码，"迅速正确联系上某人"就是用户使用通讯录拨号的期望结果。产品设计就是要帮助用户达成这些目标，用户动机就是设计师需要关注的方面，行为目标决定了产品总体的有用性。一个通讯录产品，在用户拨打电话这个场景下的设计是不是达到了用户的行为目标，检验的方法就是看这个产品是不是"迅速""正确"地帮助用户联系上了某人，如果产品没有做到这一点就需要改进。如果满足了用户的行为目标，让用户感觉他们花费的时间和金钱是值得的，用户就会非常乐意为软件付费。

和使用目标相比，行为目标和用户的工作生活更为相关，产品设计要帮助用户解决问题、提高效率，就是要抓住用户的"痛点"。"痛点"可以大也可以小，解决方案可以是创新，也可以是产品优化中的一个小改进，举例来说这些"痛点"有：

- 今晚我一定要 10 点前上床睡觉；
- 快速找到我喜欢的歌曲；

1 [美]克鲁格：*Don't Make Me Think*，机械工业出版社，2006 年。

- 找到距离我最近的停车位；
- 手头有些钱不着急，哪一种理财产品更适合我；
- 怎么清理通讯录里太多重复的号码和废弃号码；
- 要和家人朋友保持紧密联系。

这里要强调的是，为满足行为目标所做的设计并不是说只要设计漂亮的东西就可以了，有时候漂亮并不是产品界面的重点。比如支付宝的支付过程，在涉及现金流的时候，人们往往比较谨慎，这时需要在人们心理情感上安全、值得信任的感觉，单靠外观并不能达到这一效果，而是各因素综合作用的结果，是用户在使用了一段时间之后积累起来的总体印象。

5. 人生目标

人生目标是用户对自我认知和期待的结果，它超越了产品具体设计场景，体现在产品总体气质的把关上，从产品的总体设计感觉、品牌上体现出来。人生目标往往是用户使用产品后的自我反思，这种反思是不自觉的，不是通过直接的交互感知反应出来，往往和用户的日常生活习惯紧密联系在一些。高层次的品位、精神需要、自我认知是用户选择使用这个产品的驱动力。用户会选择那些和自己的气质、自我形象相符合的产品，通过使用产品，试图完成自我期待，这个过程往往不被用户所察觉。

产品的这种总体感觉和品牌一旦被设计出来，会在用户中形成固化的印象，很难改变。比如国内某社交 App 软件宣称自己的目的是让使用者扩大社交圈，结识更多朋友，帮助用户和朋友保持紧密联系，但用户在使用后对其的定位变成了“私下约会的工具”，和软件宣传的口径完全不一致。这不仅仅是战略营销部门要思考的问题，产品设计师也要思考：自己的产品怎么就散发出这样的气质了呢？是不是颜色搭配不够体现家庭亲切的气氛？是不是软件的提示太过露骨轻佻，给人某种暗示？

一般的人生目标有哪些呢？

- 过更健康的美好生活；
- 提高工作学习的效率；
- 成为某个方面的专家；
- 让周围的人都喜欢我。

设计师要将人生目标转化成产品功能、概念设计、品牌战略，在探索产品的过程中，情绪卡片和场景卡片会很有帮助，同时，需要提升自己的人文品味，发现用户深层次的目标，尽管人生目标很少会直接体现在产品交互和界面上，但还是要牢牢把握住，牢记在心不能忘记，通过挖掘用户的体验目标，将人生目标和行为目标联系起来。比如用户说“今晚我一定要 10 点前上床睡觉”——初级设计师会想到，设计一个闹钟提醒功能；优秀的设计师会想到，用户的人生目标是为了“过健康的更美好生活”，那么健康的饮食、锻炼身体、乐观的心情都属于健康美好的生活，就会从这个更广阔的大方向着手进行产品设计。

一般来说，产品很难被人们顶礼膜拜，但只要这个产品的设计考虑到用户的目标动机、人生和文化等因素，就能产生超越产品本身的效果，只有极少的产品能够做到这一点，比如苹果的 iPhone，苹果的前 CEO 乔布斯之所以被称为“教主”，就是因为他对产品的绝对控制和严苛要求，把自己的生活哲学带入到产品设计中，得到了使用者的拥趸。

4.5.3 建立用户行为模型

有相同思考模式和心理目标的用户，在不同场景下对同一个产品的态度、使用方法也不一样。成功的产品，就是要通过勾画典型用户，研究用户在各种场景下不同的行为，寻找那些能要满足用户目标的功能，这个过程通可以过建立用户心理 vs. 行为模型实现。根据俄国心理学家 Vygotsk 发展的行为主义研究，他认为用户行为模型有三个主要元素，如图 4.5 所示。

图 4.5 用户行为模型三要素

建立用户心理行为模型应遵循模型建立的规律。心理模型经常是根据零碎的事实构建而成的，对事实的来龙去脉只有一种肤浅的理解，并依据心理学，形成对事物的起因、机制和相互关系等角度的看法。Hugh Beyer 和 Karen Holtzblatt 的《Contextual Design》定义了五种模型：流程模型、次序模型、人工物品模型、物理模型和文化模型。[1]

流程模型：人们为完成工作而进行的沟通，包括传递的信息、知识和人工物品，口头的和书面的、正式的或者非正式的。通过记录用户的使用过程，研究流程模型，帮助设计团队在交互、流程上完成产品的构架。

次序模型：指工作完成的步骤，每一个步骤是由什么引发的，或者正在完成的目标。次序模型显示事情完成的顺序，是什么引发了这些步骤，每一个步骤的目的，以及这些步骤如何相互依存。次序模型帮助开发团队一步一步地确定开发任务的优先顺序。

人工物品模型：代表用户如何使用现实工具来实现目标，从照片、卡片、绘图入手，人工

1 [美] Hugh Beyer 、Karen Holtzblatt，*Contextual Design*，Morgan Kaufmann，1997。

物品模型扩展到用户使用产品或工具的结构、战略和意图。通过人工物品模型可以更深入地了解人们使用的工具、使用过程、碰到的问题以及为什么使用这些工具。

物理模型：代表用户使用产品的时候周围的实际物品环境，通过物理模型可以了解物理模型的结构、工作环境中的人工物品、人们对环境有哪些控制以及他们在当下环境中是如何完成工作的。

文化模型：代表对用户价值以及自我认识的理解，文化模型把产品放入用户的生活工作和他们生活的实际环境中去考察，文化模型包括用户工作、生活的竞争环境，也包括和工作生活相关的情感、审美、传统、文化等。

心理行为建模的过程和其他系统论里建模的过程一样，有三个重要条件：实验者、场景、行为模型。产品设计学中也遵循这三个条件，通过大胆假设小心求证，建模的过程通过以下几个步骤实现：(1) 发现用户和创建场景；(2) 发现和确认行为变量；(3) 将用户的行为和目标对应起来（心理 vs. 行为）；(4) 调整行为变量删除干扰变量；(5) 验证并描述用户行为和目标属性。[1]

(1) 发现用户和创建场景

通过访谈调研、监测用户的使用轨迹，通过关键词法我们可以找到典型用户，这里不再赘述。

创建场景是使用产品来实现目标的一个描述性过程，很多设计师称之为“讲故事”的过程，这里创建的是一个假设的、理想的场景，目的是构建理想的故事情节。这种方法源自 20 世纪 90 年代，人—机交互专业设计师围绕用户使用的软件进行了大量的研究工作。通常用来描述如何具体化地解决设计问题。

小明下午 5 点下班，从中关村到回龙观的通勤车上，有 40 分钟的乘坐路程，他打开手机检查邮件，有一封邮件领导需要他把一个文件转发给客户，这个文件他存在公司电脑上，并在云盘里进行了备份，于是他打开云盘的手机版客户端，把这个文件拖曳到邮件原文中作为附件，然后在通讯录中找出客户的联系方式，检查完后，单击发送给客户。

(2) 发现和确认行为变量

设计师需要通过讲故事，发现用户在使用中可能发生的各种问题，这些问题就是用户的行为变量，当用户面对问题 1 时会采取行为 1a、1b、1c，面对问题 2 时采取行为 2a，

---

1 [美]Mike Kuniavsky：《用户体验面面观》，清华大学出版社，2010 年。

面对问题 3 时采取行为 3a、3b，不同用户的反应和解决方式，表达了用户如何使用这个产品的过程。在讲故事的过程中，大量使用“如果……那么……”的描绘方式，找出尽量多的行为变量。

如果在这个使用云盘的过程中引入一个制约变量会怎样？问题 1，如果云盘的手机版客户端无法联网，保存的文件下载不下来。问题 2，如果下载了发现超出邮件附件大小的限制，发不出去。问题 3，如果由于班车太颠簸，文件图标太小，手一抖选错了，发错了，怎么办？产品的限制太多或者使用过程过于烦琐，会让用户放弃使用这个产品，只能回家后再发送——云盘手机版客户端存在的意义就会被用户怀疑。

哪些行为是值得关注的，哪些行为是在观测中没有看到但需要设计师考虑的，这些在建模之前都要尽量设想，作为行为变量引入。重点不应该放在这些是“什么人”，而应关注“在干什么事”。这些行为变量包括以下几项。

行为：用户在做什么，使用频率和使用时间。固定段时间还是碎片时间？

情绪：用户如何看待产品，是消遣品？还是生活必需品？看中价格还是服务？

能力：用户的学习能力、入网时间、使用产品的熟练程度。

动机：用户使用该产品能解决他的什么问题。

将所有你能设想到的用户行为罗列下来，通过前面章节介绍的访谈法、轨迹分析法确认典型用户的行为，验证是否和设想的一致，删减修改，保留典型用户典型行为。对于那些个别用户、特殊行为的用户暂时不作为设计的主体用户。接着上个小节的例子，如果用户发现问题 1，云盘的手机版客户端无法联网，保存的文件下载不下来的时候，那么大部分用户会刷新页面或者重新单击下载；有的用户会去检查联网情况，如果是由于当前网络信号太弱造成的，那就过一会儿再试试看；有的用户直接放弃关闭软件。在所有用户中，重新刷新下载的用户比例有多少？网络信号差发生在哪个地点或者哪一类手机上？关闭放弃使用软件的用户为什么这么没有耐心，是界面没有提示还是试过几次文件太大而放弃了？对于产品设计师来说，是应该提示重新刷新，还是提醒用户检查网络，还是设计断点续传，这都是需要确认的行为变量。

（3）将用户的行为和目标对应起来

不同用户的使用行为不同，如前文所述所有用户的目标可分三个层次，用户的这些行为可对应到三个目标层次。

这个目标 vs. 行为的过程，在一定程度上是产品设计师通过观察得出的主观结论。接着用上一个小节的例子，如果云盘客户端上保存的文件格式支持照片和记事本文字，设计师怎么考虑这两种格式的显示权重呢？访谈了三个用户作为访谈对象，暂时标记为用户 A、用户 B、用户 C，通过调研发现在产品格式上，他们既用照片也用文字，但是使用频率有所不同，如图 4.6 所示。

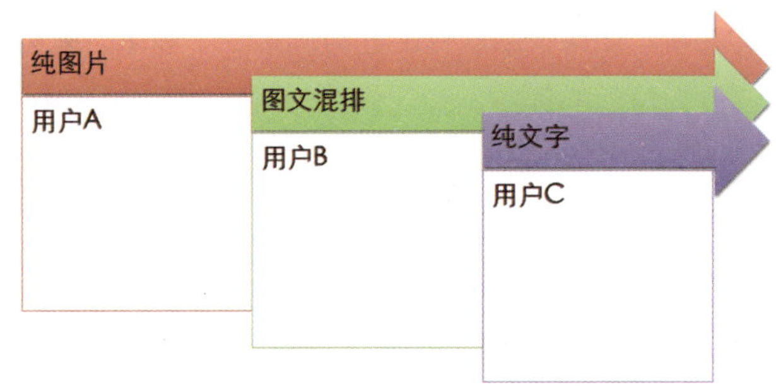

图 4.6 不同用户对待产品格式的态度不同

这是为什么呢？用户 A 是一位老人家，会拍图片，但眼睛不好压根儿不输入文字；用户 B 喜欢自拍，使用频率非常高，爱发照片也爱发文字；用户 C 是商务人士，每天要处理的文档很多，他把云盘当保存邮件和记事本来用，照片不多是可以理解的。

（4）调整行为变量删除干扰变量

在步骤 2 中，理想的环境下，产品设计师应该发现尽量多的可能行为变量，有的可能是经常发生的行为，有的是很少发生的行为，看起来似乎很可笑。在步骤 3 中，经过观察用户的行为，把用户目标和行为变量对应起来，对应目标和行为变量就是给行为变量赋予权重。把不同用户和不同行为对应起来，有的行为变量权重很高，有的行为变量的权重可能为 1%，甚至 0，这种占比很低的行为变量，可以在建模中作为干扰变量被删除，这也是为后续需求分析优先级排列打下基础。

（5）验证并描述用户行为和目标属性

典型用户 vs. 典型场景 vs. 典型行为的一一对应关系建立起来之后，仍然有很多没有描述清楚的问题，旁观性的描述可以给团队其他成员提供背景资料，也可以很好地帮助设计人员在目标和用户行为之间建立联系并做出解释和分析。描述并记录以下内容。

用户的心理模型——了解用户的预期，让用户描述他所理解的工作机制、记录结果。

用户所用工具和过程——用户完成某个任务或者工作时，选取什么工具解决他们的问题。

例如用户更喜欢通过分类目录还是搜索来找到想要的物品。

用户使用的语言特点——语言特点能说明模型和思考过程，从侧面定位用户对软件的使用程度。在设计中尽量使用用户的语言，不是开发语言也不是设计师自己的语言。

用户所用的方法——了解用户在流程中使用的手段和方法，说明他们所用工具的优缺点。例如用户把相机中的照片导入到电脑，PS 之后发给朋友分享，说明用户对拍照—美化—分享这三个功能之间延展性的期待。如果一款软件能同时满足三个需求，就会有使用者。

用户的目标——关注行为背后的理由，有时候用户并不知道自己这么做的理由，需要产品设计师进行分析。就算在家里网络情况非常好的时候，用户也喜欢把视频下载下来离线看，而不是选择在线播放，这并不因为是网速不够，而是片头广告太多。

用户的价值观——用户对产品的喜好往往和他所处社会及他的文化背景有关。在色彩搭配和图形设计方面，设计师尤其要注意。例如欧洲用户特别注重隐私保护和版面设计的简洁等，仙鹤在我国是吉祥、长寿的象征，而法国人却认为仙鹤是蠢汉的代名词。

4.6 新手、专家和中间用户

当用户买回一部新手机或者打开一个新软件的界面时，就意味着好几天要学习和摸索新界面。好的设计会减轻适应新界面的挫折感和失望感：一方面使用过较多数字产品的用户，积累起来的经验有时候有助于迅速上手；另一方面用惯了某个品牌之后又换到新牌子的产品时，用户会有不适应的感觉，当不知道返回按键在哪里，不知道如何删除的时候，他们又被当成新手。所以很难把握新手和专家的区别。

为了解决这个问题，我们的产品就一定需要新手引导界面吗？一定要灌录视频教用户如何使用吗？还是说要在每一个界面上明确地写下帮助信息？还有，新手很快就会熟悉产品，这些新手帮助手段还有存在的必要吗？

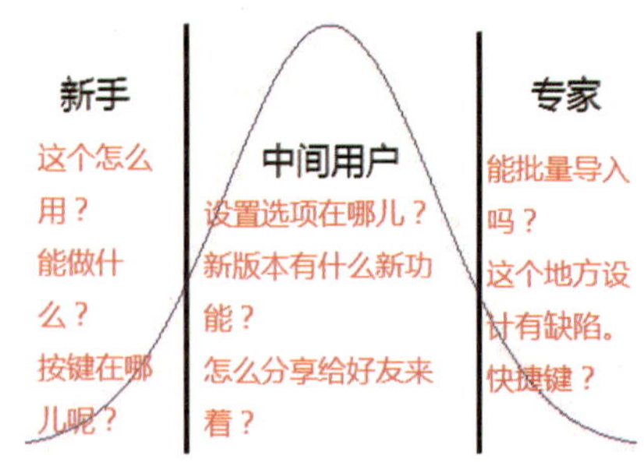

图 4.7 呈正态分布的用户群体

但幸运的是，大部分用户并非新手，也不是专家，而是属于中间用户。像社会学的大部分现象一样，新手、专家、中间用户呈正态分布，如图 4.7 所示。[1]

1 [美] Alan Cooper，Robert Reimann，David Cronin 著：《About Face 3：交互设计精髓》，电子出版社，2008 年。

从对 App 的使用和熟悉程度来说，从左到右，最不熟练的新手和最精通该 App 的专家数量都不太多，大部分是中间用户，占全部使用群体的 80%。正态分布曲线并不是静态的，而是随时变化的，没有人长时间地停留在新手用户，经过对软件的摸索，这批用户可能从新手变成中间用户（或者干脆放弃使用），而随着软件的升级，面对新版本新设备，专家也可能变成中间用户（或者兴趣转移，好长时间不用）。

市面上有一些软件产品是为专家用户设计的，希望长久地吸引用户进行浏览、使用和消费，这种产品需要对用户产品持续吸引力，比如淘宝 App、微博 App，设计师要经常改版，满足用户不断变化的需要，甚至有时候功能不变，只是为防止用户审美疲劳，多变的设计也能抓回用户的眼球。

也有另外一些产品是针对新手用户设计的，比如工具类型的产品，人们只有在需要时，才打开使用，比如手机上的计算机、记事本 App。或者针对儿童、老人等特殊人群设计的，这类产品要求界面简单、快捷，设计师如果频繁修改操作界面，就会造成每次升级，用户都是新手，都需要重新适应。

哪些 App 是为新手设计，哪些应为专家设计的呢，还是我们都应该瞄准中间用户？建议采取网站架构的处理方式。优秀的界面设计师，应该能尽快让用户熟悉导航、常用操作按键，让用户感觉舒服，并能很快地记住它们在哪里，使用方法是什么。用户对界面的规则应是熟悉的，同时频繁的访问和改版并没有改变界面内容的组织架构，尽可能地采取容易被发现的交互，不要让操作隐藏得太深，提供给用户一种熟悉并且舒适的操作体验。

这里要注意区别的是，新手、中间用户、专家是根据用户对业务的使用、掌握的程度分类的，前文中所说的重度用户、中度用户、轻度用户是根据用户对产品的使用频率区分的。

4.6.1 为不同需求做设计

产品设计师的目标并不是要将中间用户培训成专家，而是让新手用户快速无障碍地变成中间用户，让中间用户永远感到使用愉快，让专家用户永远感觉到新鲜并且尽量避免使用障碍。

1. 新手需要什么

新手在使用中最容易受挫并放弃使用产品，“第一印象不好很难改变”，但也不能将产品的使用门槛降得太低，不能把新手用户作为我们的设计目标用户。没有人永远是新手，新手阶段只不过是每个人必经的阶段。好的 App 设计应该尽量把这个过程缩短，而不是停留在这个过程中——用户是聪明而很匆忙的人。只有 20% 的新手用户会仔细查看新手引导过程页，大部分会闭着眼点【下一步】或者无视这个过程，选择【跳过】。

2. 新手关注什么

新手一般迅速扫过软件的主要界面，一目了然地知道软件的总体概念和使用范围：这个软件是干什么的？有哪些主要功能？我该如何使用？

设计师的重要任务是建立新手用户的行为模型。当用户看到界面就能联想到画面和动作的关系，“嗯，我点这里可以拍照”。引导新手的过程并不是要下一步、下一步地引导用户使用，也不是演示视频动画，更不是大段的在线帮助文字。如果把新手过程设计成固定的启动动画，在用户成为中间用户之后，就会极大妨碍中间用户的使用。

建立新手行为模型，就是通过界面结构把新手的行为模型统一起来。采取“引导启发”式的新手教学过程，这个新手界面可能只在界面初次被展示的时候出现，可能在点击错误操作时弹出示范，对话框弹出的提示应该是简单的明确的，要允许用户有犯错和返回纠错的机会。

这不仅仅要求设计师在交互上能预先把所有的情况都考虑到，还要求设计师小心处理每种可能情景下用户的心理预计，通过对话框、控件，让用户明白软件的使用范围、目标，当用户开始关注这些对话框和界面上的控件时，长期以来形成的使用习惯，就能使用户自我限定行为。

3. 专家关注什么

专家对产品的评价很大程度上影响着新手用户，新手用户对产品的印象建立和使用，依赖专家的看法。专家说这个功能不好用，对于新手用户来说，就意味着这个产品不好用。新手并不知道哪里不好用，但他会考虑专家的建议，虽然这些建议并不一定适用。

- 专家由于对某些功能的使用频率很高，他们需要“快捷键”。
- 专家由于对某些内容的浏览频率很高，他们需要“自定义”。
- 专家由于对产品的关注度很高，他们非常重视“升级”后的新功能。

这都是由用户的使用习惯造成的，没有人喜欢去记忆界面的频繁单击操作，虽然他们并不是主动要把这些操作顺序记在脑子里，但频繁的使用意味着记忆，意味着积少成多的操作。由于对某些内容的浏览使用频率很高，专家喜欢自定义，自定义内容、自定义使用方式、自定义快捷键、自定义存储的位置等。要给专家留有 DIY 的空间。由于专家对产品的关注度很高，他们非常重视升级后的新功能，需要不断的刺激，升级后，不论是功能操作、界面布局，还是新增功能，如果没有眼前一亮的感觉，就无法满足他们对升级的期待，他们的评价就会降低。

4. 中间用户关注什么

数量最多的中间用户已经掌握了这些产品的操作方法和使用范围，不需要解释。对于中间用户来说，工具式的功能是最需要、最关心的，工具功能用简单的语言告诉用户“干什么”，占用的控件也最少。

中间用户能确认经常使用或很少使用的功能，即便是界面美化布局方面的升级，界面改头换面了，他们起初用起来会感到困扰，但很快就能识别出自己最常用的功能，很快重新制定最常使用的流程。因此要求把这些最常用功能放在界面的顶端或者中心位置，方便寻找和记忆。中间用户知道高级功能的存在，但他们很少会用到。

设计师需要兼顾新手和专家，必须考虑哪些功能是专家需要的，哪些功能是为新手提供支持的，但不要影响为数量最庞大的中间用户提供设计的理念，中间用户才是需要提供最好交互设计的目标用户。

4.6.2 别忘记特殊人群

除了普通用户外，设计还要考虑特殊人群的需求：色盲、残障人士、老人、儿童（5 ~ 12 岁）、文盲。

色盲。据统计，这个世界上有大约 8.65% 的男性和 0.43% 的女性在识别部分或者全部颜色时有困难。我们通常笼统地称这种缺陷为色盲（color blindness）。其中，轻度的色觉异常称为色弱。

残障人士。仅仅在我国，残疾人就约有 8300 万，占总人口的 6.34%，其中肢体残疾者 2412 万人，占 29.07%。肢体残疾人士在精神智力方面和正常人是没有分别的，这部分群体由于活动不便，对于以电脑、移动终端为媒介的移动产品有着更为迫切的使用需求。公共场所安置的设备必须平等地为残障人士提供服务，为他们提供特殊通道、设备要标注特殊符号。产品设计需要保障他们的无障碍使用，对此国家有相关的法律规定，比如使用通用标志、要求残疾人通道上墙的突出物包括标志不能超过 102 毫米、邮筒或塔桥上的突出物不能超过 305 毫米、在水平方向距离地面 686 毫米且距地 2032 毫米内不能有障碍物、所有走廊和狭小空间的最小净高是 2032 毫米等等规定。遵循这些规定对于产品设计和设备设计具有极重要的意义[1]。对于

1 参考武汉理工大学内部教材《人机工程学理论与应用》。

聋哑人，需要在影像类设备上增加视觉信号的设计，强化符号和团的印刷效果，提供传真，加大音量，提供文字电话等，很多互联网公司的设计师还在研究读屏功能，让页面内容的架构更方便读屏软件的焦点选中和切换。

人口老龄化在中国越来越严重，有数据显示，到 2050 年中国将有 4.3 亿的老龄人。老年人退休了，时间相对充裕，除了从传统媒体获得信息外，对于网络信息的获取需求也在日益增长。老年人由于各种原因，身高比年轻时矮小 5%，手臂力量、听觉、视力水平也下降 15% ~ 40%，这会影响他们的生活。随着年龄的增长，视力会越来越下降，对绿色、蓝色、紫色等颜色的分辨会不清楚，光线强度要求更高，听觉反应迟钝，音量要求比以前大。

儿童。家长们为了开阔子女眼界的需要，也会允许儿童在特定时间浏览特定网站来开发智力，学习或娱乐。

联合国教科文组织第 20 次大会（1978 年）采纳的《关于修订教育统计的国际标准化的建议》，对 21 世纪的“文盲”做出定义：第一类是不识字不能阅读的人，这是传统意义上的文盲；第二类是不能读懂知识经济社会符号的人；第三类是不会使用计算机进行学习、工作和交际的人。[1] 从这个角度看，在中国文盲的数量仍然占人口总数相当大的比例，这部分人群虽然网络基础知识几乎为零，但是一旦接触到网络，他们会有很高的学习积极性和热情，如何帮助他们尽快使用网络，也是设计师应该关注的一个问题。

对于如此多的特殊用户，不管是出于专业精神还是商业利益，Web 产品设计师都应该关注他们，这也是设计师社会责任所在。那么，设计的产品如何能够满足特殊人群的要求呢，这就要求设计师在设计一个产品的时候，时刻要提醒自己不能忘记特殊人群，换位思考，站在特殊人群使用的角度上来设计 Web 产品的整体布局、各个元素的具体形态及操作行为。关于这一部分，交互设计实用指南也给出了一些基本的思路，下面是一些可借鉴的设计方法。

1. 使用形状 + 色彩的信息提示

这一点对于色盲、色弱这类人群尤为重要。和普通用户相比，他们的缺陷是在颜色识别方面，也就是说如果设计师在某个地方仅仅使用色彩作为信息提示的话，那就有可能带来问题。如图 4.8 所示。[2]

---

1 引用自互联网 http://wiki.mbalib.com/wiki/%E5%8A%9F%E8%83%BD%E6%80%A7%E6%96%87%E7%9B%B2。

2 图片来自设计论坛 http：//www.missyuan.com/viewthread.php?tid=450884。

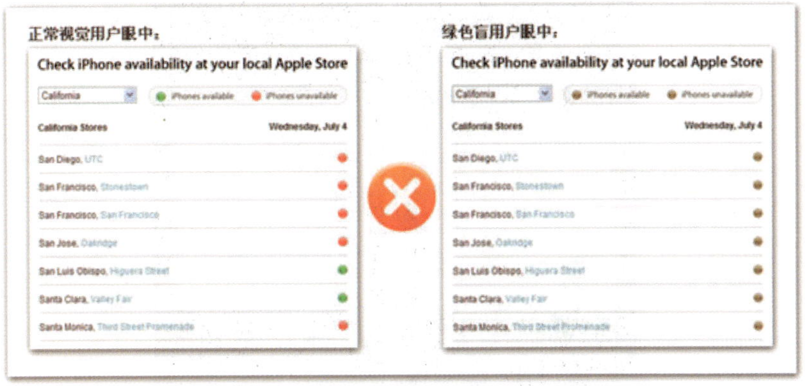

图 4.8　老版本界面

图 4.8 是苹果官方网站曾经提供的一个在线工具，帮助用户查询哪些专卖店明天有货。苹果设计师用绿色填充的圆圈表示有货，红色的圆圈表示没货，貌似挺清晰的，对于普通人当然没问题。但是对于绿色色盲用户来说，就不容易了。

其实，我们只需要优化提示 ICON 就能解决这个问题，修改后如图 4.9 所示。

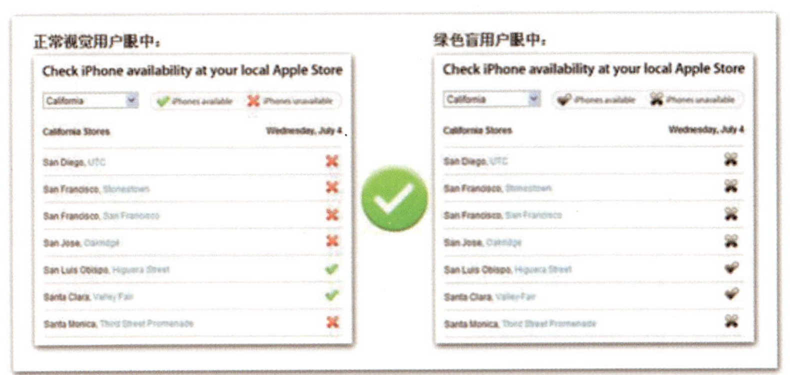

图 4.9　优化后的界面

2. 简化操作方式

无论是老人还是文盲对于移动产品的操作都有信心不足的情况，一个简便的操作方式对帮助他们快速实现目标、增长信心非常有帮助。对于肢体残疾人士，他们的困难在于使用交互输入设备如鼠标和键盘比正常人更不容易，因此也需要简化操作方式。比如在设计操作时尽可能地采用“选择”的方式而不是“填写”（避免给手指残疾的用户增加负担）。比如图 4.10 所示的这个输入日期的设计，同样提供了可选择的设计，但右图的滑动比单击更高效方便操作。

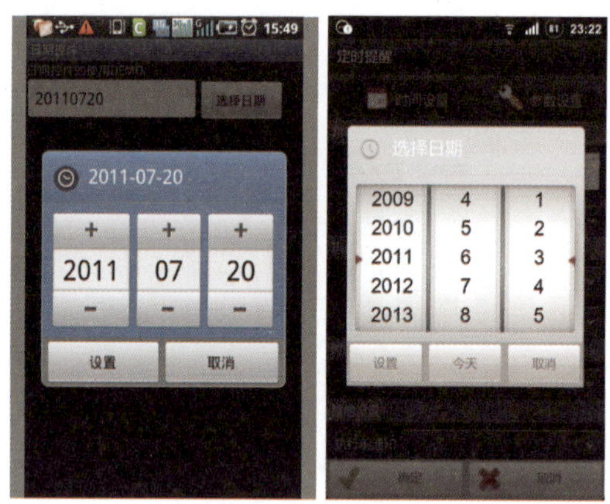

图 4.10　日期选择设计

3．使用多种反馈方式

在产品设计中，重要的操作及信息提示可以使用语音配合视觉样式来提示用户操作的状态，对用户的操作做出反馈。

比如通知栏有新消息到来时，有弹出框（视觉），有提醒声音（音效），还有键盘灯的闪烁（灯光），还有机器的震动（触觉）等多种提示方式，如图 4.11 所示。

比如在一些智能手机上，点击触摸屏的数字键盘时，不但被选中的数字键的底色会发生变化，而且屏幕还有震动的触感提示。

4．使用辅助性的工具

对于老年人来说，看手机屏幕会觉得眼花，他们感觉所有的字都太小，不容易浏览。所以在设计时要考虑到，应该能切换到可以适合老年人查看的字体和网页样式。比如苹果手机推出放大镜功能，如图 4.12 所示。

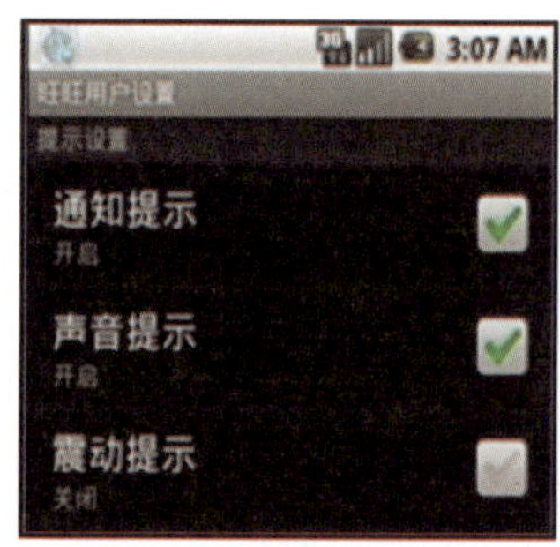

图 4.11　新消息到来时的多种通知方式

图 4.12　苹果手机的放大镜功能

4.7 竞品和市场分析法

在对产品进行设计改进的时候，难免会被拿去和竞品进行比较。同类产品要放到市场的大环境中进行比较，这还好说；对于创新产品，或者找不到同类产品的时候，竞品分析应该怎么做呢？

在竞品分析中要注意以下几项。

4.7.1 竞品的选择

竞品选择的范围并不局限于具有直接竞争关系的产品。以 iPad 版即时通讯应用为例，除了 QQ、MSN 等产品之外，我们还需要选择一些国外的产品如 IM+、AIM、IMO 等优秀且受众群体较大的产品。就数量而言，我们可以选择较为优秀的产品进行分析，而不需要贪大求全选择所有的竞品。在产品设计的不同阶段，也可以选择不同类型的产品进行对比，比如我们希望在为电子书付费阅读或者软件下载购买的过程中，能和淘宝购物的环节一样流畅方便、小额支付、免输密码，这种情况下，就不必一定拘泥于选择同类产品了。

4.7.2 分析的维度

一般来说，竞品分析可以从以下几个维度展开:（1）市场趋势和业内现状;（2）竞争对手的产品定位和企业期待;（3）目标用户是否一致，是否有差异;（4）核心功能、核心竞争力、盈利模式的对比;（5）交互设计、流程、页面的对比分析;（6）产品各自的优缺点;（7）运营、渠道和推广策略方面的对比;（8）可以吸收借鉴之处、机会和总结。

竞品分析是每一个互联网从业人员都需要做的一项基本工作，不同的职能职位侧重点会不一样。如运营人员可能更加侧重产品的战略定位、盈利模式、推广方式，产品策划人员更侧重于产品定位、目标用户、产品功能，交互设计师更侧重于产品界面、具体的交互形式。当然这些维度是有机联系的，不可以孤立对待。

4.7.3 分析的深度

从竞品分析的维度来看，上可以分析对比现状，下可以对比具体的效果图设计风格、某一个界面的布局、同一个流程的体验（如支付流程）。在不同阶段可以针对性地分析不同的竞品，也可以针对不同的维度进行分析。

首先撇开固有论点从数据从事实出发，保持客观，先有事实后有结论，不能为了分析而对比。其次如果通篇都是设计师个人的主观评价，可能受限于自己的专业素养，难免会出现评价失准，得不到分析报告阅读者的认同。建议明确地将分析评价分为两栏，一栏为客观描述，一栏为主观评价，这样主观评价可以作为客观描述的一个补充。最后注意分析的细致度，在对比中不仅要罗列数据，还要附带图片、图文并茂的文字说明，注意要选取同一个时期的版本，不要拿过时的数据或者旧的版本进行对比分析。

功能分析切忌变成功能的罗列，这个功能竞品甲有，我们没有，那个功能竞品乙有而我们没有。如图 4.13 所示：

作为设计师，不能把竞品需求变成功能的罗列和对齐。通过用户需求分析就能知道，并非所有的功能都是用户重点关注的，所以竞品分析结合用户结合场景是必不可少的。对于产品设计师来说，竞品分析只是一种快速找到问题的方法，外加说服需求方或技术方的手段，找的大都是一些交互或视觉上的细节。而对于产品的规划者来说，知已知彼就显得更为重要，而且像功能点、竞争力、数据等策划要面对更多抽象而不确定的东西，有这样一个把抽象化为具体的方法，应该比单纯用文字去纠结要好得多。另外建议使用这种方式的产品“找茬”的人，不要漫无目的地比较。应先把产品的结构和希望了解的项目列出来，细分，然后再一项一项比较，会方便很多。如图 4.14 所示。

	产品甲	产品乙	产品丙
功能1	●	●	●
功能2	●		●
功能3	●	●	
功能4	●	●	
功能5		●	
分析	应该增删某某功能		

图 4.13 竞品分析中的错误示范——功能罗列

	产品甲	产品乙
焦点1	★★	★★★
分析	这方面乙更好	
焦点2	★★★	★★★
分析	二者旗鼓相当	
焦点3	★★★★★	★★★
分析	这方面甲更好	

图 4.14 竞品分析中的对比项和分值方法[1]

1 参考《设计公式：简单有效的竞品分析》，见 http：//uedc.163.com/1507.html。

第 5 章

交互设计的工作方法

分析用户、设计场景之后，接着就该进入交互设计的工作内容。先不要着急进入设计工作的细节中去，应该先站在一个高度上关注软件的总体结构，这个阶段对应代码开发那边的工作是一样的，称为“架构设计”。就好像写文章一样，我们先完成文章的大纲，确定由几个部分组成、这几个部门之间的承接布局关系，以及每个部分的比重，然后才开始“填肉”，关注细节，让文章逐渐丰满起来。

5.1 构架设计

用户是产品的使用者，在架构设计的过程中，我们建议让用户参与进来，但用户毕竟不是专业人士，在产品架构设计完成后的细节设计中，可以请用户提供可用性评估的建议，但最好不要让用户参与到细节设计。

5.1.1 框架设计的标准

在上一章中，用户研究要建立的是用户模型，交互设计则是设计师建立设计模型的过程，优秀的设计就是要将这两个模型无限接近。如何将两者接近，设计师是通过用户模型已经得出的用户目标，来分析设计交互任务，如图 5.1 所示。

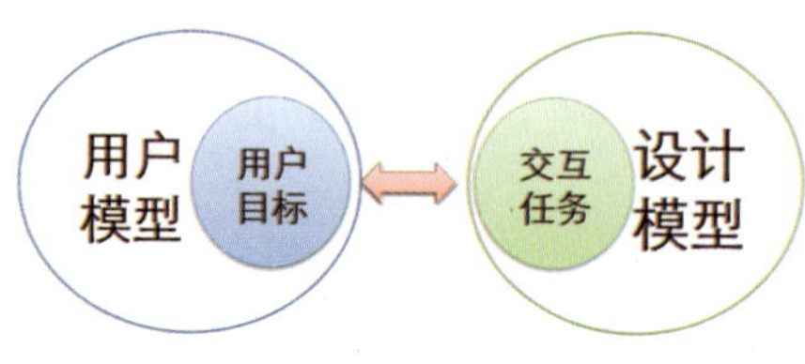

图 5.1 做交互设计就是建立模型的过程

在本系列教材中的初级本中，我们讲过设计的原则有 5 条：(1) 一致性；(2) 易用性；(3) 性能优先；(4) 多媒体；(5) 跨平台。这些设计原则在这里依然有效。总结这些原则的目的是为了优化设计体验，是为了让设计模型接近用户模型，为了优化用户体验。对于生产工具类或者其他非娱乐导向的产品而言，意味着将用户的使用负担降到最低[1]。

- 认知负担——非常容易地理解组织结构和产品行为。
- 记忆负担——使用过几次就可以轻易记住产品行为、元素布局、控件的位置和名称，以及页面与页面之间的关系、元素和行为之间的关系。

1 [美] Alan Cooper，Robert Reimann，David Gronin 著：《About Face 3：交互设计精髓》，电子工业出版社，2008 年。

- 视觉负担——弄清界面上内容的起点、目光所及之处很快分清界面元素的区别，很容易地找到界面上众多元素中的一个。
- 物理负担——减少点击、输入等操作的运动轨迹，减少到达目标行为所需的操作次数。

要注意，对于一些带有娱乐性质的产品，用户适当的操作是产品所需的，并应该给予鼓励的，比如过年期间微信和淘宝搞的“摇红包”的活动，“刮刮卡”的活动，用户对此乐此不疲，但如果频繁的交互并不能带来相应的鼓励，娱乐就会变成家务劳动，比如曾经风靡一时的“偷菜”。设计师在设计此类产品时需要把握好这个度。

5.1.2 框架设计的步骤

设计产品的框架，包含了几个步骤过程：（1）确认产品外形、平台、输入方式；（2）确认界面元素；（3）决定功能组和层次；（4）勾画出大致的交互框架；（5）设计页面布局。要注意的是，App 的框架设计不仅仅是逻辑的框架，还包括视觉的框架。

1．确认产品外形、平台、输入方式

你要设计的产品会用在什么样的设备上？是高分辨率高性能大屏幕的机型，还是小巧的低分辨率的小屏幕手机？

是为什么手机操作系统平台设计的？Android 系统上的原生 App，还是 iOS 上的浏览器产品？

输入方式是用户和产品交互的方式，同时也由产品外形和平台决定。是键盘的，触屏的，还是外接蓝牙的？是遥控的，还是外接耳机线控的？

2．确认界面元素

App 中的界面元素包括功能元素和内容元素，界面元素是要展示给用户使用、浏览、操作的，是需要在需求定义下确定下来的数据表现形式。用户浏览的主体内容元素是文字？图片？电子邮件？订单？视频？除了呈现的内容，功能元素还包括对内容进行操作的工具、输入和摆放内容的位置。

界面元素是用户进行人机交互时在产品界面上的表达，将功能需求转化成界面元素，设计师的设计思路才能清晰起来。这时候，需要用到场景剧本，把用户的交互表达具体起来。

例如我们要设计一款拍照分享的 App，用户 A 要拍照——美化——分享给好友，满足用户 A 的界面元素如下。

- 启动相机，拍摄照片或选择照片。

- 预览并美化要分享的照片。
- 打开通讯录，选择好友。
- 写留言或照片描述。发送。

必须在场景中研究用户的目标和心理行为模型，必须用模型去检验设计。为了满足用户行为必须设计多种方案，并对每一种方案进行检验：哪一种更符合用户的行为模型，更能满足目前的技术和开发成本。

3. *决定功能组和层次*

当确认了界面元素之后，对其进行分组和分层次。这些有助于对需求分优先级，有助于分解项目任务，利于任务的执行。主要考虑这些界面元素是否可以放在一个流程中完成，哪些可以优化流程，哪些不可以，相互关联的一组元素优先顺序是什么。

在这里介绍一种“任务分析法”。任务分析就是列出界面所要完成的所有任务，为各个任务确定页面流程，建立信息架构。接下来创建统一的页面布局包括分区等，然后在页面布局的基础上进行原型设计。

以上文说的设计一款拍照分享的 App 的界面为例，逐步讲解各个环节。

（1）任务列表。列出所有主要任务，以及每个主要任务的子任务。再把子任务细分到各个步骤。形成下面这个列表。

主要任务 1——选择照片

子任务 1.1——拍摄新照片

步骤 1.1.1——启动相机

步骤 1.1.2——浏览并保存

子任务 1.2——从相册里选择照片

主要任务 2——美化

子任务 2.1——选择滤镜

子任务 2.2——选择相框

子任务 2.3——手动美化编辑

主要任务 3——分享

子任务 3.1——选择好友

主要任务 4——发送

子任务 4.1——写描述

子任务 4.2——发送

……

任务列表完成后，功能的步骤顺序也就出来了。任务列表包括所有功能点，并对每一个功能点的逻辑关系进行整合。必要时会对各任务的使用频率和其他影响设计的重要因素进行分析，这里就不做解释了。

4. *勾画出大致的交互框架*

任务分析完成后，进入设计的第一步，即设计页面流程。页面流程是大致的交互框架，是设计的开始，它决定整个界面的信息架构和操作逻辑。

如果将每一个界面看作是界面元素的容器，页面流程就是操作流和信息流流向的过程，是上一步任务分析的自然转化。一般来说，一个主要任务就是一个页面，其他子任务也可以转化为页面。

以上述拍照分享 App 为例，页面流程如图 5.2 所示。

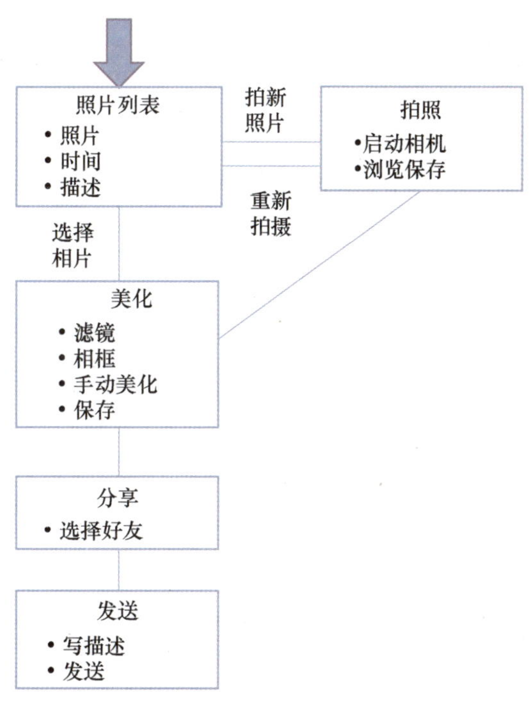

图 5.2 照片分享手机 App 的流程

页面几乎是把任务分析照搬过来了。注意这个流程图应该包括所有将要设计的新页面，一个不少，一个不多。它不仅确定页面内容、页面数量，还确定各页面之间的关系。勾画框架是一个反复的过程，建立在对流程透彻研究的基础上，建议多个设计师小组讨论，利用白板进行讨论，排序优先级。此外还可以通过市面上出售的模型框架工具进行协商讨论。

要注意的是，在设计初期的框架设计时期，花费过多的时间在界面的细节布局上是得不偿失的。关键路线场景剧本才是最重要的，每个可能路线步骤的反复演习，才能让架构不缺页。

5. 设计页面布局

完成步骤流程的设计后，确认了界面的流程，接下来的步骤就是具体到每一个界面的布局设计，在这个步骤里，最重要的工作是对页面进行划分，对内容进行组织，确定页面分区。

页面布局赋予零碎的内容以逻辑性，以分区的形式把页面各区域所对应的功能区确定下来，减少具体设计时的随意性。这是设计严谨与否的关键所在。把类似的操作放在一起，对于用户来说是可以预见的，用户能够判断哪个操作在哪个区域，减少盲目寻找带来的困难和疑惑。

在 App 中，界面上的功能元素一般用来供给人机交互，使用控件和页面进行组合搭建，在后面的章节中，灵活正确地使用控件是 App 设计能力的重要体现，将详细讲解。

经过上述五步骤，框架设计基本完成，接下来需要做的就是对所有页面进行详细的描述，包括对页面上所有元素进行说明，比如默认状态、跳转页面等。接下来就是交给视觉设计师，对每一个界面进行视觉设计，对尺寸、颜色等进行标注说明后，就形成了详细的开发说明文档，是交给开发人员的文档，以及测试人员进行测试的依据。

5.2 为不同领域的产品设计架构

用于不同领域的产品架构也有所不同，这是因为产品如何被使用决定了产品的外观和结构，这不是缘于设计者的个人喜好，也不是简单地从审美出发，而是从行为目标上选择的结果。产品的结构，需要和产品被用到的场景表现一致。不同领域的产品，被用到的场景经常不一样。

5.2.1 信息资讯类

一般来说，信息资讯类的 App 或网站，占移动智能终端产品中的大部分，对于用户来说购买、

下载安装、使用这些产品是为获取信息，不论浏览的内容是消息、新闻、邮件、图片还是视频，都是为了从互联网上获取信息。

此类 App 的用户绝大多数也是中间用户。为了吸引中间用户，一方面要在界面设计上减少学习成本，降低记忆障碍，不要经常做调整变动；另一方面，为了持续吸引用户的频繁使用，在内容元素的设计上，或者内容的运营上，要让用户保持新鲜感。

例如微博产品的 App，用户长期使用以后，对微博产品可以发什么、怎么用已经非常熟悉了，想要吸引用户持续使用，更多的是做内容为主的运营工作，因此在新浪微博的团队中，主编是运营团队的领导。每个版本产品设计形态的改变，都是为了运营内容而服务的。

1. 为内容元素留够空间

这类 App 由于平均被使用的时间较长，常常占用整个移动终端界面的全窗口。用户在使用此类 App 时，目光停留在界面的内容元素，而非功能元素上，因此 App 在设计中，尽量为内容元素留够足够的界面空间，不要吝惜，也不要浪费。让内容元素保持独占窗口的状态久一点。

为了突出界面上的元素内容，设计此类 App 时常常隐藏工具栏，或者提供某些可以全屏幕放大播放的功能，例如微博微信的图片视频全屏播放。

2. 保守的视觉风格

由于内容元素才是产品的主体，设计师要为用户营造一个视觉为主的环境，但并不意味着要在功能元素的设计、操作设计上喧宾夺主，一般功能元素采取保守的视觉设计风格，比如状态栏、按键等，让用户迅速理解和接受。

同时设计一些快捷键，方便专家用户的快捷使用。例如快速输入表情、快捷符、迅速拍照、一键获取或发送、快捷搜索等，都是为了减少用户的操作使用步骤，让用户快速交互，获取或者产生更多的内容。

3. 注意数据流交换的时机

内容为主的产品，需要在客户端和服务器之间交换大量的内容数据流，设计师要注意数据流刷新的时机，尽可能避免减少界面的渲染，以免让用户感觉等待时间过长。

例如整个界面大片空白的等待，会让用户烦躁不安。更好的设计是把界面分割成几块，分区域刷新，如图 5.3 所示。

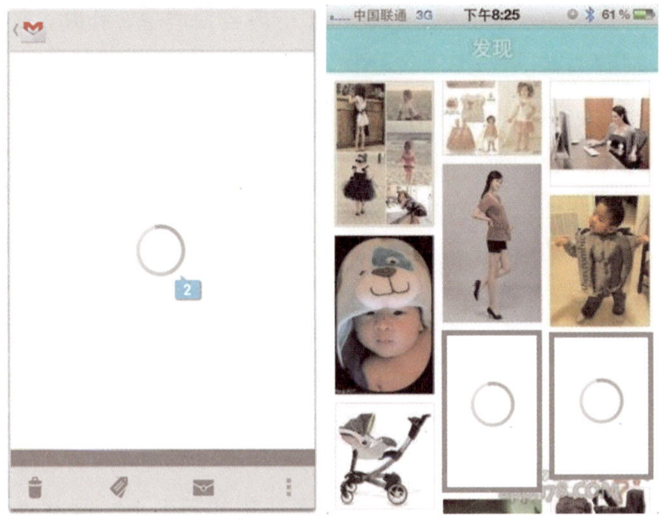

图 5.3　数据流交互的时机[1]

5.2.2　电商交易类

有些 App 或者网站并不仅仅只是为了给用户提供信息浏览，还要提供交易，让用户完成购物、结账、支付等交易动作。此类电商交易网站，是通过层级来完成的，为了减少用户的交易步骤，应该保留用户信息、购物车 cookie 等，记忆用户的行为，让交易步骤简单化。

此外，由于交易类产品需要提供给用户产品之间的对比，经常在几个备选物品之间跳来跳去，这时候网站的导航、分支是否明确都非常重要。同时，由于既要让购买者看清楚商品信息，又要让用户顺畅支付，需要设计师在在功能元素和内容元素之间做好平衡。

例如我们对比亚马逊和淘宝的 App，就会发现两者有明显的特点。对于那些购买目的明确的男生来说，需要什么买什么，直达目的，在急需某物品的时候，他们上亚马逊会多一些。亚马逊的 App 提供的内容浏览元素非常少，功能元素更是简洁，搜索和分类检索是最大的两块功能。亚马逊的一键下单，更是把支付环节精简到极致，不浪费一点时间。对于那些不着急用的东西，淘宝当然希望用户多逛多停留，淘宝对商品信息的提供可谓丰富，App 上几乎同时涵盖了网站的所有功能元素，这样做的好处是，让用户逛的越久，停留的越久，在他们的冲动消费下，买的可有可无的东西就会更多，如图 5.4 所示。

1　图片来自互联网 http://shouyou.178.com/。

图 5.4 亚马逊和淘宝手机端界面设计的对比

5.2.3 工具应用类

工具应用类的产品，顾名思义功能元素所占的比重更多一些，这就要求设计师在设计中缩短功能层级，让用户快速直达所需的功能目标。工具应用类产品在用户需要时被启动，用户不想为了烦琐的操作安装额外的 App，当然需要降低交互的难度，重点关注交互响应的效率。

但是如果只是提供了一次服务，工具类的 App 出路何在？典型的工具类 App 就是闹钟，设计师如果只是设计了一个有提醒功能的闹钟，不论这个闹钟的界面有多么的漂亮，对于用户来说它只满足了第一层级的控制目标，无法投入任何感情，也不会吸引用户长期使用。工具类产品要产生价值，就不能只是工具，而是要提供服务。服务体现在设计上，就是要和用户的生活、社交、学习、娱乐，结合在一起，实现用户对第二层第三层目标的需求，“想要更健康的生活”，“更有趣的娱乐”，闹钟类 App 提供了定时吃药喝水、睡美容觉、好友生日提醒、追剧提醒等功能，只有这样，工具类 App 才能长久地充满活力，如图 5.5 所示。

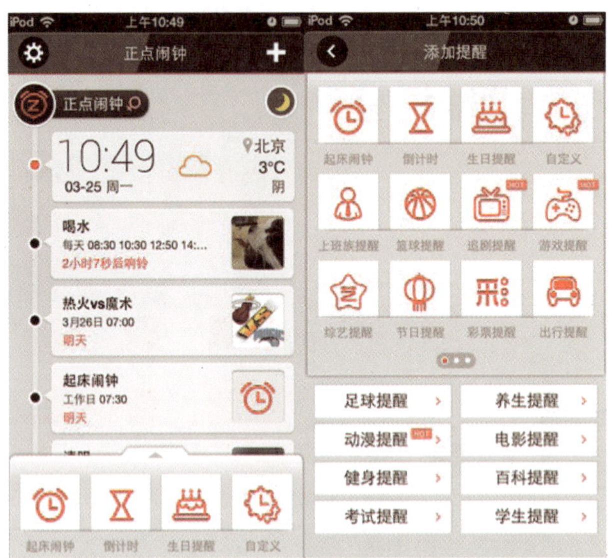

图 5.5 工具类产品的界面

5.2.4 企业应用类

企业应用类的产品，不论是 App 还是网站，大多也提供给内部员工或者行业领域内人士来使用，包含了大量丰富的功能、工作流、内部数据和通讯录，在此类 App 的设计中，设计师需要构架严密的组织结构。作为非行业内人士，设计师在用户研究和交互设计上应该多下功夫，多与行业领域内的专业人士进行访谈，学习讨论，对该行业领域内特有的工作流程进行研究。

由于在专业领域内功能和效率优先，设计师应该在更流畅实用的架构和交互上下功夫，交互设计的重心应该放在针对强需求功能的细化和优化上，而不是放在酷炫的视觉界面上。

例如下边是快递公司给快递人员使用的内部 App，顺丰的快递员没有多余的时间来关注界面布局的细节。内部用 App 不需要让快递员爱不释手、迷恋、琢磨玩法、停留更长时，快递员只要拿起来就会用、用得快就行，快递件那么多，用一次省一分钟，加起来就能节省快递员很多工作时间，如图 5.6 所示。

总而言之，行业应用的 App 一切围绕核心关键的需求目标，以简单、有效、可靠地完成必要的工作为最重要的目标。相形之下，什么体验、界面友好美观的重要性都要排在后面。而且一定要考虑工作中的使用环境、使用频次和使用强度，这是尤其值得关注的。当然，并不是说界面视觉体验不重要，可以要多丑有多丑，而是说，其重要性在功能的要求之后，是一个相对比较靠后的需求，在条件限制的情况下，是容易被妥协掉的。

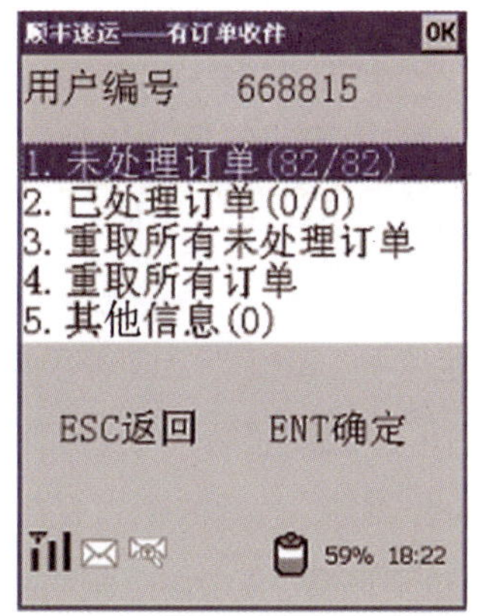

图 5.6 快递员手机 App 的界面[1]

5.3 考虑产品所在的平台

本节开始前，先来说一段报道。

【搜狐 IT 消息】北京时间（2013 年）7 月 17 日消息，据《时代》杂志网络版报道，硅谷市场研究机构 Creative Strategies 总裁蒂姆 · 巴加林（Tim Bajarin）发表文章指出，微软在设计 Windows 8 时犯了逻辑上的错误，并且试图强迫所有 PC 用户接受 Windows 8，这不仅未能推动 Windows 8 出货增长，反倒让原本低迷的 PC 市场进一步滑向衰退的深渊。[2]

微软在设计 Windows 8 操作系统时，曾表示自己对用户在智能手机、平板电脑上使用触控功能的过程进行了细致观察。这似乎表明微软已意识到触控已经成为用户操作移动设备的重要方式。但人们之所以能迅速接受触控操作，最重要的原因是智能手机、平板电脑的屏幕较小，用手指进行触控操作是最佳的选择。在这类产品上，键盘和鼠标根本没有任何用武之地。这让微软在设计 Windows 8 时犯了一个逻辑上的错误，它认为触控能在智能手机、平板电脑上受到用户的欢迎，那么在 PC 上也将同样会受到追捧。但对大多数 PC 用户来说，使用键盘、鼠标进行操作就是他们的第二天性，他们并不愿意学习新的输入方式。

1 图片来自互联网 http://www.zhihu.com/question/21260611?utm_campaign=official_account&utm_source=weibo&utm_medium=zhihu&utm_content=question。

2 新闻来自互联网 http://3g.k.sohu.com/t/n9794410。

所以有人曾说“触屏电视”是一个逻辑伪命题，为什么呢？——和 Windows 8 在 PC 上的境遇一样，谁会放着轻巧的遥控器不用，辗转于沙发和电视之间调控呢？何况还是那么大的显示屏，抬着胳膊累不累？

上面的例子想要说明的是，用户使用产品的场景决定了产品所在的平台，这里说的平台指的是软件和硬件的结合。设计师在设计产品之前，如果不考虑到用户的使用场景和产品所在的平台，就会犯设计上的逻辑错误。

常见的移动智能终端平台还包括手机、相机、PAD 等手持设备，还有车载、家庭娱乐设备（游戏机、机顶盒、家庭影院），还包括可穿戴设备等。设计师不仅要考虑硬件物理的尺寸、面积、分辨率、输入方式、网络连接方式、操作系统、数据传输方式等，还要考虑承载软件的系统的性能。

最重要的是，移动智能终端的使用场景、软件和硬件的平台、网络连接方式不同，这决定了不能把传统 PC 上的设计模型照搬到移动智能终端上来。

移动智能终端和传统 PC 不同，先不说屏幕硬件方面的差别，只说使用场景的不同。不论是手持还是车载，用户使用的大部分场景都在移动中进行，晃动的车中、步行行走中，但用户并不是绝对只在室外活动，因此界面的设计需要充分考虑用户使用最多的场景作为主要场景，其他场景作为次要场景，如图 5.7 所示。

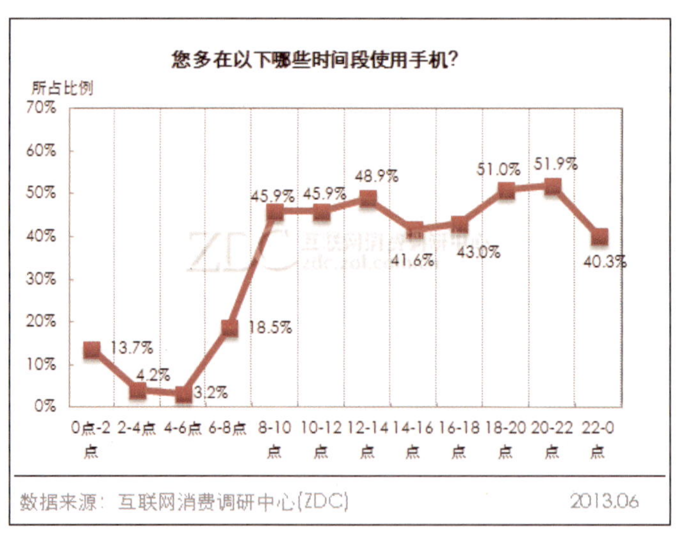

图 5.7　用户使用产品的时段调研折线图[1]

1　图片来自中关村在线互联网消费调研中心 zdc.zol.com.cn。

同时，要考虑到户外的网络环境、声音环境、光线等因素。一般将环境分为室内环境和室外环境。

- 室内环境：安静、静止、闲暇、稳定、有 Wi-Fi、双手操作、普通光线
- 室外环境：嘈杂、移动中、不稳定、无 Wi-Fi、单手操作、光线充足

收集用户的使用场景是非常必要的，由此可以定义出产品设计的框架和方向，确认该 App 的主要场景是室内还是室外，在各个场景下哪些功能在设计中需要强化。一般设计中，要注意以下的实践点。

室内环境中，环境安静，音量适中，无需过度强调；静止的环境中，用户可以看清屏幕上的每个按钮和显示的字，那么页面内容可以多行显示，字体也可以适中或紧密一些；闲暇环境下，用户可以探索更多的功能，包括平时隐藏在次要界面里的非主要功能；Wi-Fi 环境下，无需鼓励流量，试听歌曲、视频、图片等操作可以直接从服务器收取高清大图、高清音效、视频、存储下载大文件；用户双手操作，界面上的点击、滑动、摇动等操作均可以进行，但可能 GPS 卫星定位系统不准，需 Wi-Fi 接入点辅助；普通光线或灯光，屏幕显示不反光不刺眼，屏幕亮度显示适中，无需高亮强调高对比设计。

相应地，室外环境下需要强调音量、亮度、字体、行高、主要功能、流量提示甚至主动限制大流量操作；GPS 由于没有遮挡物，可以提示用户开启，方便定位；晃动的环境下尽量使用单手操作设计，以点击选择为主，其他操作方式尽量少用，为了避免误操作，摇动切换之类的操作应尽量避免。

5.3.1 手持移动 App

1. 精确规划屏幕

手持移动设备受制于有限的显示屏，这种约束来自硬件成本、外观尺寸、便携性或者耗电方面的考虑，设计师需要在有限的显示空间中满足用户的需求。这就要求有限的屏幕上每个像素、小区域都要被充分利用，设计师需要精确规划屏幕架构，设计屏幕布局，把最有用最重要的功能和信息优先显示出来，然后再看屏幕上还有哪些控件可以容纳次级功能。

例如 IOS 上的天气 App，在天气的众多要素中，用户最关心的是温度、下不下雨，其次是未来几天的预报。设计师在界面设计上突出了这两个内容，把它们作为重点元素。气温用数字在屏幕中间位置突出显示，下不下雨体现在整个界面的背景图片上，其余用户关心的信息作

为次级常规信息排列在界面上。使用留白突出温度，又没有浪费屏幕空间，如图 5.8 所示。

2. 减少简化输入

手持移动 App 的输入都比 PC 麻烦，因此输入系统设计的都比较简单，用户在输入时相对缓慢困难。就算是最精巧的输入设计，和 PC 的键盘鼠标相比，还是笨拙的多，因此在手持移动 App 上的输入量要尽量减少，尽可能地简化输入。尽量使用控件输入，或硬件控制输入，而不是自主手写。

3. 考虑人们的操作方式

由于手持移动 App 的携带比较方便，人们在使用中往往采取单手操作，因此，在界面元素的布局上要考虑用户是单手操作，还是需要双手操作才能交互。

同时，手持设备常常被用来贴近头部操作，拍照、接听电话等，在设计中要考虑减少误操作的场景，减少发热和耗电等。

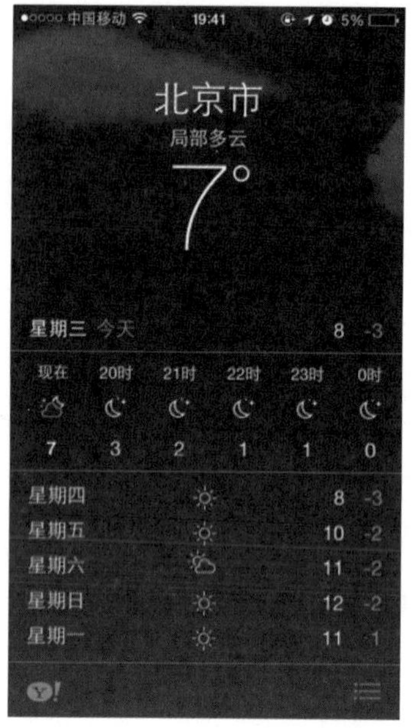

图 5.8 苹果手机的天气界面布局

5.3.2 车载 App

车载设备的界面，尤其是那些提供操作和娱乐功能的产品，在设计中需要保证驾驶员的安全，复杂或者费神的交互、突然增大的音量都可能分散驾驶员的注意力，会让驾驶员在行驶中处于危险状态。在车内空间比较狭窄有限的情况下，各种场景需要被反复验证，以避免可能出现的问题。

1. 减少手离开方向盘的时间

常用的导航控制，例如播放、暂停、静音、导航等控制类操作，应该放在距离方向盘尽量近的地方，供驾驶员使用；或者集中放在中心控制台上，供乘客使用。

在视觉上，晃动的车况增加了误操作的概率，尽量将主要功能元素和内容元素醒目放置，元素和元素之间间距合理。大家常常会看到导航的界面上功能按键分居在界面左下角和右下角两侧，就是为了让驾驶员在晃动中避免误操作，如图 5.9 所示。

在输入方面，提供给驾驶员除了手写以外的其他控制方式，比如声音命令、感应等，驾驶员使用语音输入可以方便安全地驾驶。

图 5.9 导航仪界面的布局[1]

在反馈方面，提供声音和触感的反馈，设计师要小心处理声音的大小，确保反馈的音量不要太大吓到驾驶员，也不能太小，否则容易受到干扰，听不清楚。

2. *场景切换后界面布局要一致*

保持布局的一致，驾驶员才能在不同场景下保持一致的方向感和界面的关联性，这样做便于驾驶员记忆，不必在界面的切换操作中因为迟疑而停顿。在视觉设计上，设计的原则就是协助用户快速决策。

5.3.3 家庭娱乐设备 App

常见的家庭娱乐设备有游戏机、机顶盒、家庭影院等。这里以国外著名的 Apple TV 和国内的小米盒子机顶盒为代表进行介绍。机顶盒是怎么来的呢?

随着互联网的发展和应用，出现了网络电视，也称为 IPTV，是一种结合传统广电业务和电信业务的新型业务。所谓 IPTV 就是交互式网络电视，是一种基于宽带 IP 网向用户提供影视节目观看的新型业务，IPTV 比传统有限模拟电视的接收终端更广泛，它的接收终端不限于电视机，而是任何可以接到 IPTV 机顶盒的终端，可以是带有模拟电视功能的电视机，也可以是液晶显示器。

IPTV 机顶盒的基本功能如下。

- 直播电视、点播电视功能。
- 网络浏览、配置和通信功能。

1 图片来自互联网 http://tech.hexun.com/2012-05-01/140958854.html。

- 扩展应用功能，包括浏览图片、发送邮件、第三方软件客户端等。

用户可以通过内置或者下载安装的第三方软件客户端玩玩游戏、听听音乐、点播 MTV、播放电视剧、视频电话、查询信息等。

如果和联网电脑的系统相比，IPTV 机顶盒更相当于电脑主机和调制解调器的合体，电脑用户通过鼠标键盘进行输入输出，IPTV 机顶盒最经常使用的则是遥控器控制，在有些机顶盒上还支持手柄、体感、方向盘等硬件的安装控制。

由于这个特点，设计师做机顶盒的 GUI 设计时，要遵循机家用娱乐设备的使用场景，融入到家庭环境的整体设计风格中。

1. 电视的使用环境

大部分机顶盒在家用环境中都是联接智能电视 TV，TV 的使用环境较为特殊。TV 尺寸大都大于 42 寸，其使用环境应该在 2.7 ~ 3.5 米。所以虽然 TV 的显示屏面积远大于多数 PC，但因其操作距离远，导致单屏展示的信息量比 PC 要少，如图 5.10 所示。

图 5.10 家用电视机的使用环境[1]

很多用户在使用 TV 时身体后仰、灯光昏暗、有可能一手吃着零食一手拿着遥控器操作电视。这种“后仰”状态决定了 TV 用户较为被动，与 TV 交互更多是作为信息的接收者，无法达到一种沉浸式的状态。

因此在 TV 的界面设计上最好让用户能够通过方向键和 OK 键进行操作，并提供返回键，避免用户低头看遥控器寻找按键而打断操作的任务流。

2. 使用遥控器交互

智能电视最主要的输入设备还是遥控器，有时还辅以鼠标和键盘。下面的图 5.11 是 Google TV 和 Apple TV 的输入设备。

1 内容参考 http://cdc.tencent.com/?p=5520。

图 5.11 电视使用遥控器和手柄操作

从图 5.11 中我们可以看出新的智能电视输入设备以十字方向键和 OK 键为核心，所以 TV App 的导航要基于上述方向键和 OK 键进行设计。

十字方向键与鼠标不同，它的特点是按照焦点顺序移动。所以当含有大量的内容时，需要划分成一个一个的区块，以便快速定位。在很多情况下，设计师需要将内容按照不同的功能进行归类，划分为不同的“功能区块”。当功能区块含有大量内容时，使用十字结构能够保证用户在任何情况下都能够快速地在功能区块间切换。在选中某一区块后，再对具体内容进行操作。

在只有两个模块(或两级内容)时，可以考虑将标准十字结构变形。与标准的十字结构相比，这种交互更加方便。

例如 PS3 的操作界面采用十字导航的结构。这种结构的优点在于主导航和二级导航同时展开，并且与十字方向键完美契合，可以通过方向键在主导航和二级导航间快速切换。使用这种结构时，二级导航中的 item 只能进行单一操作，因为方向键被主导航占用。如果对二级导航中 item 进行多维操作，则需要确认展开下一级列表，如图 5.12 所示。

图 5.12 视频游戏机的操作界面[1]

1 图片来自中关村在线 www.zol.com.cn。

还有一种导航方式，采用上下分栏的模式，上是导航，下是一个二级内容的容器。这种结构的逻辑其实和前面所述的十字导航区别并不是很大，不同的是容器里面的信息更加扁平、直观和可视化，容器里面 item 操作的方向不会受到限制。但相应地，如果想把焦点从容器中移回到左侧导航需要更高的操作成本。

例如小米盒子的界面。上面是一层导航 tab，下面是二级内容直接展开，如图 5.13 所示。

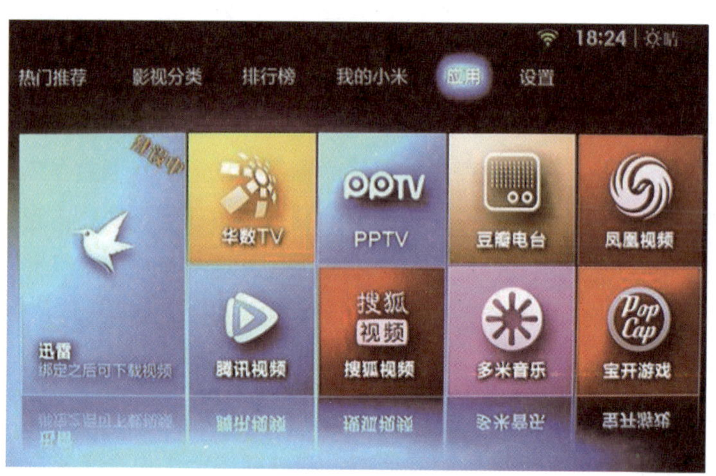

图 5.13　小米盒子的操作界面

还有一种界面组织方式和小米盒子差不多，只不过把一级导航放在左边，二级内容放在右边，结构如图 5.14 所示。

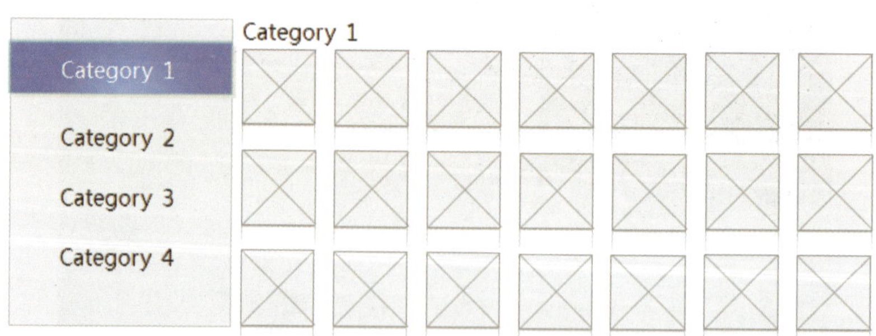

图 5.14　机顶盒的操作界面

如果我们是作为第三方 App 的设计师为 TV 平台做设计，要注意的是在 TV 平台处理列表的时候和 PC 上要有所区别。

（1）TV 的 App 不需要滚动条，而且要控制列表的长度，因为尽管遥控器方向键可以启用长按加速，不过始终无法达到像 PC 端鼠标拖拽滚动滑块控制浏览速度和定位的方便，当列表拉到最下端的时候无法快速返回顶端，也不方便跳转。

（2）尽量避免遥控器输入，由于遥控器键入内容实在是太麻烦了，除非是输入密码这种不得已的场景，设计师尽量设计选择器、左右调控、上下拨盘来提供给用户设置的方式。

机顶盒 App 的 GUI 设计

机顶盒 App 的 GUI 的基本组件是窗口、图标，菜单和指示设备。所以有时机顶盒图形用户界面也被称为 WIMP 界面，即 Windows、Icons、Menus、Pointing Device。机顶盒图形用户界面一般都采取较大尺寸的图标设计，给人以视觉冲击力。直观化的图形标识有助于用户理解和应用。直观的操作方式也使得使用者对界面的理解更为迅速，界面使用效率得到较大提高。

针对 TV 显示器的本身特性，在进行 UI 的视觉层面的设计中需要注意以下几点。

（1）纯白（#FFFFFF）在电视会产生图像拖影，如需使用白色，可以用 #F1F1F1（hex）或者 240/240/240（RGB）进行代替；

（2）高饱和度颜色会导致显示失真，并且在高饱和度颜色向低饱和度颜色过渡时会产生边缘模糊；

（3）大范围渐变会导致带状显示，无法平滑过渡；

（4）在界面边缘最好留出 10% 空隙，避免发生电视显示屏独有的“过扫描（踩边）”现象，如图 5.15 所示。

图 5.15　电视显示屏的“过扫描”现象

现阶段智能电视有两种分辨率型号 1920×1080 和 1280×720，也就是我们常说的 1080p 和 720p，在进行 UI 设计时还应该注意：

（1）高分辨率设计，可以使用 Android 点九切图进行低分辨率适配，在测试的时候选择用低分辨率测试可以更好地发现问题；

（2）确保在 TV 所有显示模式下都不会产生问题。

5.3.4 穿戴类设备 App

从 MP3 播放器、电子手表到运动腕表，可穿戴设备的控制依赖硬件按键或线控耳机来进行操作，有的设别具有有限的 LCD 触摸屏，界面比手持设备更小，能够显示的信息更少。

这些设备的界面常常处于“待机”状态，功能比较专注，或者说单一。设计师应该给使用者呈现最简单最直接的界面，使用者也已经习惯了使用硬件来控制，而非界面。

同样，应当给予用户触感和声音的反馈，或者显示屏、灯光亮度的视觉指示。在有限的 LCD 显示屏幕上，呈现最重要的信息、当前状态给用户，不要给用户呈现太多的辅助信息，不要让显示屏变成摆设。

穿戴式设备由于电量有限，设计中依然遵循效率有限、节能的设计理念，协助用户快速达成目标，完成工作，因此穿戴式设备的架构更加扁平化，避免复杂的交互。

例如苹果的 iPod 播放器，从 Nano 5 到 Nano 7，不论硬件怎么变化，显示屏从 LCD 变成彩色屏幕，软件的架构依然保持扁平化、简单的交互风格[1]，如图 5.16 所示。

图 5.16 苹果 iPod 播放器 Nano 5 到 Nano 7

1 图片来自苹果官方网站 www.apple.com/cn。

下面讲一个笔者认为设计失败的例子，某韩国厂商出了一款可穿戴式手表，有拍照、接听电话、安装第三方 App 等功能。用户在使用中抱怨：(1) 电池续航时间不到 24 小时，需要频繁充电；(2) 屏幕太小，第三方软件装上之后非常难以点中。设计师在设计时只给这支手表设计了语音控制的方式，整个界面上只有一个 Home 键并且还在表盘的背面，没有线控，没有其他方便操作的硬件控制，别说屏幕小点不中，触感、声音的反馈设计也很弱，用户的反馈当然不会好。这就是一个典型的做惯了手持移动设备，想要赶在市场风潮来临之前，却没有充分为穿戴式设备考虑设计经验，盲目上马的产品，就算宣传营销的很用力，用户因为追求时尚或者好奇而购买，但很快就会被用户和市场抛弃，如图 5.17 所示。

图 5.17　韩国厂商初期比较失败的可穿戴手表

第 6 章

视觉界面设计的工作方法

我们在理解用户、研究用户的心理目标，为用户行为建模上花了不少工夫，在架构和交互设计上反复讨论，为数据架构、信息流优化伤透脑筋，但最终呈现在用户面前的，用户最直观的感受是视觉界面设计的成果。

视觉界面设计常常被误解为视觉表达、图形设计，常常被人称为"美化"界面。在实践工作中，越来越多的人意识到视觉界面设计的重要性，它对产品的吸引力和效力产生很大影响，但要发挥这种影响，不能等到所有设计完成后才对表皮"美化"，而是应该从产品设计之初就参与进来，让视觉界面设计成为满足用户需求的设计工作的重要组成部分。

视觉界面设计需要一定的基础技能，视觉设计师需要掌握配色、排版、形式、构成等视觉要领，还要熟练运用设计绘图工具，但视觉设计师也需要掌握交互原理和界面构成的使用习惯，这些对产品的构成有重要作用。如果一个平面设计师不懂智能终端设备用户研究和交互设计的理论，很难为 App 或移动终端 WAP 网页做出适用的设计。

6.1 组织和处理界面视觉元素

本质上，视觉界面设计的工作重点是如何处理好界面上的视觉元素，通过组织处理后，有效地传达信息给用户，并通过暗示的手法，提示用户如何进行下一步操作。和交互设计师相比，视觉设计师更关心如何把界面上的内容元素和功能元素通过图形、图标、颜色、风格等视觉化表达出来，让信息更清楚，更有可读性。

在界面上，视觉元素有自己的属性，比如形状、颜色、灰度，当两个元素具有相同的视觉属性时，用户才认为两者有相关性，当用户发现两个元素的属性不一样时，就认为两者无关。如果两个元素具有相关性，而设计师在设计中忽略了这一点，即便界面上看起来是和谐的，用户一旦上手使用，就会感觉到"别扭"，这种"别扭"就是交互设计和视觉设计没有配合好的结果。在界面上不同属性的元素在视觉上不同，用户才会被吸引，用户在界面上的视觉轨迹才会有主有次，有先有后，整个界面就会立体起来。这些界面视觉元素的属性，要小心创建，才能组成用户喜欢的界面。

6.1.1 界面视觉元素有哪些

1. 形状

形状是辨识物体最重要的方式。这个图形是方的还是圆的？人们习惯通过外形轮廓的不同来区分不同的元素。就算是颜色、材质发生了变化，我们依然能够通过外形辨识和理解物体。例如 iOS 的相机功能是一个灰色底上的白色相机轮廓，用户可以辨识出闪光灯、镜头，知道按这个图标就可以启动相机，开始拍摄功能，如图 6.1 所示。

因此，辨识图形，比辨识颜色、尺寸更容易。也就是说形状是最佳的辩识属性。同时，利用图形识别物体，用户不受颜色分辨能力的限制，色盲色弱用户也可以得到周到的服务。但单单使用图形分辨物体，经常容易搞混或者混淆，例如 iOS 的照片和游戏中心图标，由于设计形状太相似，常常被用户混淆，如图 6.2 所示。虽然这两个图标的形状不完全一样，但纹理、颜色都是相似的，也从属性角度说明这两个 App 属于同一类。

图 6.1 iOS 的相机 App 图标

图 6.2 游戏中心和照片都属于多媒体娱乐类

2. 尺寸

尺寸意味着在屏幕上两个物体相比哪个大哪个小，较大的物体比较容易引起用户的注意，在视觉上，用户会自动按照尺寸的大小，对界面元素进行排序，不自觉地对这些元素赋予主观上的优先级。在 App 界面上，有些功能元素不限定尺寸，但有些功能元素规定了尺寸。对于内容元素，设计师可以从字体的大小对界面进行布局。在 Android 的 GUI 指南里，都有 4 种尺寸的字体大小、4 种图标尺寸大小。

用户会认为较大的字体或者图标的内容比较重要，粗体比普通字体的重要，在设计指南中也是这么建议使用的。iOS 更是把对字体的设计作为重点，设计了动态字体，让 App 中的字体显示更加出色，利用颜色和不同粗细，来保持文字布局，使 UI 元素清晰易懂。

3. 颜色

颜色的不同可以快速引起我们的注意，色彩心理学认为日常生活中观察到的颜色在很大程度上受心理因素的影响，即形成心理颜色视觉感。色彩在客观上对人们产生了刺激和象征意义，在主观上影响了用户的反应与行为。色彩心理从视觉开始，和人们的知觉、感情相关，到记忆、思想、意志、象征等深层次的作用，和用户的反应与变化都具有因果关系，即由对色彩的经验积累而变成对色彩的心理规范，总结出当受到什么刺激后能产生什么反应。色彩心理和用户的年龄、性别、职业、社会心理有关联性。

色彩心理和年龄有关

根据实验心理学的研究，人随着年龄上的变化生理结构也发生变化，色彩所产生的心理影响随之有别。有人做过统计：儿童大多喜爱鲜艳的颜色。随着年龄的增长，人们的色彩喜好逐渐向复色过渡，向黑色靠近。也就是说，年龄愈近成熟，所喜爱色彩愈倾向成熟。这是因为随着年龄的增长，阅历也增长，脑神经记忆库已经被其他刺激占去了许多，色彩感觉相应就成熟和柔和些。

色彩心理和职业有关

体力劳动者喜爱鲜艳色彩，脑力劳动者喜爱调和色彩；农牧区喜爱鲜艳的，成补色关系的色彩；高级知识分子则喜爱复色、淡雅色、黑色等较成熟的色彩。在一些专业领域，颜色具有特殊的含义，美国的证券交易市场上，红色表示卖，蓝色表示买。在中国的证券交易市场上，红色表示涨，绿色表示跌。在会计记账时，红色表示赤字为负，黑色表示收入为正。

色彩心理和性别有关

女性的选择很清楚偏向粉色和紫色，而男性则主要选择蓝色系的颜色。男性比女性更能容忍灰色系的色彩，比如黑白灰，从这点可以认为，女性比男性对色彩更加敏感，女性比男性对色彩的认知度更高，也对色彩有更高的要求。

色彩心理和社会心理有关

由于不同时代在社会制度、意识形态、生活方式等方面的不同，人们的审美意识和审美感受也不同。一个时期色彩的审美心理受社会心理的影响很大，所谓“流行色”就是社会心理的一种产物，时代潮流、现代科技的新成果、新的艺术流派的产生，甚至自然界某种异常现象所引起的社会心理都可能对色彩心理发生作用。当一些色彩被赋予时代精神的象征意义，符合了人们的认识、理想、兴趣、爱好、欲望时，那么这些具有特殊感染力的色彩会流行开来。

比如 20 世纪 60 年代初，宇宙飞船的上天使人类开辟了进入新宇宙空间的新纪元，这个标志着新科学时代的重大事件曾轰动过世界，各国人民都期待着宇航员从太空中带回新的趣闻。色彩研究家抓住人们的心理，发布了所谓“流行宇宙色”，结果在一个时期内流行于全世界。这种宇宙色的特点是浅淡明快的色调，抽象，无复色[1]。

在 App 的设计中，为了和系统达成协调一致性，设计中尽量使用推荐的色值。Android

1 参考互联网 http://www.civilcn.com/jianzhu/jzlw/jcll/1197482255537.html。

和 WP 的设计指南中，分别推荐了颜色的色值，使用推荐色值设计 App 的好处，还有就是不会让自己的 App 界面淹没在色彩的海洋里，变成一个花里胡哨的东西，太过夺人眼球的色彩，容易让用户忘记关注内容本身。

Android 的推荐色值，如图 6.3 所示。

图 6.3 Android 的系统推荐色值

在 iOS 系统中没有推荐色值，但 iOS 系统从色彩上可以一眼区分出同一类 App，例如在最新版本的 iOS 系统图标中，电话、信息、Facetime 都属于通信类 App，都采取了同样的配色。从视觉上，用户马上就可以把这些区分为同一类 App，见图 6.4。

此外色彩的明暗也是一个重要的属性。就背景对比而言，明亮背景下暗色的物体很容易被突出，黑暗背景下明亮的物体不会显得明显，让用户轻易地觉察出色彩值的对比度来，这一属性可以用来突出重点元素。

图 6.4 iOS 的电话、信息、Facetime 都属于通信类

4. 纹理和阴影

界面上的视觉元素没有真正的纹理和阴影，纹理和阴影也不会被用来吸引用户注意力。但纹理和阴影有心理暗示的作用，当我们注意到界面上的凸起或者凹陷，就以为这个元素是要被操作的，通过看阴影，了解该元素当前的状态是什么样的。纹理和阴影在不同类型的 App 中被灵活使用。游戏类 App 里，毛茸茸的纹理常被用来表现小动物小怪物角色的可爱。杀毒等 App 里，金属质感的纹理被用来营造科技、坚固、值得信赖的感觉。

如图 6.5 所示，iBooks 的书架设计通过木纹的纹理和阴影，营造出带真实感的拟物书架，让同类元素之间进行分割排列。

5. 方向和位置

视觉元素在界面上的位置、方向，一方面取决于控件的位置，另一方面要符合用户单手或双手操作的习惯，最重要的是用户阅读屏幕的视线轨迹，比如最重要的元素放在界面的中上部分，在设计中引导用户的视线轨迹，对界面元素的顺序进行优化。

最后设计师需要了解 App 设计中视觉元素的一些习惯用法和使用禁忌。例如，红色在美国是警告色，但在中国是喜庆吉祥的颜色，八角形在美国表示严禁停放，在土耳其绿色三角形表示免费商品，而图 6.6 核辐射标志的含义想必大家都比较熟悉。

图 6.5 iBooks 的书架

图 6.6 核辐射警告标志

6.1.2 分组视觉元素并创建层次

好的界面设计，用户一眼看过去，界面上的元素并不是平面的，而是立体的有层次的，有先有后，有主有次。大脑飞快处理这些信息，有效地把行为和所见联系起来。

要做到“立体的有层次”的设计，要求视觉设计师在设计时，像交互设计师对功能需求一样，先对界面元素进行分组，建立清晰的层次结构关系，在界面表达时，视觉设计师运用不同视觉元素的属性，把这些界面元素分组分层次表达出来，如图 6.7 所示。

1. 分组和分层

分组和创建层次的依据，依然是经由场景分析决定哪些控件和数据需要被立即访问和调用，哪些可以稍后被调用。这样可以让设计师专注于解决有限的重要问题，而不是大量的信息没有经过筛选就开始排列优先级。

之后，利用颜色、尺寸、位置等属性来区分这些层级。最重要的元素，尺寸相对较大，色彩饱和度较高，和背景的对比度也应该加大，位置放在元素群的上方或者向外突出。次要元素则用不太饱和的颜色，对比值不强烈的来表现，尺寸要小一些或者缩进。

当然，最重要的元素也不是一定要用巨大的红色粗体来强调突出，视觉设计中，如何把握层级是最难的工作，优秀的视觉设计结构几乎不会让用户感觉到刺眼，而是通过整体清晰的结构让大脑意识到。

例如 iOS 的 iMessage 界面上，第一层是键盘和输入框以及【发送】按键，第二层是标题栏和【取消】按键，第三层也是最底层的是短信编辑界面。通过颜色的深浅、亮度、对比度来进行界面分层。

要建立有效的视觉层级，简约的设计是基础，这样能够让用户在有限的元素中轻易发现重点。层与层之间的变化一定大一些，对于普通人来说 20% 的透明和 30% 透明没什么差别，当然也不能忘记那些色盲色弱的用户。大约有 10% 的男性用户具有某种程度的色盲或色弱症状，在颜色表达时要留意。使用富士通的 Color Doctor 软件可以帮助设计师感知所设计的产品。[1]

在视觉设计上，常见的错误和注意事项如下。

颜色过多——当界面上的颜色超过 7 种的时候，大脑快速记忆和分辨元素的功能就会退化。当界面上颜色过多的时候，大脑就需要花额外的时间来分辨这些颜色，降低了处理速度，所以在所有界面上，最多不要超过 7 种颜色。

饱和互补的错用——互补是相反的颜色，当这些颜色被高饱和度地放在一起的时候，会产生视觉假象，难以正确分辨，让人感觉“眼晕”，难以让人集中注意力。例如，把饱和的红色放在饱和的蓝色底色上，会产生眼晕的感觉。

对比度不够——如果前景颜色和背景只是颜色不同，在饱和度和亮度上没有差别，在光线较暗的情况下，也很难分辨。因此要尽量避免在彩色的背景上用彩色的文本，同时，多层前景弹出时，要注意对后景使用遮层。

1 富士通 Color Doctor 软件地址 http://www.fujitsu.com/global/accessibility/assistance/cd/。

完整的界面

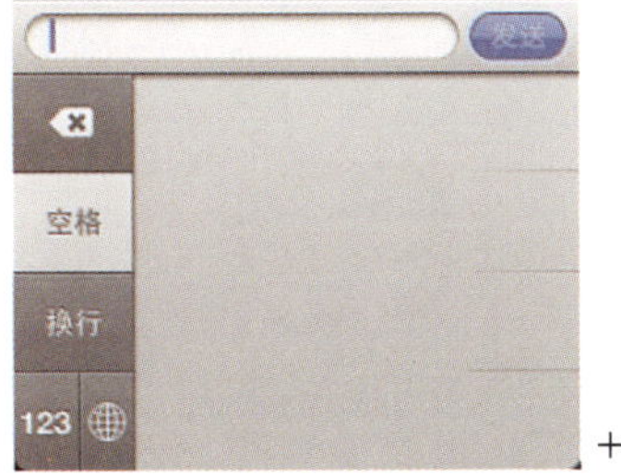

+ +

图 6.7 视觉分层后的界面

2. 组织加工

元素之间的关系有并列、关联、包含、因果等，每种关系都可以通过多种视觉表现形式来传达。网上曾经流传一个“楚中天”被理解为“林蛋大”的笑话，其实是元素之间的关联关系没有处理好造成的误解。如图 6.8 所示。

为了传达元素之间的关系，设计师如预先对元素进行科学分类，整理好优先级，可以得到更好的传播效果。科学分类需要在模拟的使用场景中进行，把相同元素组织在一起进行加工，避免用户在两个界面之间切换或者远距离操作。

空间上，让用户清晰地知道哪些任务、数据和工具是有关联的，并向用户暗示这些任务、数据、工具的顺序关系。在视觉上，很多界面用粗框或者分割线来分组，这样可以让用户高效地完成工作。分组不一定采取临近的方式，还可以从视觉属性上区别。分组后，组与组之间要在显示上区别开来，不同组之间要强调不同，而同一组之间的元素区别要弱化。

例如设置界面的分组就是典型的元素组织的例子，如图 6.9 所示。设置中有的选项过多，很容易给用户造成负担。设计师除通过分级分页对相关的设置选项进行分组外，在同组选项里同类型的选项又通过背景和前景的色差进行了分块，组与组之间利用较大的空间空格强调不同。同一组选项则用圆角框框在一起，表示是同一组的，同一组内部选项只用横线进行分隔区别。当用户对同一类设置进行修改的时候，可以快速找到同属性的相关选项进行修改，用过几次之后，用户很容易就记住某个选项所在的位置，可以快速到达。

图 6.8 元素并列关系错位后的笑话

图 6.9 设置界面上的分组

把握设计层级要从总体上来进行，不仅要在空间上组织在一起，也要在视觉上组织在一起，内容上不仅仅是图片和文字的罗列，而是让内容和用户互动起来，了解用户来到该页面的主要任

务是什么，再进行设计才能保证设计层次的正确，否则设计得再有层次感也不一定是用户想要的。

例如支付宝近期进行了首页的改版，我们来到支付宝首页最常进行的操作就是登录，而老版首页视觉第一焦点是导航及活动推广位，导航只要在固定的位置，用户在需要时能找到就已经达到目的了，它不应该成为页面的视觉焦点，除非用户经常在导航进行切换以了解网站提供的服务，在这点上新版首页弱化了导航及其他应用入口，强化支付宝本身的品牌传达及登录行为，非常符合主流用户的行为习惯，如图 6.10 所示。

图 6.10　支付宝的改版 [1]

1　图片来自互联网 http://ucdchina.com/snap/12548。

经过在线调研，得出的数据表明：新风格导航虽然在视觉上进行弱化，但寻找某任务入口的点击率要高于老风格，而且寻找时间略低于老风格，总体上新风格表现更好。

3. 排版

元素的分组和组织决定后，要对分组元素进行布局，设计师要结合运用多种表现方法，呈现最好的视觉层级效果，排版在这个时候显得非常重要，设计师通过对元素有效的布局排列，让用户熟悉了解产品系统。没有经过排版的元素堆砌在界面上，怎么看都会让人感觉到别扭。一般来说，没人愿意看参差不齐的界面，如果有哪个元素没对齐，字体和其他的也不一样大，就说明设计师要强调该元素。

漂亮的排版非常重要：①提升界面美感度；②增加内容的可读性和易读性；③方便设计师突出要强调的元素。

排版不仅体现在界面元素的设计上，在阅读、购物、新闻等以内容运营为主的 App 上，排版尤其是中文内容也需要精心设计，而这个设计却是常被视觉设计师忽略的。排版是个麻烦的问题，因为在多个 OS 中不同浏览器渲染不同，改动需要多的时间做反复回归测试，所以改变变得更困难。

在排版中又要注意字体、间距、对齐方式或调整其他文字和图片的设置处置。在 App 的设计开发实践工作中，界面元素的排版遵循排版的基本原则，但和印刷排版、普通平面排版又是两码事，在 App 的排版中，有以下几点要留意。

（1）字体

每个 OS 尽管都提供了几套可供选择的字体，但也都有自己规定的系统字体，在 App 开发时优先选择使用系统规定的字体排版，一方面涉及字体版权的问题；另一方面在系统未安装该字体的时候，界面上的内容容易出错，还有一方面则是系统字体一般都采取无衬线字体，相比严肃正经的衬线文字，无衬线文字给人一种休闲轻松的感觉，更具有艺术性，因此通常比较赏心悦目，更方便 App 的排版。

例如 Android 系统默认字体为 Rotobo，规定了 4 种字体大小。但为了内容的易读性，经验告诉我们，一份设计上至多使用 3 种字体。一会儿 12 磅，一会儿 14 磅的字体，会使界面内容变成巨大的锯齿状，界面显得很凌乱。

iOS 系统的字体升级变化过多次，从一开始默认字体是 Helvetica Nenu。Helvetica Nenu 又名“瑞士风格无衬线铅字”，是一种比较纤瘦的字体，瑞士风格，强调清新、自然、简约。iOS 是动态字体，没有建议的大小。无衬线文字在 App 设备上动态调整字体大小时很容易被辨识，也体现了苹果设计一贯强调的艺术性。[1]

字体大小的选取，设计师要费功夫了。除了牢记屏幕尺寸、密度、分辨率的转换关系公式，最好是在真机和模拟器上反复回归测试，选取肉眼看起来合适的字体大小。小字体让界面显得精致、但阅读起来费眼神。经验值是小于 10 个像素的字，在一般情况下都比较难以阅读。

（2）对齐

段落的对齐有左对齐、右对齐、居中对齐、两端对齐四种方式。

左对齐是在列首形成自然的一条垂直的边缘线，右边的内容就可能会层次不齐。右对齐与之同理。虽然左对齐有可能会让右边内容不整齐，但左对齐是互联网排版中使用最多的对齐方式。这是因为：①用户浏览界面的目光轨迹一般是从上到下，从左到右（至少现代汉语如此）；②满足响应式交互设计的要求，让更多屏幕尺寸的设备可以轻松显示页面，如图 6.11 所示。关于响应式交互设计本书稍后做详细讲解。

以 http://blog.teamtreehouse.com/ 网站为例，虽然是网格格式，但在网格上，所有的元素都左对齐，这方便了网站在不同尺寸移动设备上浏览时，可以自由响应屏幕的宽度，自动进行排版。

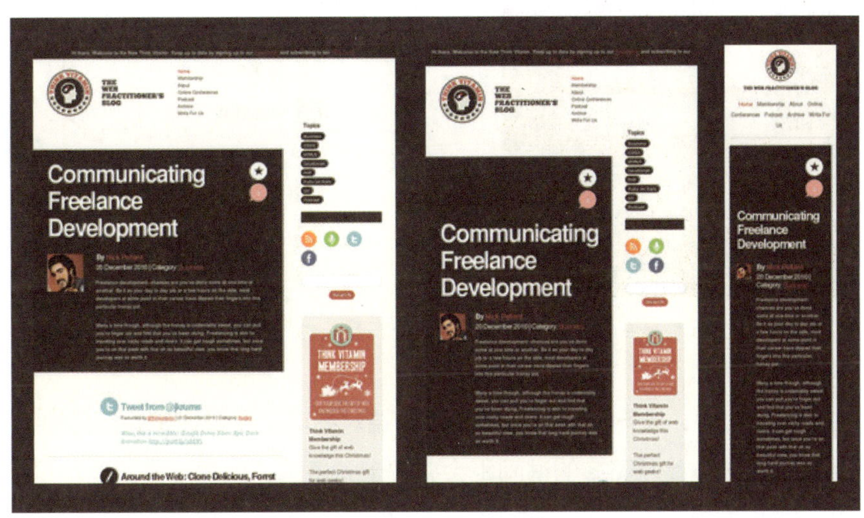

图 6.11　左对齐方便响应式设计[2]

1　图片来自百度 http://baike.baidu.com/picview/2929278/2929278/0/a1ad16faed2246d559ee90c7.html#albumindex=0&picindex=0。

2　图片来自互联网 http://blog.teamtreehouse.com/。

居中对齐，以页面中轴线排列，使得文字更突出产生对称的美感，一般使用在内容标题、登陆界面等界面元素比较少的界面。

例如大部分登陆界面的元素由于比较少，为了突出显示都采取居中的对齐方式。如图 6.12 所示。

两端对齐，界面上两侧的对齐线会很明晰，文本块的“快”的感觉也会很明显。

例如 iOS 的设置界面。选项名称左对齐，选项结果右对齐，中间形成空白界面，上下选项之间用网格隔开，右箭头让用户感知到下一个界面可以进行选项不同结果的选择设置。如图 6.13 所示。

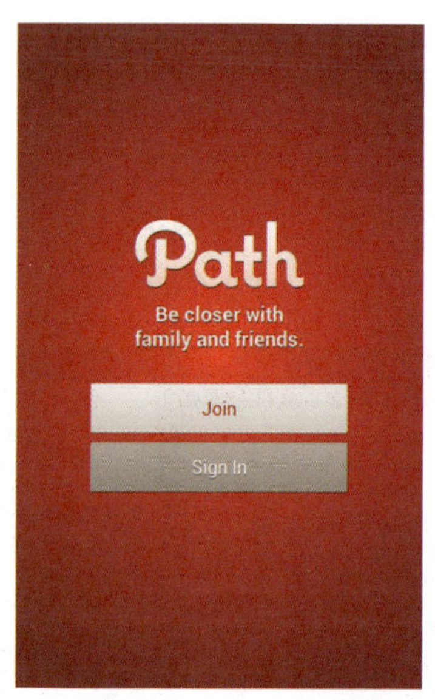

图 6.12　元素少的界面一般都居中对齐[1]

图 6.13　选择左对齐，选项结果右对齐

但是，在内容排版中，当行长很短时，使用两端对齐可能会照成某些行词的间距过长，某些行词的间距过短，这样参差不齐的词间距会感觉十分凌乱，就像一件到处都是补丁的衣服，两端对齐在内容排版时需谨慎使用。

（3）间距

行距的变化对文字的可读性有很大影响。充足的行距可以隔开每行文字，使得眼睛很容易

1　图片来自互联网 http://www.changxiangji.com/pins/51682。

区分上一行或下一行。尽管移动 App 的屏幕有限，但也不能排列得密密麻麻。在设定行距的时候，排版上有个原则，就是行与行之间的空隙一定要大于单词与单词之间的空隙，否则的话，阅读者在阅读的时候容易“串行”，造成阅读困难。适当巧妙地使用留白，能代替网格，引导阅读者的目光，突出重点内容。留白也具有一定的装饰美观效果，体现独特的审美意境，但是当留白过宽，超过一行的高度时，文字就会失去延续性。

行距的选择一定要统一，前一页 2 行距、下一页 1 行距不仅阅读起来不方便，也让内容显得不专业不严谨。

近几年互联网上正文的排版，设计师大多喜欢 1.5 倍间距的行距，这是一个经验值。也就是说如果使用了 12px 的字体大小，那么设计师常常喜欢 18px 的行距。

例如 iOS 最新版本 7 和 6 相比，多数界面设计是无边界的。日历没有网格线。Safari 中的可点击区域没有明确的按钮。时钟和内置天气 App 网格线也消失了。取而代之的是留白。但不要误解，网格也仍然存在，只是划分屏幕控件格子的分隔线被去除了，留白反而能创造出更多空间来。极简风格和额外的留白，让界面干净清爽，能让用户看见并感觉到按钮和网格的存在，却不会让他们拘泥于其中，所以如果用到方块、按钮、边框，并在决定何时使用它们举棋不定时，去掉就好，用空白来代替。

（4）长度

没有人喜欢在小屏幕手机上看大段大段的文章，长篇幅不仅给阅读造成压力，还容易丢失视觉焦点，给操作带来不便。在界面上应该尽量减少使用文字，减少阅读量，采取少而短的，容易辨识的文字、语句、词汇，以保证界面导航的流畅进行，在用户遇到他感兴趣的内容时，再展开详细内容进行阅读。

虽然智能终端的分辨率越来越高，但为了方便携带和单手操作，屏幕和设备宽度依然不能和 PC、电视相比。在 App 设计中，界面上的功能元素可以通过参考统一控件库的长度来进行设计，内容元素的长度显示则需要设计师从内容的易读性出发提出建议。

在 App 设计中，为了方便阅读，建议使用短文字来描述控件、书写提示信息，不仅要求语言凝练，还要求用词准确。在给用户提供内容输入时，也尽量设计较短的输入字符长度，对内容进行限定，一方面是沿用 GSM 制式下的使用习惯；另一方面是为了方便在手机上的阅读，如果不做限制，写得费劲，看得也费劲。

在长文字的浏览阅读中，无论是在电商页面还是手机阅读应用，信息往往无法在一个页面全部展示，这就需要用到一些可以扩展页面信息的交互模式：分页和连续加载。

（5）分页

图 6.14 一般的分页设计[1]

分页可以将大篇幅的内容分成小块，显示在单独的连续页面上，便于用户理解和查找。如图 6.14 所示。分页可以让用户清楚地知道自己所要浏览的内容到底有多少、已经浏览到哪个部分、还剩余多少。分页可以使用户对所浏览的内容有清楚的预期，可以让用户快速地跳过一些不想看的信息，或是快速跳转到首页或尾页，自主地选择想要浏览的内容。

分页的作用，一是给用户关于内容还有多少的预期，二是可以给浏览者提供一个停顿，这个停顿运用得好的话，可以让产品更有节奏感。但是当用户浏览完一页的内容时，就必须停下正在进行的阅读，通过点击进行跳转来获取更多内容。不可否认，这个停顿会在一定程度上打断用户的思路。在遇到分页时，用户很有可能会去思考，是继续浏览呢？还是离开网站呢？所以遇到分页时，往往会流失一部分用户。

（6）连续加载

连续滚动，或者叫瀑布流是最近比较流行的布局方式。连续加载是一个与分页相反的交互模式，信息之间没有明显的界限或是停顿。当页面滚动到底部，新的信息就会被自动加载进来。

各种社交网络喜欢用这种控件，用户不会被打断，可以顺畅地一直浏览下去，沉浸其中。但是由于信息是自动加载的，页面看起来好像没有结束，很难预测页面的内容到底有多少。一味加载会让用户产生迷失感：这一页的内容到底有多少呢？我已经浏览了多少内容？我什么时候才能读完这一页呢？对于这种没有停顿的页面，用户想要搜寻之前看到过的信息，或想要回到顶部，在操作上也有些困难。但对于这种以休闲娱乐为主社交型的产品来说，使用不打断用户信息流的加载方式，还是非常合适的。

（7）折中

使用分页控件时，用户必须通过点击才能查看到更多的内容，所以说，信息获取是用户主动请求的。而使用连续加载时，新的信息是被自动加载进来，用户是被动地接受。

分页和加载各有利弊，如今的很多网站也会采取一些折中的方式：分页加载一起用。例如 Facebook，会在自动加载 4 次后出现一个【more】按钮，在连续的信息流之后，给用户一

1 图片来自互联网 http://www.leeyue1007.com/index.php/2012/09/05/pagination/。

个停顿，让他们主动地获取更多信息。

设计师在一些长页面列表内容页的右侧，或者侧边栏中加入索引，在底部加入快速返回顶部的按键，就是为了补偿大量信息情况下滚动的低效。如图 6.15 所示。

在有些 App 的界面设计上，设计师利用网格对界面进行横竖划分，整个界面不仅可以纵向滚动，还能横向滑动。

例如 App Store 的手机版本上，除了纵向横向的有限滚动，配合【显示全部】按键的使用，呈现给用户具有平衡感和层次感的界面，在视觉和操作体验上优缺点都比较平和。如图 6.16 所示。

图 6.15 长页面的索引

图 6.16 长页面上的【显示全部】按钮

4. 切换方向

界面元素从视觉涵义上来说是有方向，例如用户单击【展开】按钮，展开界面进入用户视野，再单击【返回】按钮退出当前界面返回上一个界面，那么展开界面和原界面在视觉上，就是上层和下层的关系。再例如箭头，根据箭头的指向，用户从心理上认为，界面应该从箭头所指的方向进入到当前视野里。如表 6.1 所示。

表 6.1 iOS 的【返回】按钮、【展开】按钮、箭头

【返回】按钮	
【展开】指示器	
箭头	

在移动设备上，因为屏幕尺寸和交互方式的特性，利用界面元素触发激活新界面时，从一个界面突然切换到另一个界面，会给用户带来困扰，所以在触发这些操作的同时，往往需要过渡形式的动画来引导用户，让用户心理感知到是如何从一个界面切换到另一个界面的。视觉上切换时候动画的效果也是有方向的。

（1）推拉弹出

推拉弹出的过渡效果是最为常见的处理手法，这种效果往往能很直观地表现从一个画面到另一个画面变化的过程。

一般这种效果还用在表示上下界面的层级关系上，例如一般 App 的界面上，键盘是从下往上弹出的，阅读界面的翻页是随着手指的动作而实现的。在有些 App 中，还常常使用模拟真实效果，将翻页提示做成掀角的效果，例如 iOS 的电子书阅读软件等。如图 6.17 所示。

图 6.17 翻页效果

（2）飞入飞出

场景切换通常用于两个不同的界面之间，视觉效果会看起来很酷，缺点是会因为切换场景而需要等待时间。

例如 iOS 里面的“用电子邮件发送照片”，也同样是使用了这类效果（照片进行移动，同时邮件界面从底部滑入屏幕）。如图 6.18 所示。

此类过渡效果不太适用于需要经常切换的页面之间，过多的等待时间会让用户感到焦躁。

（3）翻转界面

翻转界面的方式在音乐播放 App 中相当常见，通常翻转前后的两个界面存在一定的联系。

常见于设置界面和列表界面，有点像扑克牌的正反面。

图 6.18　飞入飞出视觉效果[1]

例如图 6.19 的“正在播放”界面和“专辑列表”界面的切换。

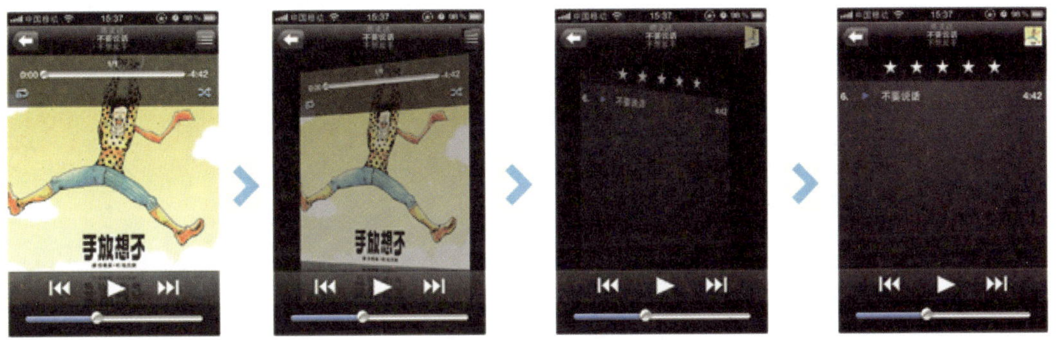

图 6.19　翻转界面

（4）放大缩小

放大效果常见于从一个较小的元素进入到一个较大界面时候的过渡，有时候也会伴随淡入淡出的效果作为配合。IOS 7 上从主界面进入退出文件夹，点文件夹启动退出应用程序，都有放大缩小的动画效果。

1　内容参考 http://cdc.tencent.com/?p=5822。

合理的方向切换会让用户很直观地了解到界面与界面之间的关系，更能增加用户在使用过程中的流畅性，从而提升体验。

6.1.3 为用户视觉路径设计界面

空间中元素的组织形式决定了用户的视觉路径。在传统网站设计和平面设计中，阅读的视觉路径是从左向右、从上向下的浏览顺序。好的视觉设计路径应该是顺应这样的用户习惯，糟糕的设计会让用户无所适从，焦点到处都是，不知道该看哪里。

在阅读信息的时候，用户常常受到周围文字和图像的干扰，并不是那么顺畅。根据人眼视觉心理，有下面几种容易引导或者说干扰到视觉移动方向的情况[1]。

1. 暖色比冷色更牵引视线

在颜色的使用上，暖色比冷色、鲜艳的比暗淡的更容易牵引视线。

在图 6.20 的左图中，第一眼看到的是不是红色的色块？右图中，是不是感觉红色的色块向前突出，而灰色的色块向后退？这就是视觉心理造成的，波长长的色彩比波长短的色彩更容易被人眼识别，也就是暖色的、鲜艳的比冷色、暗淡的颜色更“跳”一些，当一个页面中，“更跳一些”的元素无章排列的话，人眼的视线就会跟这这些吸引人的小元素跳来跳去了，感觉“页面花”就有这个原因。合理的运用这个规则，就可以达到增强信息顺畅传达的目的。

图 6.20 暖色更容易牵引视线

2. 图片比文字更吸引目光

图片可以锁住用户的目光，牵引用户的视线路径，合理使用可以烘托气氛，提高用户的兴趣，留下深刻印象。如图 6.21 所示，《让子弹飞》的海报视线牵引，让观看海报的人不自觉地向右看，

---

1 参考腾讯 UXD http://mxd.tencent.com/。

一直飞到海报外去了……

图 6.21 图片比文字更吸引目光

3. 视线会不自觉地随序号移动

视线会不自觉地随数字序号移动，如果把数字序号看作一种元素，同样的，用户的视线也会不自觉地在界面上搜索同类元素。

一般人都会有这样的体验，当看到 1 的时候就想找 2 在哪里，视觉有数字敏感性，很多设计在需要视线牵引的时候，用数字当标头，使视线在即使色彩丰富的页面中也会合理跳跃。图 6.22 为一韩国活动网站中的视线路径。

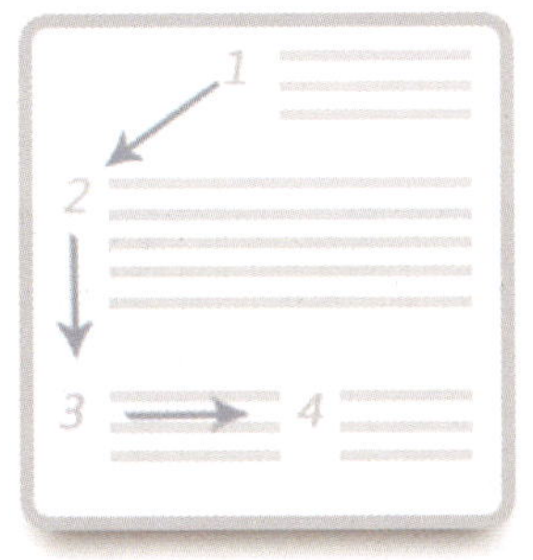

图 6.22 用数字序号牵引目光

4. 按用户的使用场景规划视觉路径

在屏幕有限的的移动智能终端上，屏幕小，单屏内容少，表现的空间比 Web 少了很多，但是视觉规则都是相通的，Web 中适用的规则在移动终端中也照常适用。

图 6.23 中左图为 iPhone 平台 QQ 2010 界面，视觉通过鲜明彩色的头像图片牵引视线

顺势向下。右图为 iPhone 平台 TIME MOBILE 界面，红色鲜明的 title 条显示新闻的种类，视线路径在红色标题间快速跳跃，帮助用户更快找到所需要的新闻类型。

图 6.23　不同场景下规划视觉路线

在图 6.24 所示的这个界面，第一眼看上去，你会发现视线快速的被橙色文字捕获，然后不自觉地在橙色文字间跳跃，仔细看这几段文字是并不十分重要的新闻信息。相对地主要信息新闻大标题被忽略了，用户会迟疑一下重新找到白色被忽略的新闻标题，造成了视线路径的混乱和信息传达的不顺畅。

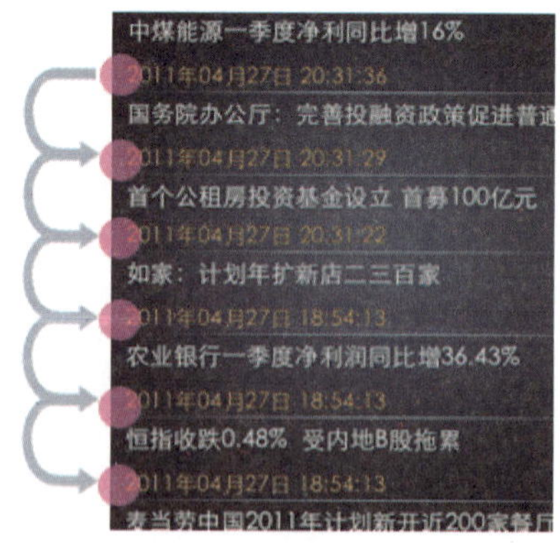

图 6.24　错误的示范

下面再用两个同样的登录界面进行对比说明。

糟糕的例子，在图 6.25 的 App 登录界面上，用户的视觉路线和操作是这样的，看到界面上设计感最强的、位置最具中的主程序 Logo（K）——接着目光下移一点，到界面的正中间，被用户名和密码的输入框所吸引，因为这是界面上颜色反差最大，占据前景控件最多的元素——用户会吊起输入键盘开始依次输入用户名和密码，输入结束——目光移动到右上角，单击【登录】按键，如果顺利该流程结束，如果不顺利，比如密码错误或者用户名格式错误等，需要停留在这个界面——检查输入格式——目光下移到【找回密码】进入下一个流程分支。

在整个登录过程中，用户的目光顺序是乱的，视线跳来跳去，既影响登录的效率，也会降低用户的使用流畅感和体验。

对比之下，图 6.26 这个登录界面的设计就好一些。在登录这个场景中，用户的预期思路是这样的：（1）我进入的是个什么界面；（2）哦，是某某 App 的登录界面；（3）输入用户名和密码；（4）单击【登录】按钮；（5）如果登录不成功，可能是忘记密码，需要找回密码。

图 6.25　错误的示范[1]

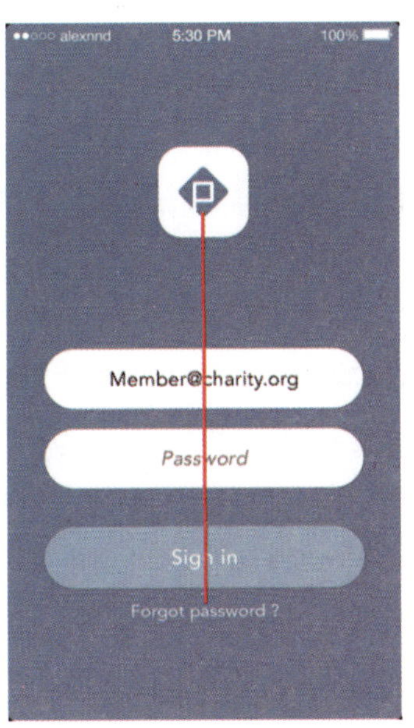

图 6.26　正确的视线引导路线[2]

1　图片来自互联网 http://www.moosee.net/viewnews-3080-page-3。
2　图片来自互联网 http://www.k1982.com/show/760442.htm。

这个界面的设计就非常符合用户的思路和使用习惯，在视觉上，也是从上到下一条直线走下来。Logo——用户名（用样例提示了用户名的格式，用户无需阅读文字）和密码——注册并登录（新用户需要注册，才出现这个界面，对于老用户，记住密码即可）——如果输入错误，找回密码。

优秀的设计师要对界面视觉设计进行总体规划，不能为了突出某元素，而放弃对整个界面的总体规划。在设计排版中信息的顺畅传达才是最重要和最基本的要求，再丰富再漂亮的图片如果排版布局干扰信息的顺畅传达也是不可取的，特别是在终端小屏幕的情况下，相比 PC 大屏幕，每一个元素和文字的处理都会极大影响整屏给人的大感觉，影响视线的正常移动。

5. 如何避免视觉干扰

如果用户的视线在界面上经常被干扰，说明视觉噪音过多。界面上视觉噪音是由于过多的视觉元素造成的，多余的视觉元素把人们的注意力从主要传达功能和行为的元素上转移到了别处，就像在嘈杂的快餐店里很难听清对面的谈话，用户界面上的视觉噪音包括过度的修饰以及不必要的元素、功能，过度对视觉元素进行加工、控制操作区域过小、行间距过小、过多使用颜色也会造成视觉干扰。

要做到视觉不影响用户的使用速度，快速理解和完成任务，设计师需要做到以下几点。

（1）尽量保持简洁。

界面应该尽量使用简单的几何构图、最小的轮廓，颜色使用的数量要严格控制，尽量使用不饱和的颜色或者中性颜色，适当加入高对比的颜色用来强调重要信息。

在同一个界面中，或相邻的两个界面上，保持设计排版的一致性，通常使用一个或两个排版方式。试想在上一个距左对齐的界面，用户的视线还停留在屏幕的左边，切换到下一个界面，所有的元素又都居右对齐，用户的视线需要时间来适应新的排版方式。

设计元素的风格要相互继承，保持一致，有了继承关系，用户在理解了一个元素之后，很快就能理解下一个元素，极大降低了学习成本。如果要突出某个元素，需要和其他元素形成对比，那么也应该把这种对比统一到整个 App 的设计中去，比如决定在某个界面上使用红色的删除按钮，那么界面上所有的和删除操作相关的按钮都应该是红色的。为此，建议在风格确认后，就开始写 GUI，而不是直接进入到切图输出阶段。

（2）移走不必要的差异。

设计上不必要的差异是一致性设计的敌人。在尺寸上，如果两种字体的大小差不多大，那完全可以调整成一样的大小。

在空间上，如果两个元素间隔不大，就为这两个元素做成一样的背景。任何差异化存在，都需要有充分的理由。如果没有充分的理由，差异化完全可以去掉，保持统一。

如图 6.27 左边的虚拟拨号键盘设计，仿真了真实的电话拨号键盘，为每一个按钮都限制了拨号触控区域，这样虽然美观，但在用户快速拨打电话的时候毫无帮助——非常容易出错，不利于快速准确地拨号。

拨号按钮属于同一种元素，按钮和按钮之间的差异化完全可以移走，按钮上的数字直接显示在同一风格的拨号盘底座上即可。经过修改，图 6.28 所示的这种设计容错率更高，按键范围大，用户不容易按错，在视觉上也更加简洁、大方。

图 6.27 过度设计的拨号界面[1]

图 6.28 简洁设计的拨号界面

（3）需要时才显示

想要目光不被干扰，还有一种做法就是把暂时不需要的功能隐藏起来，在用户需要使用的时候才被发现，也就是“需要时显示”。“Only Show What I Need When I Need It”。这句话出自 Jenifer Tidwell 的 *Android Design-Design Principle*，作为 Android 的 GUI 设计规范标准，贯穿始终，如图 6.29 所示。[2]

1 图片来自互联网 http://bbs.weiphone.com/read-htm-tid-6221666.html。

2 来自《Android Design-Design Principle》，作者：Jenifer Tidwell，出版社：电子工业出版社，出版时间：2008-03-01。

1）为什么要隐藏?

① 移动终端的小屏幕上承载了太多信息，需要适当隐藏，才能使界面承载更多的信息。界面元素合理布局，才能避免因为布局失衡而引起用户视觉疲劳，丢失重要信息。

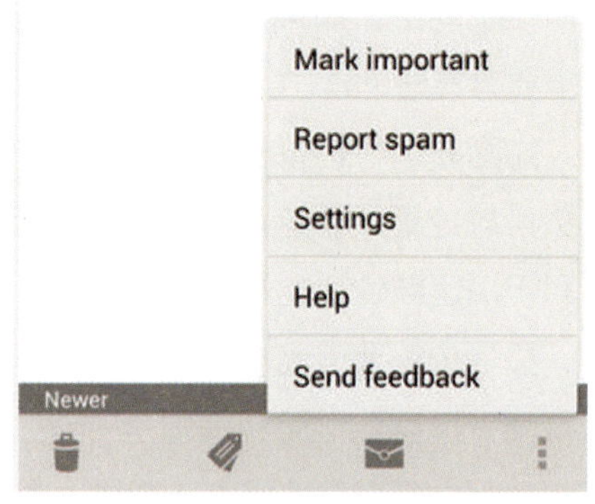

图 6.29　需要时才出现的更多选项

② 在视觉设计排版上，界面的优雅在于适当留白，不至于像批发市场一样给人拥堵、嘈杂、低档、庸俗的感觉，宽敞的空间总让人觉得从容、闲适。功能的隐藏释放了空间，使我们的界面变得优雅。有序的紧凑的布局，让界面设计遵循一定的视觉引导规律，有效提高视觉认读的效率和准确度。

③ 页面所有的设计应该为核心任务服务，只有隐藏不必要的信息，核心信息才会相对清晰和凸显，这是对用户最好的指引。保持设计界面的简洁，也能避免给用户带来过多的认知和记忆负担。

④ 精妙的设计在用户有需求时才出现，这种想用户所想的设计，让用户感觉贴心，才能给用户惊喜，打动用户的心。

图像元素要紧凑一致，要适应界面的环境。

2）如何隐藏和被发现?

“需要时显示”其实讲的是两点：①暂时不需要的功能要隐藏起来；②被隐藏的功能要能被发现。

① 隐藏。

暂时不需要的功能要隐藏起来，可以通过聚拢、压缩等方式来进行收纳。

聚拢、收纳，最朴实的节省空间的方式之一，可以轻松将归属一类的东西聚集起来放一块。移动设计中也经常使用 actionsheet、popover 这些”容器”将各种菜单、通知、相关项收到一块。

规定整理好要呈现给用户的功能，这一种的关键点就是抽屉的标签，让用户在关着的情况下能究竟收在哪里，入口在哪里。

收纳从形式，从交互模型来看有很多种，常见的有：侧边栏式、利用分类标签、抽屉式收藏。

- 侧边栏

最典型的是 Path 的侧边栏式（见图 6.30），上下折叠式，沉入式，还有 Android 系统级操作的处理方法。目的都是在用户不会用到的时候把相关的信息藏起来、收起来，并且有个永远存在的入口，当用户需要时就能快速拉开调起，非常方便。

- 分类标签

这种收纳方式特别适用于记事类、日程类、通讯录、文档管理类应用，因为相对来说，这类应用的主要信息源是用户本身，且纵向无法预估和控制信息的量级。那么这样定义好收纳规则，至于内容怎么收纳，建立多少个类别，就交给用户了，根据用户建立的类别标签，对内容进行分类收纳。图 6.31 就是一种典型的记事本信息收纳方式。

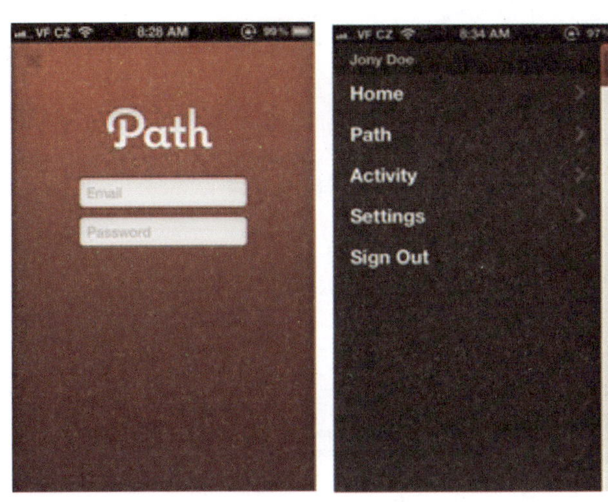

图 6.30 Path 的侧边栏式

图 6.31 收纳式设计

- 抽屉式

抽屉式分类关键是“扔”和“装”都要方便，可以简单快速地将内容装进抽屉。最直接的例子就是 iPhone 的 App 界面，拖动叠加即可形成一个收纳，拿出去也非常方便。抽屉关闭时，里面的信息收纳着，隐藏起来看不到，也需要固定存在的入口时刻提示用户从哪里开启，当开启时，用户可以看到里面的内容。

总结起来，空间有限，要想空间利用更有效，可以将空间分割，分模块展现内容。不管是单纯的 list 列表、瀑布流，还是其他什么形式，总会从其他维度找到剩余空间。类比成道路交通，飞机、道路交通、地下轨道并行，便是充分利用了空间。

② 被发现

- 入口的指示牌

被隐藏的功能，需要给用户留下明显的入口标示，可以被用户很容易发现。设计师应该有意识地创建和布置好的有明确意义的“指示牌”，界面中最常见、最易被感知的“指示牌”有信号箭头、按钮、icon 等。我们常用下箭头表示有浮层或可伸展，(i) 按钮查看信息，用 (+) 表示可展开等。

Path 简洁的界面上，隐藏着很多入口的指示牌。如图 6.32 所示。

图 6.32 Path 界面上的指示牌

这个入口的指示牌可以是明显的符号，也可以是界面的视觉隐喻。通过材质、阴影、形状的变化，对用户进行提示。如图 6.33 所示，iOS 6 中地图的折角，按照现实的隐喻，告诉用户“这里是可以翻起的，这里还有东西”。

提问：

但如果藏起来的功能没有明显的入口指示牌，怎么才能让用户在使用时发现呢？

- 流程引导和隐喻

当然我们也碰到过许多没有符号线索的情况，即在界面上找不到任何相关元素。对于这样的交互，要么用户可以学习到，要么我们就让功能像彩蛋一样被发现，又或者用户需要时它已经在场了。

要让用户发现功能，最简单的方式就是教育。我们可以对新用户进行引导，那用户使用前就能知道功能的存在了，尽管这样很笨拙。

图 6.33　iOS 6 中的隐喻（局部地图只是演示用）

如图 6.34 所示，利用新版本引导页，提示用户。但除非是新手用户，谁会仔仔细细看引导页呢，大多数用户都迫不及待地跳过引导页。

比新版本引导页更为推崇的设计方式还有利用转场动画、彩蛋式可见、任务式可见等。

- 转场动画

利用转场动画基于一个认知前提“从哪里进入，即可从哪里退出”。即是一个功能怎么离开界面，它也可以通过相同的方式进入到界面。

如图 6.35 所示。阅读客户端 App 从列表中选择了新闻，首次进入和退出新闻正文界面的时候，半透明的遮层会弹出，告诉用户滑动工具栏可快速返回上级，然后我们得单击一下图片才能把提示这层缩回去，如果没看到它缩下去的转场，还真不知道这个隐藏的快捷键返回方式。

- 彩蛋式

有些不被推荐的功能隐藏得很深，彩蛋式可见其实也是用户的一种学习，但这种学习是被动的，用户通过有目的或无目的尝试发现功能。要么别人告知，要么自己通过很艰难的认知才能发现，但当用户发现时，就会感觉很惊喜。

图 6.34 启动时的新手引导 1

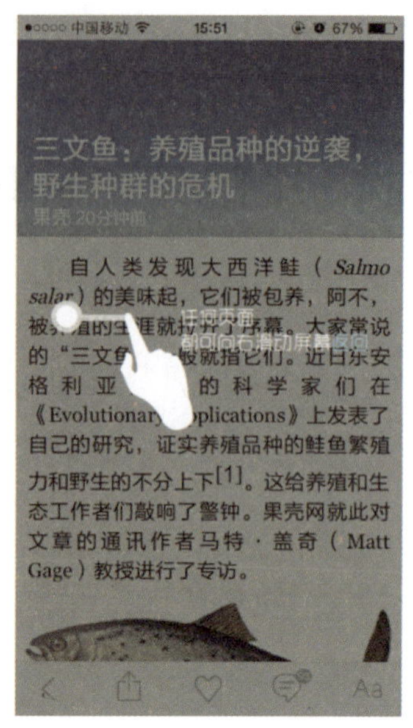

图 6.35 转场动画时出现的新手引导

例如微信的朋友圈，如图 6.36 所示。设计之初是为了让用户多发照片和地理位置，一是因为手机的固有属性，每个人的手机中都会有大量照片，最适合新手用户使用和传播；二是文字无论从书写还是阅读来说都是不适合手机的。所以设计师鼓励用户多发照片，但依然保留了发纯文字状态的功能，但需要“长按”这种被隐藏的彩蛋式操作才能使用，至于用户如何学会的——在朋友圈里看到有别人发纯文字，发一条消息，问问就好啦！

- 任务式

最精彩的一种隐藏设计方式就是任务式，简单说就是需要设计师理解用户的行为，在用户需要的时候功能自然出现。

例如 iOS 的 Airplay 这个功能，当设备检测到同一局域网内有支持 Airplay 功能的机器并且相互连接时，Airplay 的图标就显示出来。在用户使用之前并不需要知道 Airplay 操作在哪里，甚至都不需要知道有没有。但当使用到播放视频、音频这些支持 Airplay 功能的时候，它很可能会被用到，于是就刚好出现在界面中。

再比如 twitter 的刷新，这是其影响力最大的操作之一，如图 6.37 所示。其实用户心理上本没有“刷新”这个概念，而是由于种种原因不能做到即时刷新，那么刷新操作应该出现在哪

1 图片来自互联网 http://soft.chinabyte.com/61/12219061.shtml。

里？本质上刷新的诉求并不是 reload，而是 update，对于用户来说这意味着向页面上方索取，索取到当前信息的边界后再索取的话自然就得刷新。

图 6.36 彩蛋设计[1]

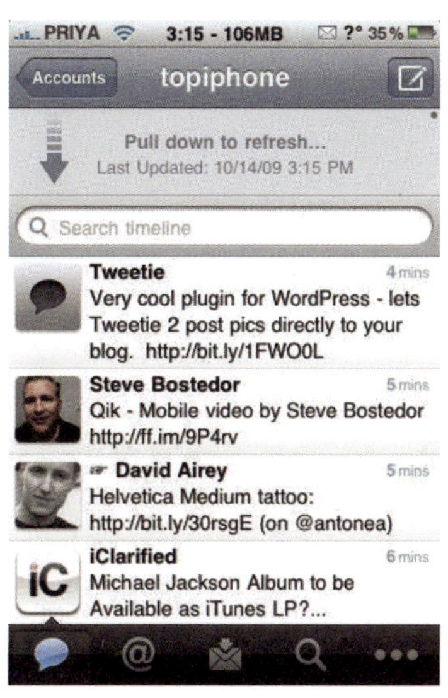

图 6.37 Twitter 首创的下拉刷新[2]

6.2 视觉设计的隐喻

设计师常常使用用户熟悉的场景、物体、图案、操作方式来设计界面元素，例如游戏场景的设计，把整个现实的场景搬到游戏里面，用户一看就知道，自己是在街上还是海上，房子是可以进去的，路人是可以问话的。在游戏中，你可以称之为“虚拟现实”。

在 App 的应用界面中，设计师也常常把整个实体产品搬到 App 上去。例如日历、时间显示、播放器、手写板、阅读器、名片夹等，这种设计手法叫作视觉隐喻。

如果说用户和设计师是通过界面之间传达的信息进行交流沟通的话，界面上具有隐喻作用的视觉元素，就是设计师传达信息的工具，界面元素跨越语言、文字的差异，获得共同的理解。

在视觉传达中，我们常常使用通用符号，在移动设备的界面设计中，准确的符号学应用并引申了社会习惯用法，对用户起到直接的提示作用。在设计移动 App 的界面图标、动画场景中，

1 图片来自互联网 http://news.ipadown.com/12937。
2 图片来自 http://event.geekpark.net/read/view/156022。

符号利用拟物化设计把用户带到生活熟悉的场景中，降低了用户的学习成本。

例如我们用五角星★代表星星，几颗★代表星级评级的标准，原本常常被用在酒店、餐厅、旅馆的质量评级上，在移动互联网上也被引申过来用作软件、服务、商品的评价标准。

6.2.1 符号学

美国的工业设计师菲利普·斯达克（Philippe Starck）曾经说过："我们的职业（工业设计）绝不属于艺术家，也一定不属于美学家，而宁可说属于语意学家（semanticist）……物体必须散发出符号，就像孩子、动物和森林大火。"[1]

"符号"——记号、标记、信息的载体，是感官系统所感知的对象，代表一定的事物，是集体所认同的公共约定，可以利用简单的代号代表复杂事物或概念。同时它具有认知与交际的功能，通过符形传达信息。

符号学在图形用户界面中的表现属于应用层面，在符号学应用研究领域的探索，国外涉入较早。符号学的传播方式有三种，其中适用于互联网环境下的传播方式为共同经验传播模式。这种模式基于编码者与解码者之间共同经验范围交集形成的共同认知，最后促成我们所说的具有约定俗成特性的符号。[2]

符号学给我们提供了表达的新视角，人们的生活中到处都可以通过符号进行表达和记录，在人类信息传播过程中具有重要意义。符号学的实质是代表、象征、引申、隐喻。将符号学的理论运用到移动产品的设计中，从设计符号的传达模式来研究网络移动产品设计的可用性，把移动产品的符号转化为一种用途更广、更快捷、更有效、更为人们乐意接受的形式。

将符号学的理论运用到移动产品的开发中，依然强调以用户为中心的设计，实现移动产品的符号意义的有效传达和反馈，让用户拥有更加良好的使用体验，在移动产品的设计中，符号主要有以下三种应用。

1. 识别性和功能性

图像符号是通过对对象的写实或者模仿来表征的，建立在相似性基础上，有明显的可感知特性。每一个移动产品拥有自己独特的形象和使用方式，移动产品的符号要能告诉用户它是什么东西，有什么功能，应该如何使用；而不应需要用户花很长的时间仔细阅读教程或使用说明。

---

1 陈浩、高筠、肖金花编著：《语意的传达》，中国建筑工业出版社，2005 年。

2 图片来自互联网 http://cdc.tencent.com/?p=5038。

和文字相比，通用性的符号更直观，不需要分析判断语义语境，就可快速理解含义，用户思考的时间更短。

如图 6.38 所示，计算机操作系统中的回收站用垃圾桶来表意；用折了角的纸代表文档；文件夹直接采用文件夹工具图标来表征。

图 6.38 计算机符号和生活中物品的联想

符号的功能性更强。和文字相比，在晃动、光线不佳、小屏幕设备的使用环境下，符号更适合使用在移动产品的设计上。由于其通用性和独特性，在用户长期使用的过程中，符号逐渐约定俗成，将具有品牌效用的产品符号化，例如腾讯公司的 QQ 聊天工具，因为其合理的设计、良好的易用性、强大的功能、稳定高效的系统运行，赢得了用户的青睐；10 多年来，胖乎乎的企鹅形象成了腾讯产品的符号，被广大网民接受和理解，最终当其他公司的产品想要使用该符号时，就会被人们误解成是腾讯的系列产品。

由于 QQ 的成功，腾讯后来出品的系列产品都脱离不开那只小企鹅原有的配色，用蓝、绿、黄、红 4 种色彩搭配使用（以蓝色为核心色，分别有绿色、红色、黄色围绕。其中红色多用于会员商城交易类，绿色多用于音乐、校友社区相关类，蓝色主要用于门户、商务、软件应用类，黄色多用于休闲小游戏类）。大多数产品都会以这 4 种颜色的其中一种作为主色，然后分别选用 4 种中的 2~3 种作为辅助色。如图 6.39 所示。

因此，优秀的设计师在设计 Logo 和 icon 时，总是坚持独创和原创性，不仅仅是为了和其他产品区别开，更主要的是期望利用符号的独特性，让自己的产品被用户容易的被识别，并逐渐形成产品的招牌特征。

2. 情感化语义

同样的产品提供同样的功能，为什么有的产品对用户有情感上的吸引力？产品除了使用功能以外，更应该关注人们的情感需求，能和人产生互动，向用户诉说故事和美好的回忆，因此，移动的符号要能满足人们对情感的需求，最终实现人、机、环境的完美结合。

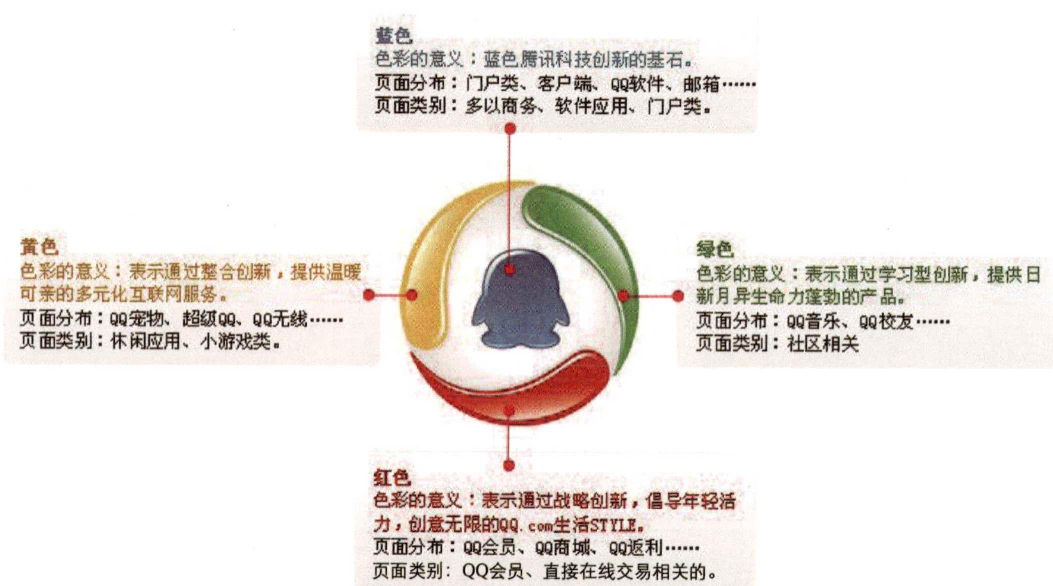

图 6.39 腾讯产品系列的 Logo 配色原则[1]

如果产品采取严肃严谨的设计配色、语言和符号设计，给人的感觉就是权威、认真的。如果产品的配色、符号、提示语都俏皮可爱，反而会令人产生放松的感觉。不同的设计营造出来的氛围是不一样的，设计者的情绪也可以感染用户。优秀的设计各有不同，但糟糕的设计带给用户的总是局促的、费解的、负面的情绪。

情感化设计要求设计师在图形、色彩、符号等视觉符号使用中融入亲和、自然、人性的力量，激发起使用者内心的触动，在使用者内心引起共鸣，让使用者接受满足的、愉快的情绪。

例如“淘宝体”原本来自网络，后来影响着人们的语言方式，成为一种语言符号。“亲”本来是“亲爱的”的简称，后来广泛被淘宝卖家使用，可以理解为“亲爱的”“亲爱的顾客”，这样称呼不会很腻，又不乏俏皮。本来是淘宝上卖家和买家交流中逐渐形成的网络流行语，后来被设计师拿来，作为淘宝网站和 App 的提示语使用。又逐渐被其他产品借鉴，成为一种具有特色的提示语，让人感觉非常亲切。淘宝体是如此深入人心，以至于在其他语境场合中出现“亲”这个字眼的时候，人们首先想到的就是淘宝体。

1 图片来自互联网 http://www.dabaoku.com/jiaocheng/zonghe/201009186982.shtml。

3. 个性化与文化性

移动产品的符号具有个性化和时代化特征。根据马斯洛的需求理论，人们追求个性化和自我价值的实现是社会发展进步的必然结果，科学技术的进步也为人们多元化需求的实现提供了可能，然而个性化的符号不是个人化的符号，个性化符号是建立在民族文化和全球文化的基础上，移动产品的符号应该具有更大的包容性和整合性，能为大部分用户接受和理解。

移动产品符号的个性化并不是说设计一套独一无二的标识，谁都不认识，需要用户重新学习，而是设计师面对视觉挑战时，应该根据不同人群的社会经验、不同接受程度来进行视觉符号的构思，从而确定视觉传达的形式和方式，确保用户能快速、准确地解读信息，无需经历太多的新手期学习痛苦。同时，又要给不同的用户提供不同的个性化设计。

例如，全球著名的谷歌搜索引擎，网站首页的界面设计简洁而充满个性，只有一个醒目品牌 Logo 和搜索引擎输入框，2008 年谷歌中国正式宣布推出个性化首页 Google.com，它允许用户根据个人喜好把地图、生活、咨询、视频、相册、日历等功能集中在一个页面，Google 进一步丰富了为用户提供的个性化页面选择；Google 还会在不同的节日里将 Logo 设计成不同的图案，比如中国的新年节日，它的 Logo 会设计为恭贺新年的主题（见图 6.40），这也是谷歌将国际化和区域本土化结合起来的全球品牌战略。

图 6.40　Google 的纪念首页 Logo[1]

4. 符号化的可用性评估

什么是可用性？国际标准化组织（ISO 9241-11）把可用性定义为“一个产品可以被特定的用户在特定的上下文中，有效、高效并且满意地达成特定目标的程度”。Steve Krug 在其有名的《Don’t Make Me Think》一书中，也对可用性做出了简单的定义：“可用性实际仅意味要确保产品工作起来流畅：能力和经验处于平均水平（甚至平均水平以下）的人都可以在

1　图片来自互联网 http://www.cnbeta.com/articles/133844.htm。

不感到无助和挫败的情况下使用该产品（不管是网站、歼击机还是旋转门）达到既定目的。”[1]

从上面的意义来说，移动产品的可用性可以用“对用户友好的”“直观的”“容易使用”“不费脑子”“不需要长期培训”“能够自动修复错误”等一些形象的词语来形容。设计师的设计对视觉元素的符号化是否恰当，是否能让用户轻易联想到所需的功能？这就需要考察符号化的可用性。符号可用性的评估要求设计师在设计时注意两点。

（1）符号的有效传达要求设计者的符号编码与用户的符号解码相吻合，即设计者传达的符号意义与用户接收到的符号意义相同，才能使信息传达准确而不出现歧义，才能恰如其分地发挥应有的效用。

由于设计符号本身就有多义性和模糊性，这使得符号的释义更加复杂化，每一个用户都有不同的使用环境、文化背景、知识经验等，要想实现符号意义的有效传达，作为信息的发送者，设计者应该结合目标用户的思维模式、行为习惯，文化背景、群体特征等进行符号编码，尽可能排除主观臆断因素和情感影响。

（2）符号意义的有效传达依赖于特定的符码和特定的使用情景。符号设计的好坏，要面对目标用户放到用户场景中进行分析，保证这些符号的当前含义正是用户思想感情的所需。

用户在使用产品的时候不只是被动地接受设计者的意图，而是建立在自己的知识经验和文化背景下的行为，用户通过联想和思考从而构建产品的认知心理模型，因此，在整个设计产品周期中，我们的设计者要洞悉用户的需求和心理特征，考虑用户的使用情景，即时评估用户反馈的信息，最终让目标用户在使用移动产品时获得良好的体验。

总之，在移动产品设计中运用“以用户为中心”的符号传达模式，要求在设计的整个过程中，设计者要理解用户的目标、需要、行为和使用情景等，保证移动产品的各个方面和用户的心理模型相匹配，减少用户在使用产品时的挫败感，最终让目标用户在使用移动产品时获得良好的体验。

6.2.2 拟物化

在设计过程中，为了更好地理解用户，“以用户为中心”进行设计，有些界面设计师从生活中寻找用户熟悉的物品作为设计的灵感，他们认为界面就像桌面一样，既然用户能够轻易学会使用桌面，他们也一定可以很轻易地学会使用界面。参考桌面上的文件夹、电话、记事本等功能或者物品，来设计出用户熟悉的、几乎不用学习的界面，这么做其实是在遵循用户的习惯

1 [美] 克鲁格：《Don’t Make Me Think》，机械工业出版社，2001 年。

用法，在界面视觉设计对界面元素进行处理时，能够起到心理暗示的作用，使用户的学习成本很低。

拟物化设计在 Android、iOS、WP 各个系统上都有体现，实际上，从传统互联网的可视化界面设计开始，大多数的界面元素就开始采用用户习惯的功能或物品，如窗口、标题栏、下拉菜单等，设计理念都是源自用户的实际生活。

不要把拟物化设计仅仅理解为对 Logo、ICON 和窗口装饰效果的拟真。优秀的拟物化设计包含以下三个方面。

1. 模拟视觉元素和听觉反馈

拟物化作为隐喻设计的第一步，从外观出发，在 App 界面的视觉元素上模拟真实物体的纹理、光泽、阴影等效果，正确使用能增加界面元素的层次感。

如记事本 App 头部真皮质感的光源，使用垂直 90 度向下的感觉，让整个皮质部分显得更饱满，更有立体感（见图 6.41）。

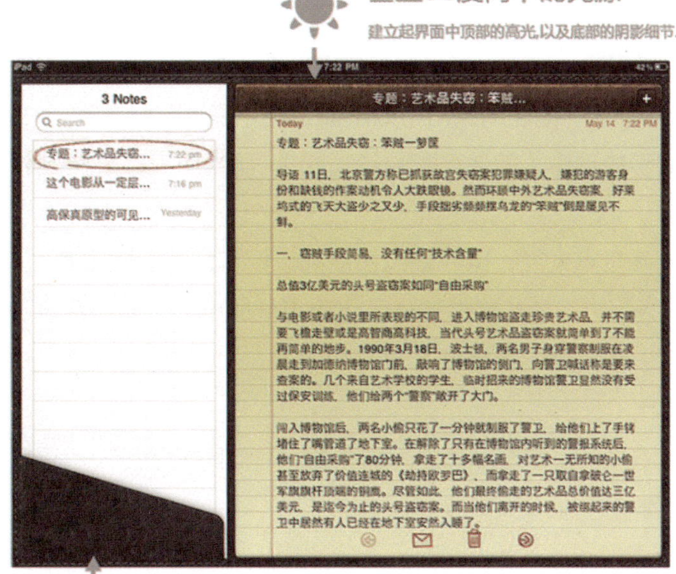

图 6.41 真皮质感的设计让界面更有立体感[1]

1 图片来自互联网 http://www.ipc.me/metaphors-design-on-mobile-device.html。

此外我们不能忽视一种拟物化设计：音效。它不仅是对缺乏物理力学反馈的一种弥补的手段，在某些情况下，也是一种有效的反馈机制，如当屏幕处于关闭状态下时（这是经常的事情），拟物化的音效更能让用户了解当前用户的状态。iOS 解锁屏幕的声音你还记得吗？还有敲击键盘的声音，以及照片拍摄的声音。这都是很好的拟物化音效。

拟物化的外观很大程度上降低了用户的认知成本，无需阅读额外的文字，用户只要看到软件的样子，就知道它的用途。

2. 及时的操作反馈

如果你在触摸屏的设备上，使用手势执行某项操作，但界面上没有任何的反馈，你不得不猜测一下，你可能遇到的是否是下面的这种情况：操作手势有误，软件无法响应。

如果反馈用户操作手势有误，这时应该指引或者帮助用户正确地操作。如果设计师这时候弹出一个警告框来告诉用户该怎么操作，那这样的设计就太糟糕了（见图 6.42）。

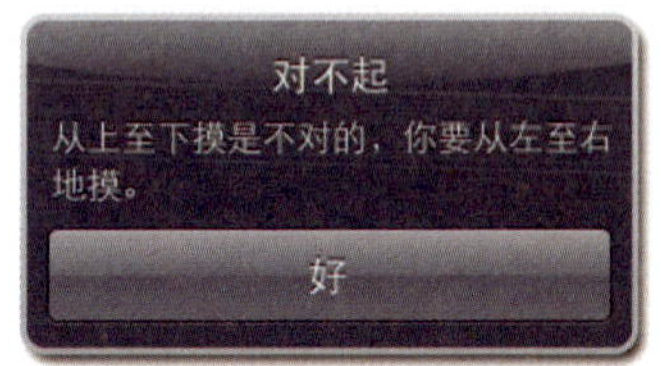

图 6.42 错误的示范

由此看来，传统网页上使用的反馈方式如移植到触摸屏的设备上，实在是水土不服。移动设备最好的错误反馈，应该是即时跟随用户的手势操作的。

如图 6.43 所示，iOS 6 地图的掀角特效反馈。这才是一个触摸屏上应该具备的一种反馈，它即时响应了用户的手势动作（即使可能是错误的），而当用户释放操作时，又自动回归到正确的操作结果中来。

对于任何一个软件应用来说，用户使用初期都是要付出学习成本的。有的成本高到离谱，比如 Photoshop、C++ 之类的生产力软件，但也有低成本的，如计算器、记事本等。当软件应用拟物化设计之后，其实这已经降低了学习的成本。如何继续降低学习成本？让用户犯错，并从错误中学习。

及时的操作反馈缩减了操作与反馈之间的距离，有效降低了用户纠正错误的修复成本，也提高了用户的学习效率。

3. 动画特效渲染

传统软件界面之间的切换表现得较为生硬，大部分情况下，只显示命令执行前和执行后两个界面，而忽略了他们之间的那段过程。而在真实世界中，倘若没有这个过程，你甚至很难理解过程两端的界面是如何联系起来的。简单地说就是“突然弹出吓人一跳”。

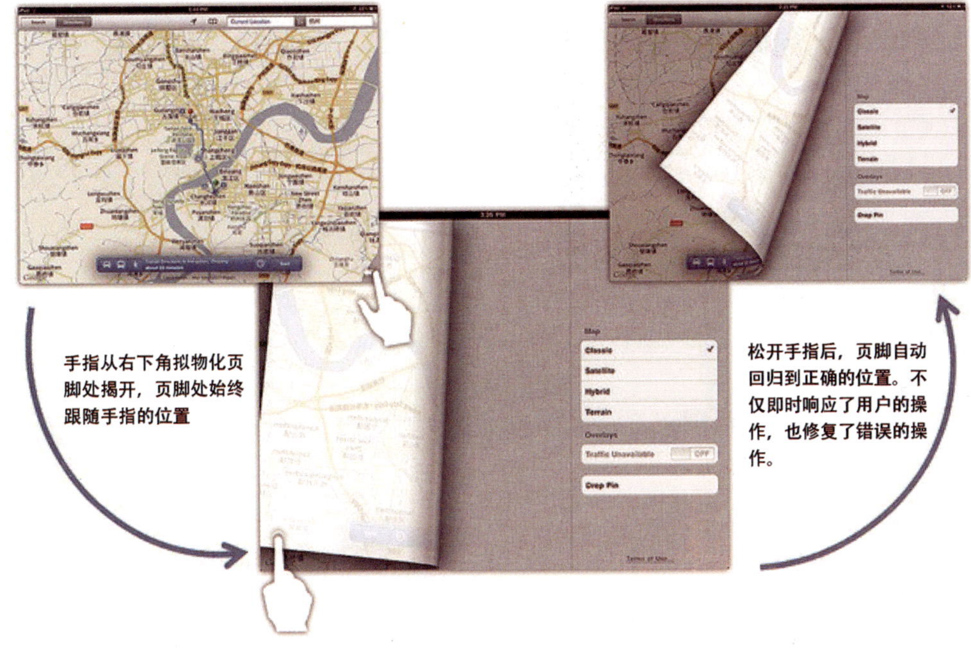

图 6.43 iOS 6 地图的折角效果

动画有一种无法比拟的表现力，它是最有效的沟通方式，一个精致、微细的动画，能够友好地衔接两个界面之间的切换，同时还有下列作用。

- 表现软件当前的状态。
- 提供对用户有用的反馈信息。
- 加强用户直接操作的控制感。
- 通过视觉表现用户的操作的结果。

如 iPad 上点新微博按键，有一个快速向上推的界面，调其输入界面和新建微博界面，发表完毕后，相反的下推动画，回到原来的界面。如图 6.44 所示。

动画渲染效果贯穿在整个 iPhone 操作系统中，也包括在应用程序中。但作为隐喻设计的一种手段，我们需要留意的是：动画虽常用于提高用户体验，但它本身并不是用户体验的焦点。

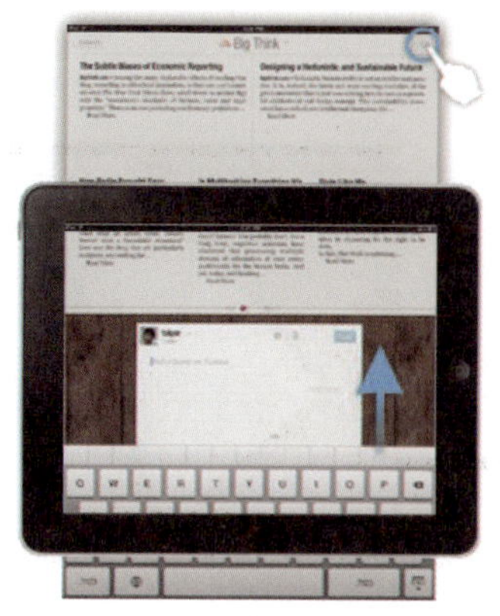

点击后原界面发表微博按钮后，一个快速的动画表现界面向上推，引出发表微博界面。

而发表成功后，一个快速的动画，表现界面向下推，回归到原来的界面。

——Flipboard

图 6.44　iPad 上微博的反馈

6.2.3　不当隐喻的问题

不论符号或拟物设计，都是为了带用户进入熟悉的场景中，界面视觉隐喻设计确实符合用户的情感需要，运用设计符号和拟物设计的初衷，就是减少用户尤其是新用户面对陌生界面时所产生的茫然，使用恰当的视觉隐喻降低了用户的学习成本。但实际上如果不恰当的视觉隐喻可能造成很多问题。

1. 造成错觉

设计手法没有好坏之分，只有运用得是否恰当之分。优秀的视觉隐喻设计让人们更容易理解元素和行为之间的关系，糟糕的隐喻设计则会让用户视线偏离，忽略掉最重要的元素，忘记帮助用户实现目标的初衷。

如果设计师在界面上使用过多的装饰，做出了夸大的、不自然的、甚至吓人的过度设计，使得界面复杂，过细地抠细节使得图像复杂，可能会变成噪音，影响用户对有价值内容的阅读和对功能的理解，干扰用户的视线。用户长时间盯着界面，过度的装饰占据界面，不仅无用，甚至还产生了破坏作用。

拟物界面很容易让人分不清哪些元素是死的，哪些是元素可以交互的。这些多余的装饰会对用户产生误导，在信息和用户之间筑起一道墙。

例如 AmpliTube，通过对调音台及录制设备的质感提炼，产品界面显得非常专业（见图 6.45）。但实际上用户在使用时心存疑惑："这个凸起来的立体东西到底能不能按下去呢？它是不是个按钮呢？"

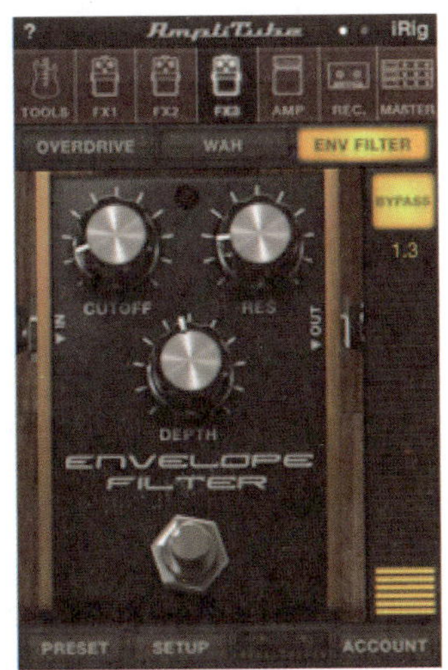

图 6.45　过度设计让人无所适从

2. 限制联想

隐喻设计依赖于设计师和用户之间相似的联想方式，如果用户和设计师之间没有相似的文化背景，很容易导致隐喻设计的失败，即使在相同或者相似的背景下，也可能引起误解。

如图 6.46 所示，如果不写图标下面的文字，一架小飞机，到底代表的是机票预订呢？还是机票查询？还是出行服务呢？在这种情况下，一般建议设计师不要单纯使用图形，要配合文字进行说明，增强用户的理解力，下次使用时就容易理解和记忆了。

图 6.46　不好的设计产生迷惑

3. 降低效率

如果设计师在设计中一味追求视觉的酷炫，引入大量的图片、flash、动画视觉渲染，就会造成内存的负担。如果为了设计而设计，为了隐喻而隐喻，而不解决用户的需求目标，不顾效率和性能，影响用户体验，甚至无法使用，导致用户只好放弃产品。

想一想风靡一时的 MTK，为了仿照 iPhone 的外观，在低端的 MTK 国产手机上，在配置本来就不佳的情况下，设计师为了追求玻璃质感、金属质感，模拟翻页的效果，使用大量的图片和动画进行渲染，造成手机卡顿、无响应、黑屏等，让用户体验更差。

6.2.4 如何避开设计陷阱

不论是运用设计符号还是拟物设计，其目的都不是为了炫技，这是设计手段，不是目的。设计师运用符号和拟物进行设计的目的有很多，有的是为了构造一个和谐熟悉的操作场景，有的是为了模拟现实物品的纹理质感以增强文字的可读性，也有的是为了增加操作的可感知回馈和趣味性，诸如此类。

如何避开陷阱，达到隐喻设计的最佳效果呢？可以从下面几个方向进行把握。

（1）设计过程中牢牢把握设计初衷，不管处于设计的哪个阶段，都贯穿始终；

（2）一切设计都要放到场景中，尊重用户的使用逻辑；

（3）紧跟时代潮流，研究目标用户的文化背景和传统；

（4）观察并热爱生活，设计来自生活，又高于生活，设计中要善于观察又要善于抽象，展开想象的翅膀，不要局限在对实际事物的临摹中不可自拔。

1. 把握初衷

界面的最终目的是设计师和用户之间的沟通，是用户和产品之间的沟通，如何减少交互成本，提高产品效率，才是设计师选择设计风格和手段时，需要选择和思考的。设计师应该牢牢把握设计初衷，避免过度设计，避免装饰的滥用，避免为了追求设计而影响了效率。

如果运用符号化设计，如果是为了暗示某种状态或操作，不要过火，达到用户可以理解的程序就可以了，别光想着要独一无二多么特别，设计不是密码学。

如果运用拟物化设计风格的目的是为了更好看，赋予产品更多情感因素，不要过多，好看的目的达到了就可以，别光想着要多么的真，设计不是素描。

图形界面中的图标要在方寸像素之间说明它所包含的复杂对象，是一件很有难度的事。因此需要适当去除图形的杂音信息，保留图标中简明扼要的信息，让用户关注应该关注之处，不是信息量越大越好。

例如要为 App 设计一个定时提醒的小功能按键。定时功能首先联想到的是闹钟，围绕闹钟的拟真进行设计。

图 6.47 两种风格都是模拟真实的闹钟表盘的设计，“拟”的都很精美，但是，定时提醒只是很小的一个功能，只要让用户知道“这里可以定时”就足够了，没有必要花费如此大的工夫

描绘。最终，设计师选择简单风格的设计，如图 6.48 所示。

图 6.47 过度设计的闹钟 App 界面

图 6.48 简洁的 App 设计恰到好处

2. 尊重用户逻辑

设计师在设计中，要做到的不是单纯的拟物化而是“拟真”，不仅仅是表面的模拟，还需要从逻辑的角度实现对现实中用户操作习惯的模拟。所有产品的设计都应该放到典型用户的典型操作场景中去设计和验证，设计师在拟物设计时，需要在情感和效率之间达成平衡。

例如从文件夹进入文件列表的过程，如果使用了渐入的动画效果，那么从文件夹列表退出到文件夹的时候，就应该使用淡出的效果。如果从一级导航列表进入二级内容使用了从右向左切入的方式，那么退出返回的时候就应该是从左向右切出的方式。简单来说，你的界面是如何进入用户的视野，也应该以相反的方式，从界面中消失，并且这个过程，是能够自圆其说且符合真实生活的隐喻的。

3. 紧跟时代和文化

图形设计的符号化具有一定的时代特征，在一段时期内，同一个符号具有不同的指代，经历长时期的变化，符号不断演化，已经消失的事物依然在符号化表示新生事物，而同一个事物又可以用不同的图标所指代。图标设计方面的时代性，有下面两个典型的例子。

如 2.3 寸软盘早已经不再继续使用了，但软盘的图标一直以来表示存盘，到现在也是，仅仅是由于传统文化的延续。如图 6.49 所示。

“存储”这个概念，在现实世界中经历了软盘、硬盘的符号演变。2010 年最为受争议的 iTunes 10 图标，用了很多年的光盘介质被替换为没有特别指涉的圆形质感符号，这恰好说明了整个软件在服务方面的定位调整与目前的图标符号更为相符。

不同地区、不同年龄、不同领域的用户各有自己独特的知识架构和文化认同，先搞清楚产品的典型用户，然后再着手设计。

图 6.49 软盘的消失并不妨碍存盘 Logo 的使用 [1]

比如日本人翻书遵照我国古时候从右到左的习惯（看过日本漫画的都知道），阿拉伯人也是，而现代大部分国家的阅读方向已经变成了从左到右，如果我们要做翻书的拟物设计，该遵从哪习惯？

再如菊花在我国是丧葬祭拜场合常用的花，让人感觉不吉利，在 App 图标设计中一般忌讳使用。但在日本，人们特别崇尚菊花，日本皇室的家徽是 16 花瓣的菊花，菊花常常被设计师用在包装、服装、图形的设计上。同样，荷花历来为中国文人所偏爱，认为它"出淤泥而不染"，是中国古代诗词中常见的意象，又名藕花、芙蓉、菡萏、净友、芰荷、水芸、泽芒等。荷花常被用在设计中营造纯洁、脱俗、高雅、飘逸的感觉。而在日本，丧事在寺庙举办，日本人常常把莲与死亡、鬼魅、幽灵世界连在一起。

此设计师常常使用简笔画，或者说卡通形象来进行设计，卡通形象的普适性说明了卡通程度越高，能被其识别的人群就越多，越不容易犯错。

4. 源于生活善于抽象

设计来源于生活。

在界面 icon 设计和图形设计时，为了让用户在使用 App 时减少思维障碍，一看到这个图形或图标就知道该怎么做，点击之后的效果和自己预想的相同，就要求设计师尽量从现实实物或用户已有的使用习惯中寻找灵感，经过拟物、抽象，最终设计出简洁又不失特色的作品。[2]

比如要为一款以拍照为主要功能的 App 设计安装图标。设计师要突出的是"拍照"这个最主要的功能，想取一个最简单的简笔画线条设计风格，他的思考过程如图 6.50 所示。即从

1 图片来自互联网 http://ico.ooopic.com/icon/133006.html。
2 腾讯公司用户研究与体验设计部：《在你身边，为你设计》，电子工业出版社， 2013 年。

传统实物相机[图(a)]去除材质、光感，抽出基本线条[图(b)]，通过简化、抽象出基本元素：相机外框形状、镜头、闪光灯，就形成了最后的线条[图(c)]。尽管图(c)并不一定能作为最后的设计图稿，但用户只要看到图(c)就可以明白这个App的最主要功能：拍照，这个认知几乎不需要经过思考，没有任何疑惑。

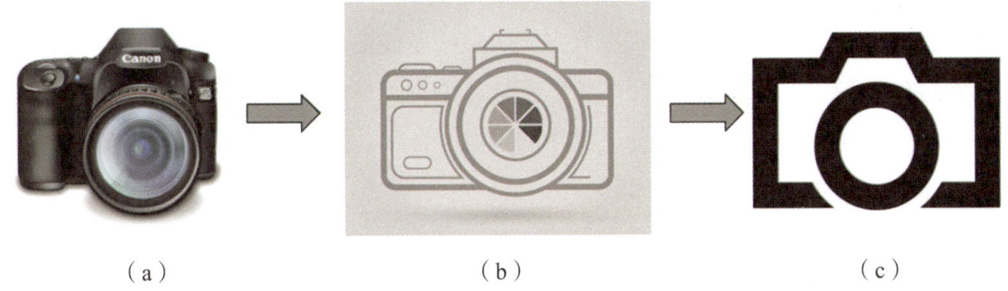

(a) (b) (c)

图 6.50 从实物中抽象出的设计

上述方法可以称之为“有源设计法”，简单地说，设计灵感源自用户的生活经验。除此之外，有源设计的“源”，可以来自商业策略、使用场景、用户使用习惯、设计惯例等等。总之，“有源设计法”并不是一个捷径，而是给设计师提供一种理念思路，这种思路可以更快速地达到换位思考的目的，为设计师的设计提供依据。经过反复的打磨和用户检验，最终经典的设计元素会被保留，优秀的设计风格会增加进来，最终不断提高设计质量。平时设计师可多收集素材，如公用的交通标识等。

设计要基于现实，又要超越现实。

在很多情况下，抽象和拟物本来就没有界限，都是遵循用户的习惯做法。抽象的对象可以是界面视觉，可以是交互操作方式，也可以是逻辑思维方式，抽象不应该仅仅只是看作拟物化的表现，要让抽象隐喻融入到交互方式或者标识图像设计中去。

如图 6.51 所示，列表里的新内容通常位于旧内容的上方，所以，基于“往下拖动可以看到新一些的内容”这样一个习惯，【下拉刷新】就诞生了。【下拉刷新】的交互动作在某种程度上也可以看作是一个拟物设计，只是模拟的并不是现实生活中的东西。

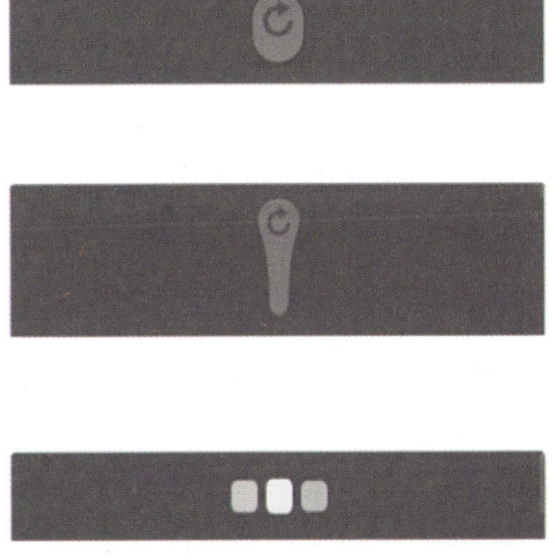

图 6.51 下拉操作的反馈视觉图

利用抽象标识符号进行设计，并不是直接描摹对象事物的形态，它与表征对象存在着因果或者相似的逻辑性联系。

比如说，人们在日常生活中最为常见的要属公共导向中的指示符号，鉴于导向系统中的建筑物出口处通常用“门”这个图形概念来表征，所以图形用户界面中网站的首页，通常采用小房子图形来表征用户的浏览步骤，一直退后到当前网站的“家门口”，即首页 HOME 页。而图形用户界面中还大量运用了上下左右不同方向、直线型或曲线型的箭头，它们都来自传统的公共导向系统中，包括界面中常用的“刷新”图标，由国际环保组织统一认证标识中的“循环利用回收”标识简化而来的。除此以外，常用的导航、菜单、搜索等交互控件的链接节点也都是抽象出来的标识符号，如图 6.52 所示。

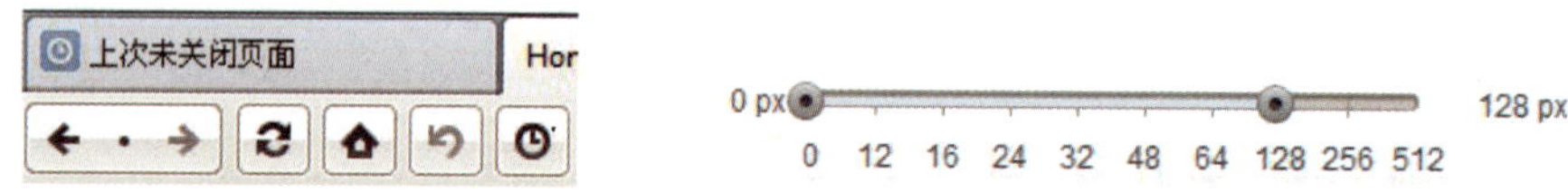

图 6.52 从生活中抽象的公共符号

象征符号则与表征的对象没有相似性或直接的联系，它是庞大图形符号中最为抽象含蓄的表意符号。它所指涉的对象与自身没有造型上的相似或关联，但在性质上有相似之处，它是群体在长期的劳动实践中形成的约定俗成的表征方式。

如竖起大拇指在网页中表征“支持”“点赞”的语义，这些属于手势象征符号范畴。代表产品或者公司企业形象的 Logo，通常作为其网站的导航栏上的“首页”图标，这也是象征符号的用法。

其实理解移动界面的隐喻设计，并不是一件非常困难的事情，因为这是一个化繁为简的结果。困难的是：设计师应该跳出传统的按钮、点击等交互操作的局限，更多地考虑到和现实生活的逻辑结合以及和用户直觉手势的响应。

对于移动的软件应用来说，隐喻设计的初衷是为了解决导航缺失和物理力学反馈缺失的问题，同时，这也是移动产品竞争力的核心体现。如何帮助用户更快地理解你的软件应用，如何帮助用户更顺畅使用你的软件应用，这是我们每个设计师，都应该在真实生活中寻找的答案。

6.3 情感化设计

6.3.1 什么是情感化设计

“情感化设计（Emotional Design）”一词由 Donald Norman 在其著作当中提出。在《情感化设计》[1] 一书中诺曼从知觉心理学的角度揭示了人的本性的 3 个特征层次：“即本能的、行为的、反思的，提出了情感和情绪对于日常生活做决策的重要性。”

三种水平的设计与产品特点的对应关系，如图 6.53 所示。

本能水平的设计——外形的视觉效果。

行为水平的设计——使用的乐趣和效率。

反思水平的设计——自我形象、个人满意、产品的合理化理智化。

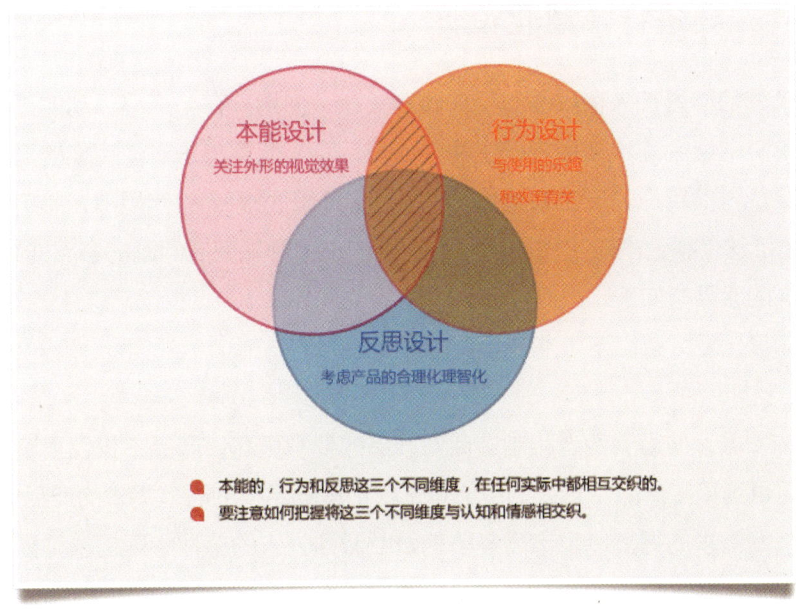

图 6.53　三种水平的设计与产品特点的对应关系

本能水平

人是视觉动物，对外形的观察和理解是出自本能的。如果视觉设计越是符合本能水平的思

1　[美] 诺曼：《情感化设计》，电子工业出版社，2005 年。

维，就越可能让人接受并且喜欢。

行为水平

行为水平的设计可能是我们关注最多的，特别对功能性的产品来说，讲究效用，最重要的是性能。使用产品是一连串的操作，美观界面带来的良好第一印象能否延续，关键就要看两点：是否能有效地完成任务，是否是有乐趣的操作体验，这是行为水平设计需要解决的问题。

优秀的行为水平设计有 4 个方面：功能、易懂性、可用性和物理感觉。

反思水平

反思水平的设计与物品的意义有关，受到环境、文化、身份、认同等的影响，会比较复杂，变化也较快。这一层次事实上与顾客长期感受有关，需要建立品牌或者产品长期的价值。只有在产品 / 服务和用户之间建立起情感的纽带，通过互动影响了自我形象、满意度、记忆等，才能形成对品牌的认知，培养对品牌的忠诚度，品牌成了情感的代表或者载体。

6.3.2 为什么要进行情感化设计

情感化设计的目标是在人格层面与用户建立关联，使用户在与产品互动的过程中产生积极正面的情绪，这种情绪会逐步使用户产生愉悦的记忆，从而更加乐于使用你的产品、忠于你的产品，最终转化成付费用户，产生商业价值。另外，在正面情绪的作用下，用户会处于相对愉悦与放松的状态，这使得他们对于使用过程中遇到的小困难与细节问题的容忍能力也变得更强。进行情感化设计的原因有如下几个。

从用户的角度出发，有以下 3 个原因。

1. 情感的述求

科学技术的发展，使得消费者和制造商对产品的要求更高，产品不仅仅要满足人们的使用要求，在众多可供选择的产品中，人们更愿意选择那些满足人的心理需求的产品。

随着人们消费需求的提高以及市场竞争的日益激烈，人的感性心理需求得到了前所未有的关注，人们已经不再满足单纯的物质需求，人的需求正向着情感互动层面发展，同时情感化设计提供了一种开放式的互动经济形式，这种经济形式下产生的产品，能给消费者带来独特的审美体验。用户体验在产品设计中所占比重会越来越大，设计出更多满足消费者心理需求的产品，将会是市场的必然趋势。[1]

1 参考 http://ucdchina.com/snap/12313。

2. 用户喜欢和人交谈而不是和机器

人性化是人机交互学科中很重要的研究方向，这一研究方向充分考虑到用户的心理感受，设计亲切友好的文本词组，相比冷冰冰硬邦邦的话语更能得到用户的好感和共鸣。

对于情感化的需求可能体现在很多方面，比如我们希望在玩游戏的时候能有更多的任务提示，或者当电源不足时能够提醒我们赶紧充电。这种种对于系统的更加拟人化的需求，只不过是因为人类天生对于机器的恐惧和陌生——我们不喜欢冷冰冰的机器，比如 DOS 命令，我们喜欢有欢迎界面的 windows 或者 MAC OS——我们喜欢和人交谈。

当我们说，“OK，这个按钮上的文案应该更有操作性”时，我们其实是在说我们的界面应该看起来更像是在教导使用者怎么做；当我们说，“这里的文案应该更幽默一些”时，我们其实是在说我们的产品应当看起来更像一位亲切的朋友在和你打招呼。而交互式设计的目标也正是使人机对话更加的自然化和情感化。

3. 情感会改变人们的思维方式

产品真正的价值是可以满足人们的情感需要，另一个重要的价值是建立自我形象和在社会中的地位。当物品以特殊品质成为我们日常生活的一部分时，当它加强了我们的满意度时，情感就产生了。

人们喜爱物品是一种象征，它建立了一种积极的精神框架，它是快乐的往事提醒，或者有时是自我展示。常常会含有一个故事，一段记忆，或是与特定物品时间连起来的某些东西。

当产品开始影响人们的情感时，也在不知不觉中影响人们的思维方式，因为情感会改变我们的思维方式，它作为我们适当的行为永久的向导，引导着我们趋好避坏，令人感觉亲切愉快的引导界面更有利于人们的学习和记忆，更有助于降低学习成本，这不是正是设计师的设计目标之一吗？

从产品设计师的角度出发，情感化设计也是非常重要的。

情感是外界事物作用于人自身时的一种生理反应，是由需要和期望决定的。当这种需求和期望得到满足时会产生愉快、喜爱的情感，反之，则苦恼、厌恶。人类情感基本上可以分为很多种，早期心理学家以二分法将情绪分为正向情绪与负向情绪，其中最著名的就是心理学家 Robert Plutchik 的情感轮盘（Plutchlt），他认为有 8 种最基本的情感元素——愤怒、害怕、悲伤、嫌恶、惊奇、好奇、接纳和欢愉。[1]

1 来自 http://www.tuicool.com/articles/ryERbu。

从心理学角度出发，情感是身体受到外在刺激而产生反应，反过来说就是内在情绪受到外在刺激，产生内在感受引起生理与行为上的反应：刺激 > 认知回应 > 情感回应 > 行为回应 > 回应结果。如图 6.54 所示。

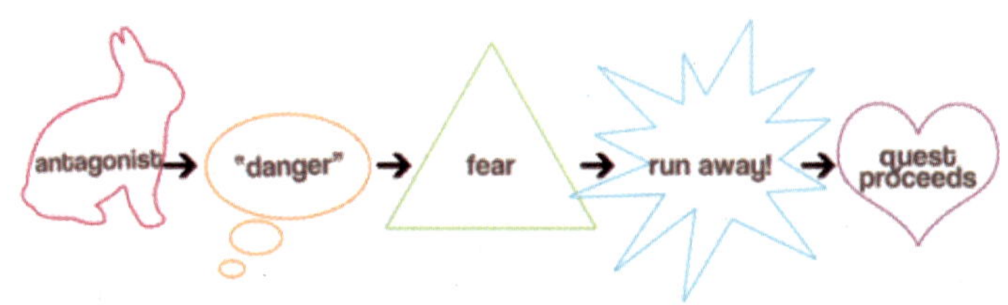

图 6.54 从情感产生行动的过程

如果在数字环境中，我们可以通过使用者在互动平台留下的使用中的情绪状态，借由量化数据来分析用户响应和行为过程。设计师了解使用者接下来的反应，在设计上不再只是预设情感，而是创造观者反应，利用情感式设计去影响人们的反应和下一步行为。

在上述所有情感中，有三种最外层的情感是值得设计的。

好奇：好奇是人类的天性。在设计产品的时候可以利用这一点。诱人的图片，触发字眼和优质内容都可以帮助激发初次使用的用户最终停留成为老用户。

接纳：当用户与你的产品进行互动时，用户需要感觉安全。可以通过品牌认可、知名的反向链接、可信评论和第三方认证的方式来构建这种安全感。

欢愉：愉快的消费意味着回头客和付费用户。通过提供免费内容、有价值的优质内容，积极的图片和精湛的文案为用户提供欢乐的访问体验。

产品在策划和设计的时候可以利用这些情绪来激发和保持用户的欲望、忠诚度。通过培养这三种情绪，可以提高转化率，减少卸载率，从而产生更多的商业价值。

6.3.3 如何进行情感化设计

情景化设计的目标核心就在于让用户更好地使用产品，获得更愉悦的体验，并主动向他人分享和推广这些正面的经验。

1. 情感化设计的目标

如果用一句话来概括，情感化设计的目标就是“打动用户的心”。具体到操作层面，情感化设计可以从三个层面进行设计：产品形态、产品特质、产品操作层面。

（1）产品形态的情感化

形态一般是指形象、形式和形状，可以理解为产品外观的表情因素是产品内在特质和视觉感官的结合。

随着科技发展，产品的功能不仅指使用功能，还包含了审美功能、文化功能等。设计师利用产品的特有形态来表达产品的不同美学特征及价值取向，让使用者在内心情感上与产品产生共鸣，让形态打动消费者的情感需求。

漂亮的外形、精美的界面由此提升了产品的外在魅力，并快速传递视觉方面的各种信息。视觉的传达要符合产品的特性、功能与使用环境、使用心理等。

例如支付宝曾经的钱包的界面，设计的如同一个钱包，所有的票据、卡都“装”在带有皮口的钱包里，给人一种“安全”感，如图 6.55 所示。

图 6.55　老版支付包的安装 icon

（2）产品特质的情感化

真正的设计是要打动人的，它要能传递感情、勾起回忆、给人惊喜。产品是生活的“情感与记忆”，只有当产品或服务和用户之间建立起情感的纽带，通过互动影响了自我形象、满意度、记忆等，才能形成对品牌的认知，培养出对品牌的忠诚度，品牌也因此成为情感的代表或者载体。

例如携程请邓超为 App 客户端代言而设计的一系列广告，从 App 产品的特质出发，并没有说“随身携带，想订就订”而是用一句“想走就走的旅程”来进行品牌宣传，并在 App 的设计中处处体现这句话，在情感上引起使用者的共鸣。

（3）操作的情感化

巧妙的使用方式会给人留下深刻的印象，在情感上也会越发喜欢这种构思巧妙的产品，这种巧妙的使用方式会给人们的生活带来愉悦感，从而排解了人们来自不同方面的压力，容易得到用户的青睐。

例如苹果 iPad 设计被誉为重大革新，改变了人们的生活方式。就拿 iPad 上的虚拟键盘来说，当我们在 iPad 2 上进行文字输入的时候，两指拉开键盘区域就可以分离键盘，我们可以看到本来一体的键盘从中间分离，分处左右两侧。提供给用户一种双手持设备用大拇指完成输入的操作方式。用户可以保持美美地窝在沙发里的动作，而无需起身把 iPad 放在桌上进行双手键盘输入，如图 6-56 所示。

图 6.56 分键盘设计方便大拇指输入[1]

2. 情感化设计的认知模型

想要达到情感化设计的目标，就要了解情感是如何影响人的行为的，在进行情景化设计之前，先来了解情感化设计的认知模型。

情感化设计的认知模型，如图 6.57 所示。

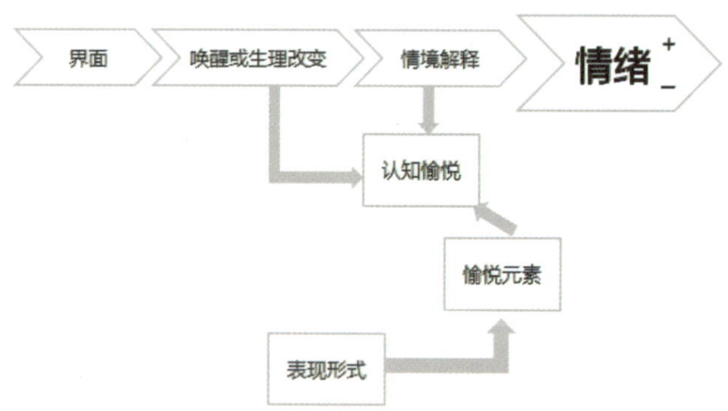

图 6.57 情感化设计的认知模型[2]

1 图片来自 http://www.candou.com/。
2 来自 http://www.leiphone.com/warlial-design-emotion.html。

情感化设计认知模型认为：情感通过个体对生理唤起的评价和对环境感知而产生，情感化设计的核心主要在于引发用户的认知愉悦从而为用户带来积极的情绪体验。

其中愉悦元素包括：（1）可控感；（2）社会互动；（3）社会参照；（4）可用性；（5）其他情绪投射。

（1）可控感

社会心理学家塞利格满（Martin E.P. Seligman）指出人们对外部世界的控制感能带来积极的情绪体验，也更愿意接受挑战和尝试新鲜事物。

调查显示，在界面无提示情况下，80% 用户等待超过 2 秒后会立即关闭窗口，但如果界面有等待提示一类的文字，则会极大降低用户离开的概率。等待提示增加用户对当前界面状态的可控感，减弱用户对等待时间的感知，增加用户留存的可能性。

在用户界面设计时，我们可以通过设计进度条、及时的错误提示和等待提醒等，让用户明确感知当前界面状态，产生可控感，形成操作预期，减少迷茫和等待，引导用户继续操作。

（2）社会互动

著名的社会心理学家奥尔波特曾以“社会性动物”来指称人类，因为社会性是人的基本属性，通过社会互动可以满足个体的归属感、尊重感，甚至可以自我实现。

微博、微信等建立在“强弱关系”理论基础上的热门应用成为现代社会新型社会互动变式。在交互设计中，我们运用社会互动因素，可极大提升用户界面的参与感和趣味性。一般形式多为参与和共鸣（见图 6.58）。

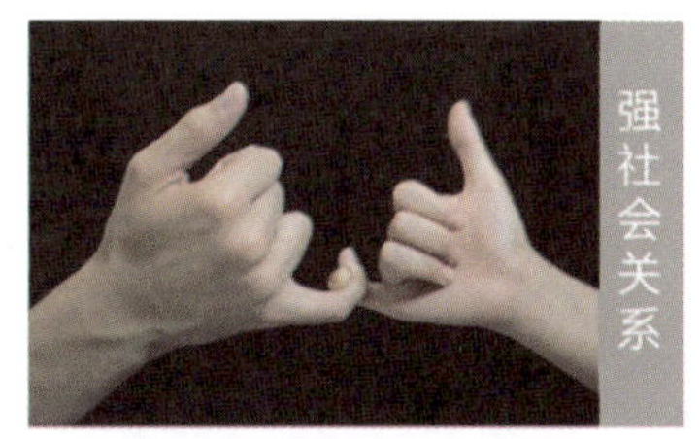

图 6.58 网络社交的强关系和弱关系理论

- 参与

让用户积极参与到当前界面内容，完成操作。需要注意的是，我们应该吸引用户参与，但也应引导用户适度参与，否则会导致用户疲劳或者产生挫败感。

当我们在线购买商业保险，或者计算房贷时，为避免客户需求与营销套餐的不匹配，通常会让客户自行选择或填写实际情况，按照客户的实情来计算金额。如图 6.59 所示。

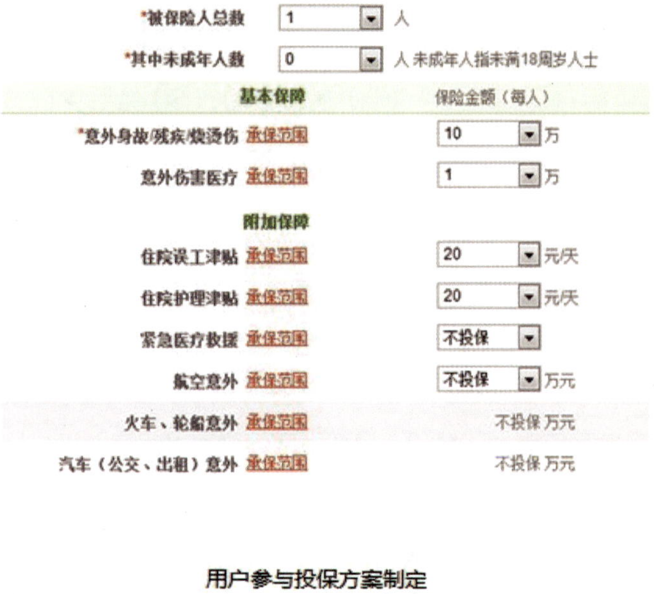

*被保险人总数 1 人

*其中未成年人数 0 人 未成年人指未满18周岁人士

基本保障	保险金额（每人）
*意外身故/残疾/烧烫伤 承保范围	10 万
意外伤害医疗 承保范围	1 万
附加保障	
住院误工津贴 承保范围	20 元/天
住院护理津贴 承保范围	20 元/天
紧急医疗救援 承保范围	不投保
航空意外 承保范围	不投保 万元
火车、轮船意外 承保范围	不投保 万元
汽车（公交、出租）意外 承保范围	不投保 万元

用户参与投保方案制定

图 6.59 自行填写和自动计算相结合

这种模式能使用户积极参与到保险方案的制定过程中，避免用户因营销方案不匹配或者对保险公司商业营销产生不信任心理而放弃，使得客户投保行为能顺利进行，促成的投保方案既适用又划算。

但需要注意的是，在这一过程中不可设置过多的项目让用户选择或填写，用户很可能在选择或填写中途放弃。对于一些选项，可以在调研的基础上给予默认设定，减少用户时间，增加成功交易的概率。

- 共鸣

让用户看到界面即能产生强烈的认同感和情绪体验，用户与界面产生情感互动，引导用户积极操作。一般多以新鲜、时尚、热门、搞笑等为主，这些形式非常切合当前年轻用户的心态。

比如 Google 首页会经常根据一些热门事件或者节日进行更新，采用涂鸦、动画、图片等形式，深受用户欢迎。这种方式迎合当前用户喜欢“热闹”的心态，还能让用户更深层次地认同产品品牌和文化，而这正是增加用户留存机会的必备利器。

(3) 社会参照

当婴儿处于陌生的、不确定的情境时，他们往往从成人的面孔上搜寻表情信息，然后再采取相应的行动或做出相应的反应。这种进化而来的认知方式称为社会性参照。

“信息爆炸”时代，我们常面对各种复杂或者矛盾的信息，认知心理研究指出人是“认知吝啬鬼”，大多数人都希望付出较少认知资源以获取最大回报，而社会性参照是通过参考他人的信息，获取有效的信息资源，即便出现错误，但是由于他人也一样，能极大缓冲错误信息带来的伤害。这种方式在商业产品运用较多，形式大多为品牌关联和他人记录。

- 品牌关联

将其他品牌 Logo 运用到自己网站中，人们会将对其他品牌的评价移植到该品牌上，决策时会不自觉地参考对其他品牌的感受和评价。

比如某在线保险商城在首页不仅给出了各项保险的内容，同时还将这些保险公司的 Logo 引入到网站比较显著的位置，用户在该商城购买保险时会受到对其他保险公司印的象影响，比如 A 原来在 B 公司买过保险，当他看到 B 公司的 Logo 时会增加对该商城的好感，增加交易的概率。

- 他人记录

从前段时间的“团购网站在团购数量上作弊”新闻中，我们也可见他人记录对用户购买决策行为的意义非同一般。

一般通过实时滚动购买记录或数量、显示剩余时间和进度等方式，给用户带来强大的从众压力。而在这种从众压力情境下，用户通常的心理感受是:“别人都用，肯定没什么大问题”;“别人都用，而我不用，我 out 啦”“热销商品都已经被抢完了，我得抓紧抢剩下的”。毫无疑问，这种心理感受会极大刺激客户购买的冲动。

（4）可用性

Jacob Nielsen（1995）提出“可用性”概念，产品可用性是建立在用户的感知特点、认知模式、人格特征等基础上，设计师尊重用户的心理模型，让用户“好用、易用”产品。可用性强的界面不仅方便用户操作，带给用户积极情感体验；同时还会为企业产生不可估量的商业价值。

用户研究人员经常遇到客户在访谈过程中频繁提及“这个提示我没看见”“我不知道可以这样操作”“要点几次，好麻烦”等，这些因素往往会造成用户弃用。Nielsen 指出用户的痛点大都跟界面的可用性有关，而可用性是一种纯主观的心理感受，不可触摸，很难直接测试。

他将用户的主观心理感受拆分为几个关键的可观察、可操作、可度量的指标，通过观察用户在这些指标上的变化来对产品的用户体验进行总体的评估，这种方法就是“可用性评估

（Usability Testing）”。

当前我们已注意到界面可用性的价值和意义，但在应用设计和开发过程中缺乏或弱化了可用性评估。在“敏捷开发”快速迭代模式下，企业为快速推出产品抢占市场，对产品可用性重视度不足，虽然在一定程度上能赢得用户市场；但产品可用性不强，输掉了用户口碑，往往得不偿失。

（5）其他情绪投射

情感化设计元素还包括挑战、发现、口语化、成就感、流畅体验等，它们都能为用户带来愉悦认知，使用户在使用产品的过程中产生积极情感体验。设计师可以在用户界面的视觉层面和交互层面纳入这些情感化设计元素，让用户感受到产品的用心，更重要的是“贴心”。

柏拉图曾说“人的行为就好比一辆由两匹马拉着的马车，一匹代表理智，另一匹就是情感。”现在业界大力提倡“用户体验”，但我们的“用户体验”更偏重产品的功能性需求，而对用户的情感性需求熟视无睹。这好比柏拉图的“马车”，如果我们不重视“情感”这匹马，终究会迷失在路途中，找不到出路。

3. 情感化设计的实例

情感化设计大致由以下这些关键性的要素组成，我们可以从这些关键点出发，在产品中融入更多的正面情感元素。诚然，用户最终会产生的反应还占他们各自的生活背景、知识技能等方面因素密切相关，但是我们抽象出的这些情绪要素是具有普遍适用性的。

这些情绪元素有：（1）趣味；（2）惊喜；（3）恭维；（4）福利；（5）合群；（6）独特；（7）被重视。

（1）趣味：让用户在使用中感受到精神上的愉悦

通过增加趣味性，来营造一种愉悦的用户体验，用户不仅会乐于使用、印象深刻，同时他还会把这个体验分享给其他的人。交互设计师要提供给用户愉快的交互体验，并提供分享途径，通过不同的方式，如 SNS 分享、短信发送、蓝牙分享、拷贝等，不论是线上还是线下的，完成传播。人们总是乐意把趣味性的东西分享和传播。

例如游戏本身就充满了交互的趣味性，作为设计师需要考虑的是如何将游戏引入到产品设计当中，或将产品以游戏的方式展示。图 6.60 所示的 Andriod 的图形解锁屏幕，

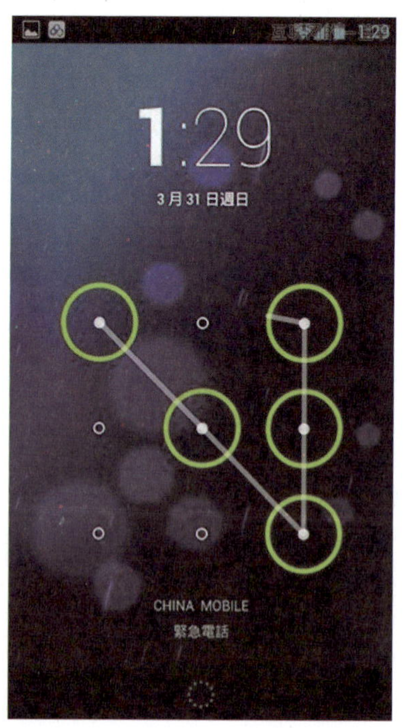

图 6.60　Andriod 的图形解锁

以游戏、益智的方式实现加密以及解锁的功能，很优秀。

在视觉上，视觉设计师如何为人们提供趣味感呢？

方法之一是在图片设计中模仿人的表情，彼此欣赏的人会下意识地模仿对方的行为。当看到自己喜欢的人正在微笑时，你多半也会如此。我们可以将这一点运用在设计当中。图片会在一定程度上左右人的情绪思维，尤其是以人物或事件为主题的图片。用户在图片中当中找到自己的角色形象，心理上产生认同和归属感。

如布卡漫画这个 App 在加载、崩溃或断网等情况下出现的动画（见图 6.61）。小姑娘跳来跳去的，多有趣啊，完全消解了因加载慢、程序崩溃、断网等产生的不良情绪。

再例如快捷酒店管家日房预订时间已过的提示图片，如图 6-62 所示。

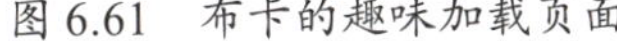
图 6.61 布卡的趣味加载页面

图 6.62 快捷酒店管家的趣味提示图片[1]

通过这些图片，产品向我们展示了一群快乐的人，暗示用户“使用这个产品的人都是开心的”，这是非常正面的、非常容易促使潜在用户认同并期望获取该产品的宣传形式。

（2）惊喜：提供一些用户想不到的东西

互联网产品中有一个特殊页面是“404 error”页面。在该页面添加一些新的、个性化的元素，可以帮助驱散该页给用户带来的挫败感。在搜索无结果或返回失败的情况下，除提醒用户重新

1 图片来自 http://www.zhihu.com/question/20896306/answer/23065060。

操作、改变搜索条件之外，还可以加入趣味图片或者推荐内容，帮助用户减轻挫败感。

例如腾讯网的 404 页面，见图 6.63。增加有用内容，为用户提供人文关怀。

图 6.63　腾讯网的 404 页面

一个好的“404 error”页面还应该包含指向关键页面的链接，这些页面应该是用户最有可能访问的。准确定位这些页面，用户会还你一个微笑，同时可以很容易返回到他们想找的有价值的内容。

再如一淘的客户端，在搜索之前、无结果的时候，都推荐给用户热门搜索关键词。如图 6.64 所示。

在 App 中搜索场景下，“没有搜索到 xx 相关的结果”或者“搜索结果为空”时，也可以使用。

向产品设计中增添趣味性，挑战之一便是把趣味性运用得恰到好处。适当地添加趣味性，可以创造一个令人印象深刻的产品，然而，过分强调趣味性，往往适得其反，用户会被这种夸张吓跑，或者让人感觉产品总体偏幼稚化，是服务于低龄用户的。但要用得恰如其分，就能给用户提供温馨愉快的使用体验。

Threadless 购物车在没有商品放入时会表露出忧伤的表情，反之则会表现得非常开心（见图 6.65）。这样的小细节会让你觉得平凡而有趣，甚至会不由自主地笑起来。即使用户最终没有发生购物行为，他们也会记住这个可爱的购物车。

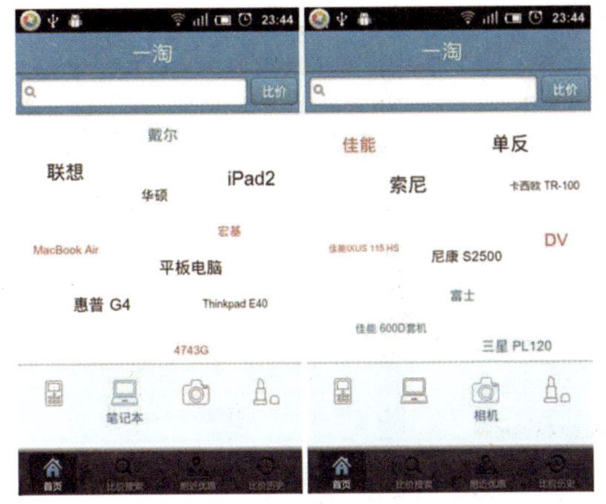

图 6.64　找不到时推荐关键词

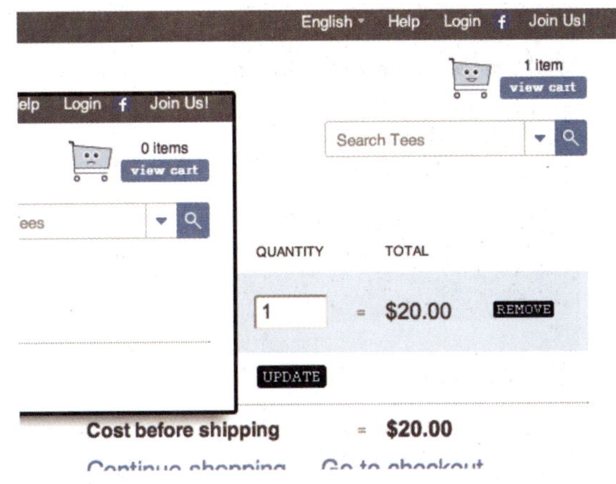

图 6.65　充满喜感的小购物车[1]

有很多网站因为比较严肃，很难向其中添加趣味性元素。但设计师可以借鉴其他网站或者竞争对手产品所使用的解决方案，在不破坏产品总体内容严肃性、重要性的情况下，提供有趣的图片，或组织有特色风格的语言，来帮助奠定产品的基调，营造一种让人难忘的体验。

（3）恭维：奠定产品基调，与其他的同类产品形成差异化

没人喜欢冷冰冰的千篇一律的“欢迎光临”，每个商家都表露出热情，希望用户来了再来。产品也是一样的，设计师在设计中，通过语言文字的设计、图片的提示，让用户有一种被服务的感觉，恭维用户是一种服务的方式，如同淘宝的“亲”一样，拉近产品和用户的距离，拉近设计师和用户的距离。

例如在“Everyday”应用当中，如果用户还没有向媒体库中添加照片，那么系统就会非常友好地提示用户去给自己“漂亮的脸蛋”拍些照片放到库中（见图 6.66）——简单的词汇定义了提示信息甚至是产品的基调，换句话说，就是产品的个性。

类似地，iOS 上不少应用，请求用户评价的文案如下，这感觉就像家里的宠物在向你撒娇，颇为温馨。试问，看到如此萌如此可爱的文案，谁能忍心拒绝？可爱的提示语道出了它与其他 App 的不同之处。如图 6.67 所示。

好的交互，也会给人带来情感上的满足。例如 Android 手机上使用 Any.Do 时输错了密码，发现密码框左右轻微抖动，有种女友向你撒娇的感觉：嗯，不要嘛……。设计师不要放过这种在细节当中进行“真实化”交流的机会，塑造产品功能性以外的气质。

1　图片来自 http://beforweb.com/node/103。

图 6.66　恭维你的用户

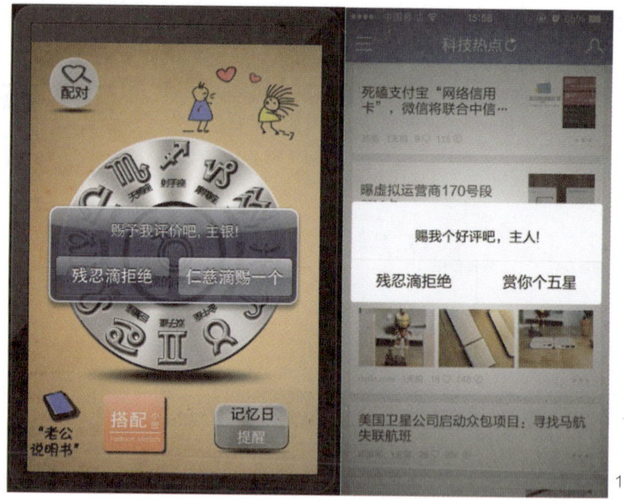

[1]

图 6.67　有趣的文案提高用户体验

（4）福利：给用户一点小福利，不论这个福利的形式怎样，目的是黏住用户。

为了持续吸引用户，给用户一点小福利是很好的"黏住"用户的方式。例如"签到""返利""返券"等方式，是最直接的给用户小福利的方式。

如淘宝的客户端，用户点"领取金币"可以签到，连续签到领取的金币更多，第二天比前一天领取的金币翻倍。如图 6.68 所示。

图 6.68　给用户一点小福利提高用户依赖

还有一种福利：如果产品发生了错误，除了说声抱歉外，提供一点有诚意的处理方式会更显得讨好用户（见图 6.69）。

当 Flickr 的系统发生了一些严重问题时，他们会告诉用户："额，我们的管道堵塞了！"然后使用非常口语化的文案表示歉意。除此之外，他们还为用户设置了一个小任务，也就是将当前页面打印出来，为两个圆环填色，然后拍下来，等到站点恢复正常后传到 Flickr 上；Flickr 团队会挑选出优胜者，向他们赠送一年的高级账号。

1　图片来自 http://www.geekpark.net/read/view/177326。

图 6.69　报错时不要怕给用户惊喜

（5）合群：让用户感觉自己是受欢迎的。

没人喜欢孤独感，在某些方面有吸引力的人总是受欢迎的，产品也一样。

例如微信的启动页面。一个孤独的小人，面对巨大的地球站在那里（见图 6.70），让我们感觉到自己的渺小和孤独，“每个人都是孤独的”，而微信的产品特征正是捕捉和陌生人的关系。这是产品隐含的含义。

随着社交网络的兴起，转发、收藏、关注、跟贴越来越成为人们表示自己态度的平台，喜欢你就“Follow”，内容棒就“点赞”，这些行为代表用户对内容的赞同、喜爱。在网络上点赞数量代表“人气”高低，即有越多越好的意义。这些语言逐渐成为网络流行语言，这些情感上的设计，体现了这些产品背后设计人员的品味和对人性的关怀。

（6）独特：每个人都是独特的，为用户提供个性化服务。

虽然用户都怕孤独，怕犯错、怕被独立、被抛弃的心理让跟风、从众的现象越来越严重，但到了实际产品设计阶段，每个人的喜好都是不一样的，每个人都喜欢专属的个性化服务。

再比如 Clear 这款 App，它的一个重要卖点就是新鲜有趣的交互方式。“好玩”成为这个产品的一个基调。应用内的引导视图中在打开主题设置界面后，安装了 Tweetbod 的用户会收到一条消息，恭喜他们获得了专享的额外主题。这些用户很可能因为受到特殊照顾而感到开心，另外，这个群体在口碑传播方面的作用是相当大的。如图 6.71 所示。

图 6.70　微信的启动页面

图 6.71　给用户一点福利方便传播

产品的设计也要表现出与众不同。换肤、设置桌面、个性化头像这种视觉的简单个性化，这里就不再赘述。从产品的角度来说，豆瓣 FM 是一款个性化 App 的典型代表，在收听随机音乐的过程中，用户可以用“红心”“垃圾桶”或者“跳过”告诉豆瓣 FM 用户的喜好。豆瓣 FM 将根据用户的操作和反馈，从海量曲库中自动发现并播出符合用户音乐口味的歌曲（见图 6.72）。

此外还有亚马逊客户端的个性化内容推荐，通过机器算法对用户数据的深度挖掘（浏览行为、性别、年龄、购买行为等），推送用户感兴趣的商品，不会让人们掉落到商品的汪洋大海中。

（7）被重视：对用户的行为进行积极的反馈，让用户感觉自己被重视。

人是需要得到认同和反馈的。目前太多的产品没有从人的视角出发，去满足“认同和反馈”的情感化需求。Google Doodle 充满趣味，Flickr 注重提供温馨提醒，QQ 努力提供盲人使用的版本——情感化设计已经在许多互联网公司深入人心。

不少电子书阅读器都会提供夜间模式，但 QQ 阅读别出心裁，它的夜间模式是通过拉线开

关。相信不少人小时候家里都有这种拉线开关，拉一下开灯，再拉一下关灯。这种生活经验和暗喻很好地融合在阅读器里，也让人怀念起小时候那无忧无虑的时光。（见图 6.73）

图 6.72 个性化产品设计

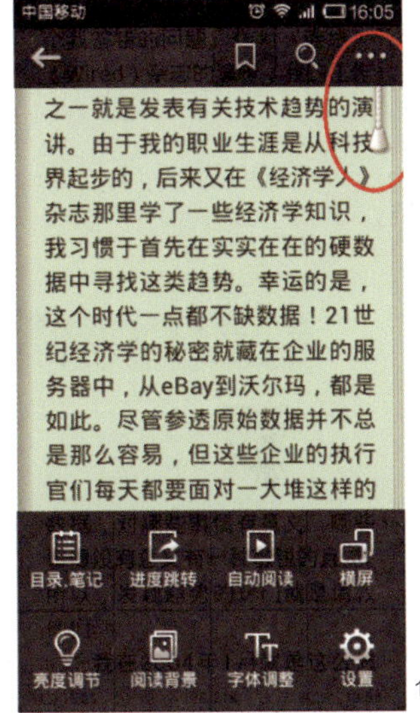

图 6.73 QQ 阅读 App 的拉灯设计[1]

除了在视觉上及时反馈用户的反应，声音对于我们的情感还有一些特殊的作用，节奏和旋律的变化都能够影响到用户的情感，即使有时可能只是一个单一的声音。现在请你们在脑海里回响一下：QQ 新消息的敲门声音、淘宝摇一摇积金币掉落的声音……声音吸引用户的注意，让现实生活中的场景进入到 App 的设计中，会不会让用户会心一笑呢？

越来越多的移动互联网产品给用户提供了许多很好的功能，满足了用户的需要。在这个信仰缺失的年代，人们有更多情感上和精神上的需要。不少优秀的产品捕捉到了这一点，并用自己独特的方式，让用户感受到了温馨。

有时候我们觉得，网络比现实更能满足我们心底的需要。这些应用可以使我们从一些现实的、外在的压力中解脱出来，它使我们感觉轻松，感觉自在，感觉快乐，回归自我，表达我们情感的述求……满足来自我们内心的那个声音，增加我们的快乐体验（情绪）。

作为设计师，我们要设计出有情感的产品，必定首先是一个有爱、懂得热爱生活和感悟生活的人，然后才能提供用户更好的体验。

1 来自 http://www.geekpark.net/read/view/177326。

凡事都具有两面性，情感化设计同样存在风险。当你在为系统错误道歉的时候，过于轻松愉悦的文案未必会让所有用户都感到舒服。时刻记得自己的产品所面向的用户群体特质，并有针对性地充分展示产品个性。记得观察用户的反应。如果某些设计元素没有起到正面效果，一定要及时主动地道歉并改进，以此表现诚意，展示愿意聆听意见并改正错误的态度。这可以保证你的产品处于正确的人格位置。

例如 Facebook 提供了一种“海盗”模式，可以将传统风格的文案变为海盗风格的用语（见图 6.74）。[1]

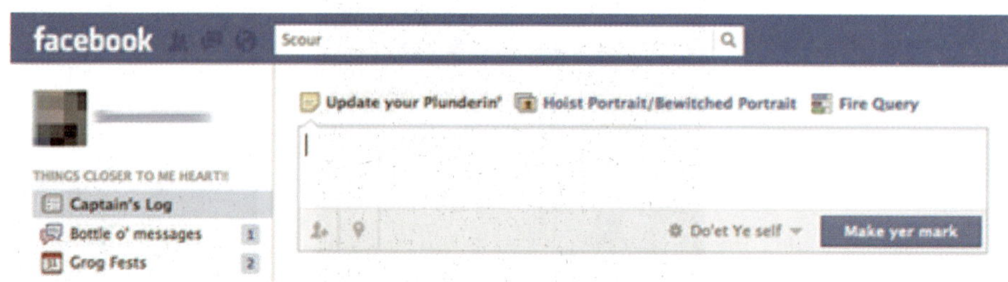

图 6.74　Facebook 的海盗语言模式

6.3.4　情感化设计和过度设计的边界

当一个人渴的时候，你给他喝一杯水，他就会身心愉悦。但是如果他已经不渴了，你再给他喝水，他就没有任何感觉，如果你还强制地不加以停止，他可能还会很不爽地反抗。

同样的道理，情感化设计不是为了盲目地满足用户的情感，这之间也是有一个模糊的界限。情感化设计也是带目的的设计，因为产品缺乏情感，无法获得用户认同，所以我们才加入情感，希图给予用户好感。如果产品在某个点上已经情感饱满，用户认同感高，我们再去做情感化设计就会显得无用和多余，就可能是过度设计了。

情感化设计和过度设计的边界在于：设计既反映人类的有机体特性，又不过多地影响产品功能的发挥。所谓的情感化设计是一种与理性化设计相对的，掺杂着生理情感的设计思考方向，理性化设计则是从功能和技术角度出发的思考方式。这两种设计思维在设计过程中反复交替出现，设计师要能从中找到平衡点。而过度设计的问题在于，在设计对象中掺杂过多人格，扭曲了产品的功能意图。

1　来自 http://uxdesign.smashingmagazine.com/2012/07/18/the-personality-layer/。

比如一个拍照功能，产品用一个这样的 icon 用户会很舒服，第一时间明白它是一个相机，而且视觉上也很赏心悦目，也就是说，这个 icon 获得了用户的情感认同（见图 6.75）。[1]

但是如果产品的 icon 设计成图 6.76 所示的样子，用户还是能明白它是一个相机，但是除了这一点以外它已经不能给普通用户带入其他的情感了。也许用户会感叹一下“这个图标真精致！”但是大多数用户毕竟不是专业的设计师，所以认同感不会很强。

图 6.75 相机 App 的安装 icon

图 6.76 过度设计的相机 App 的安装 icon

如果设计师把 icon 设计成这样，它还是一个相机，但是不得不说这个相机给用户的体验很差了。首先这个角度降低了用户的辨识度，大多数用户没有很快反应过来它是什么。其次这种高端相机接触的人少，也许会有用户根本认不出来它是什么。

所以，大部分用户对一个抽象的镜头图标就已经有很高的情感认同了，按照适度的原则如果达到这一点就已经完成了情感化设计的目标，再对细节精雕细琢或者对形式进行创意，可能会做无用功浪费资源甚至偏离原有的目标，用户已经对这个设计有了情感认同，设计师再强加的多余情感化设计，就是过度设计。

过度设计被认为耗费了过多精力在情感表达上，从而弱化了功能指示，产生喧宾夺主的问题。在历史上被普遍认为是过度设计的有：海伦风格、科匀萨亚安、罗马混合柱式、哥特式、巴洛克式、洛可可式、罗曼蒂克风格。

另外人们的情感认同也是会发生改变的，早年用 iOS 的时候用户并没有对“报刊杂志”这样的功能有一个很好的认识，iOS 当时做的拟物化书架让用户很好地认识到这就是用户手机能

1 图片来自 http://www.zhihu.com/question/21270916。

借阅所有报刊类和书籍类应用的文件夹。而现在 iOS 7，去掉纹理只抽象出一个书架的轮廓，用户仍然能够产生“书架”的心理印象（见图 6-77）。

图 6.77　iOS6 和 iOS7 的报刊杂志设计发生了变化

在这期间，用户的认知发生了改变，对事物的看法也有所改变，对手机看书看报这种功能已经熟悉和习惯，所以看到 iOS 7 的时候，用户仍然有很好的认知和认同感。

从另一个角度来说，人都会有审美疲劳的，就算设计已经在之前的版本上体现得淋漓尽致了，但是人还是会有看烦的一天。就像很喜欢吃一个东西一样，要是天天吃，相信谁也不会吃一辈子仍然喜欢。

既然我们说情感化设计，就要多研究和观察用户的情感，勿忘初衷，点到为止，不要用自己的标准来衡量也不要在追求视觉效果和交互酷炫的道路上越跑越偏。

情感化设计不是设计方法，而更像是一把尺子，不论设计师偏好哪种风格，每个设计师也各自有固定的处理方法和技巧，牢牢把握住情感化设计这个原则，主动创新，必须不断提升设计素养，引导新的审美趋势。

凡是都要把握度，我们在书中并没有谈论到那些相对失败的案例，但需要提醒设计师的是，无时不刻要关注你的用户，如果有人表示不喜欢你的设计，不能置之不理，或简单武断的说“这种人不是我们的目标用户”，这不是情感化设计，这是在绑架用户。

妥协的完美主义——优秀产品经理的实践指南（卷二）

6.3.5 关注用户的情感表达

产品的情感化设计是基于功能设计之上的，要先做好功能，满足用户需求的基础上再进行情感化设计。产品的情感化设计有两个不同的做法。

一个是在产品已有功能上进行情感化扩展，比如 QQ 的状态功能、上传头像。这是对用户表达欲的满足，用户情感的单向表达。让用户表达情绪，已经成为各网站门户、App 产品必不可少的环节，微博的转发、新闻的喜欢、愤怒等情绪收集、微信里的“点赞”就是典型的案例。

另一种做法则是做一个完全情感化的产品。这是用户情感的双向表达，是用户之间情感内容的交流，产品扮演的只是桥梁作用，例如小恩爱、抬杠。

前面提到的两种做法的区别在于，前者是基于已有需求而进行的情感化设计，而后者则是完全情感化的产品，就成功率来讲，显然是前者更大一些。本身有需求的产品对于产品的情感化发展不仅奠定了基础，而且也烘托了氛围，做好了铺垫。如果是做一个完全情感化的产品，失败的可能性很大。当产品的功能满足了用户的情感表达，那就意味着产品可以满足用户的需求，而当产品本身所扮演的角色无法成为用户的寄托，那么产品就会面临失败。可想而知，情感化的产品肯定属于 UGC 类型，对用户内容的质量要求会比较高，当技术水平不够高、功能操作不够便捷的时候，自然就提高了使用门槛。而且这种类型的产品对于氛围烘托本身就会有相对高的要求。[1]

如果单从功能设计角度去衡量，用户情感的单向表达属于功能层面，而用户情感的双向表达属于内容层面。

产品情感化还表现在文案设计和产品风格上。现在的设计已经越来越有人情味了。例如提示文案不是“账号密码错误”而是“您的密码不对哦~”，文案中增加了语气词。甚至还配有小图片小动画设计，如图 6.78 所示。

图 6.78 密码错误小动画

同样类型的应用，功能上相差无几，但是不同的风格却可以吸引不同的受众。有的是大众普通风格，有的是小清新风格，有的是卡通风格等，可以理解为用户对不同风格产品选择背后的原因就是用户个人情感的不同，而用户的这种情感不能改变只能顺从。

1 来自 http://www.yixieshi.com/it/14590.html。

好的设计师能平衡设计和感情，让用户对产品爱不释手，设计达到易用、好用的目的；优秀的设计师在配色、风格、形象上能够融入情感，又能体现个人设计风格，让设计脱颖而出，在用户中的辨识度很高。卓越的设计师则让用户在设计之初就参与进来，让产品成为“来自用户，又为用户所用”的产品，让用户对产品产生一种依赖感，让用户喜欢产品，最终依赖产品。

6.4 响应式设计

在设计中设计师经常遇到这几个问题。

（1）想要网站兼容手机、平板电脑、PC，就得为不同的设备定制不同的版本。

（2）想要网站的某些页面在宽屏显示器下一行显示更多的内容，又得为宽屏定制一个版本。

（3）很多人并不是在全屏的情况下浏览我们的页面，如果让页面随着浏览器宽度改变而相应地调整会不会比较好（见图 6.79）？

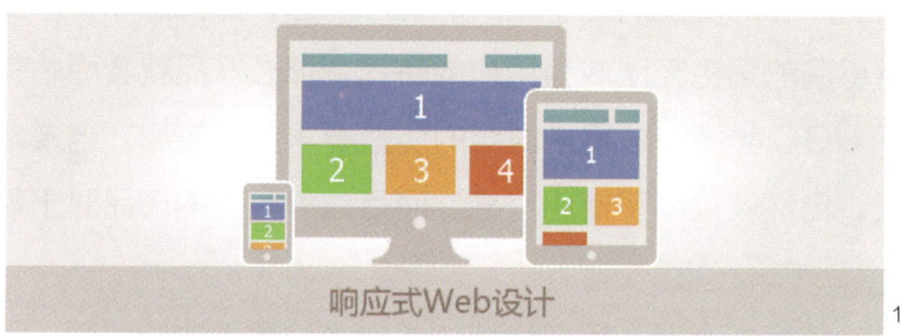

1

图 6.79 响应式 Web 设计示意图

几乎是每出现一个客户端，就会要求网站有一个适应它的移动端版本。这是有实际需求的：你得为 BlackBerry 设计一个移动端版本，得为 iPhone 设计一个移动端版本，得为 iPad、Netbook、Kindle 都设计一个移动端版本——所有这些屏幕的分辨率还必须是兼容的。在未来的五年内，很有可能出现新的移动 OS 平台，设计师又要为新出现的产品设计出移动端版本。这实在是件让人抓狂的事情。

在 App 的设计和开发领域，我们很快就会发现，要跟上新产品出现的速度，是很难做到的。对于很多站点来说，根本不可能为每一个有着新分辨率的新产品设计一个移动端版本。那么，我们真的是鱼和熊掌不可兼得，必须舍弃用某种设备的用户换取使用另外一种设备的用户吗？或者还有没有其他办法能有效解决这些问题呢？

1 http://www.yixieshi.com/ucd/11828.html。

6.4.1 响应式设计的概念

响应式布局是 Ethan Marcotte 在 2010 年 5 月提出的一个概念，简而言之，就是一个网站能够兼容多个终端——而不是为每个终端做一个特定的版本。这个概念是为解决移动互联网浏览而诞生的。

响应式设计（Responsive Web Design）的理念是页面的设计与开发应当根据设备环境（屏幕尺寸、屏幕定向、系统平台等）以及用户行为（改变窗口大小等）做出相应的响应和调整。具体的实践方式由多方面组成，包括弹性网格和布局、图片、CSS media query 的使用等。无论用户正在使用 PC、平板电脑，或者手机，无论是全屏显示还是非全屏的情况，无论屏幕是横向还是竖向，页面都应该能够自动切换分辨率、图片尺寸及相关脚本功能等，以适应不同设备（见图 6.80）。

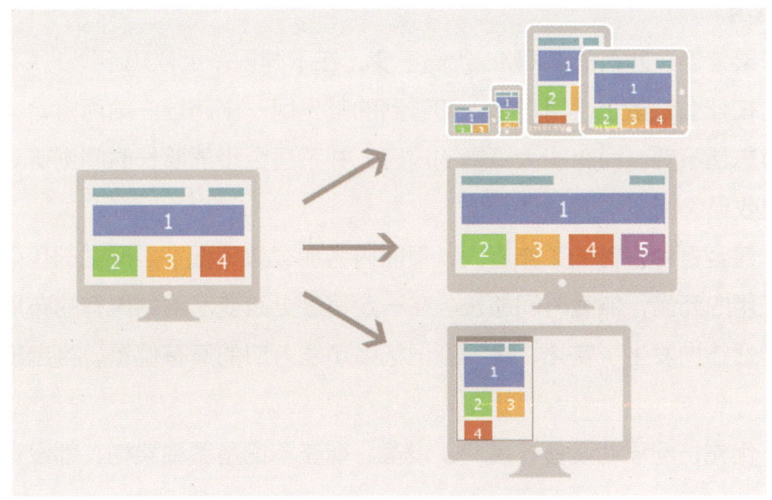

图 6.80 响应式可以适应不同的屏幕尺寸

响应式布局可以为不同终端的用户提供更加舒适的界面和更好的用户体验，而且随着目前大屏幕移动设备的普及，用大势所趋来形容也不为过。随着越来越多的设计师采用这个技术，我们不仅看到很多的创新，还看到了一些相对成熟的模式。

6.4.2 响应式设计的优缺点

1. 优点

开发、维护、运营成本优势：页面只有一个，只是针对不同的分辨率、不同的设备环境做了一些不同的设计，所以在开发、维护和运营上，相对多个版本，更能节约成本。

兼容性优势：移动设备新的尺寸层出不穷，定制的版本通常只适用于某些规格的设备，如果新的设备分辨率变化较大，则往往不能兼容，而开发新的版本需要时间，这段时间内的访问就是个问题，但是响应式 Web 设计可以提前预防这个问题。

操作灵活：响应式设计是针对页面的，可以只对必要的页面进行改动，其他页面不受影响。

2. 缺点

交互效果欠佳：(相对于 Native App 或者针对该设备的 Web App 而言) 响应式的主要缺点就在于它并不能完全按照某一种设备来量身定做 UI 结构布局，而且对应的交互效果也并非特别理想。换句话说，虽然你的响应式网站可以在 PC 端、Pad 端甚至是手机端获得相当不错的布局以及浏览效果，但它们并不是最完美的，有很多手机硬件和系统特有的性能，Web App 无法充分运用。

内容浏览效果欠佳：网页的 HTML 代码不变，在不同设备上依赖不同的 CSS 带来不同的显示方式。不论在什么设备上，用户输入和看到的都是同一个网址。简而言之，这意味着不论形式如何，内容总是不变。而有些大篇幅的内容，并不适合小屏幕长时间浏览观看，分页、分屏等问题使浏览效果欠佳。

影响效率：兼容各种设备的工作量大，页面内容加载效率低下。网站的代码累赘，终端响应时需要隐藏无用的元素，加载时间加长。在一定程度上改变了网站原有的布局结构，用户使用时，会感觉网站结构发生了变化，找不到记忆中功能入口的原有位置，会出现用户使用混淆的情况。

优先访问：优先访问移动设备还是 PC 设备，现在不论是哪种架构，都没有彻底解决优先访问的问题。

6.4.3 响应式设计实现的步骤

响应式网页不像传统网页只需考虑一种状态，设计师不是交付一套设计稿就完事儿了，它给设计、前端和开发团队之间的协作模式带来新的挑战。在一个复杂产品全面应用响应式设计的项目里，交互每个阶段该产出什么？交互与视觉如何协作？前端何时介入？哪些事情让后端开发来做更合理？[1]

1 http://ued.taobao.com/blog/?p=8175。

响应式设计之所以叫响应式“设计”而不叫响应式“技术”，是因为它是一项设计先行的工作。需要设计先明确好响应方式再实现出来，不能出一套设计稿后等着前端看情况把它变成响应式网页。所以整个流程最初从交互阶段开始，分成几个主要步骤，视觉、前端、开发等角色根据情况尽早介入（见图 6.81）。

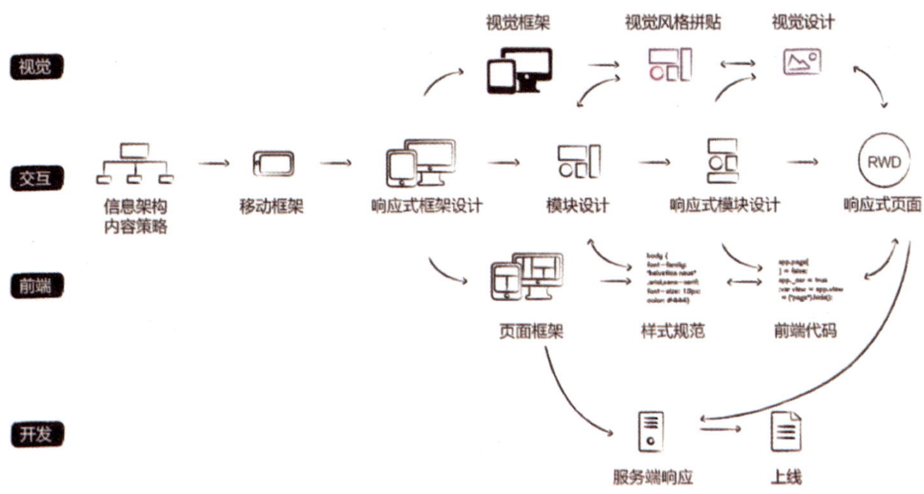

图 6.81 响应式设计的步骤

第一步：确定需要兼容的设备类型、屏幕尺寸。

通过用户研究，了解用户使用的设备分布情况，确定需要兼容的设备类型、屏幕尺寸。

设备类型：包括移动设备（手机、平板）和 PC。对于移动设备，设计和实现的时候注意增加手势功能。

屏幕尺寸：包括各种手机屏幕的尺寸（包括横向和竖向）、各种平板的尺寸（包括横向和竖向）、普通电脑屏幕和宽屏。

页面尺寸：某个页面进行响应式设计时适用的尺寸范围是哪些？比如，搜索引擎的搜索结果页面，跨度可以从手机到宽屏，而搜索的 Web 首页，由于结构过于复杂，想直接迁移到手机上，不太现实，不如直接设计一个手机版的首页。结合用户需求和实现成本，对适用的尺寸进行取舍。比如一些功能操作的页面，用户一般没有在移动端进行操作的需求，没有必要进行响应式设计。

第二步：移动架构设计，确定内容策略。

先说下为什么第二步要先设计移动框架。移动优先是移动互联网浪潮下应运而生的理念，由 Luke Wroblewski 最早提出。移动优先并不是指移动更重要，响应式设计理念里设备是同等重要的，它是指优先设计手机端的体验，有 3 个原因。

（1）手机让设计专注，强迫你想清楚什么信息是最重要的。因为手机屏幕小，每屏呈现的内容少；触屏手机使用手指操作而非鼠标这样的精密设备来操作，对操作有更高要求；手机使用场景更加丰富，很多场景用户是缺乏耐心的，比如当你排队看电影正在找手机上的电子票，马上排到你了翻半天却迟迟找不到那张票这是多么令人崩溃的事情。

（2）手机的许多特性让设计更强大。手机上的语音输入、地理位置定位、丰富的手势操作、越来越多传感器，使手机交互比 PC 拥有更多可能性。从手机开始设计，让你更早地思考如何发挥这些特性。

（3）手机用户数量正在迅猛增长。手机即将超越 PC，成为最主流的上网方式，这个趋势是不可逆的。

从移动开始做设计对习惯了 PC 环境的设计师可能是一种挑战，思考方式工作习惯都被迫做出改变。但这种改变必须去适应，因为用户习惯已经在改变。

这时候可以明确这个产品有多少页面，每个页面包含多少内容，内容优先级是什么。很多产品包含多个页面，每个页面一一考虑响应式设计容易造成混乱且成本巨大。所以下一步重要工作是分析页面类型并把页面归类（见图 6.82）。

	列表类页面	详情类页面	操作类页面
1	全局导航	全局导航	全局导航
2	局部导航	主人信息	—
3	内容列表	内容详情	功能详情
4	—	关联导航	—

图 6.82　页面元素归类

接着开始设计手机端“超细长页面”的框架（因为手机上一般是单列布局，所以页面又细又长）。这一步开始把信息结构设计成最粗放的框架，可以在白板或纸面上完成。要实现的关键目标是：把这个页面最需要呈现给用户的内容放在最重要的位置，要符合手机上的阅读和操作习惯，尽量利用手机设备的特性（见图 6.83）。

针对确定下来的几个尺寸分别制作不同的线框原形，需要考虑清楚不同尺寸下页面的布局如何变化，内容尺寸如何缩放，功能、内容的删减，甚至针对特殊的环境作特殊化的设计等。这个过程需要设计师和前端开发人员保持密切的沟通。

第三步：响应式框架设计。

根据手机端的框架拓展出平板和PC端框架。这是复杂产品实现响应式设计的关键步骤，它是让众多页面有条理地响应起来的基础。第一件事情是确定响应模式，即从手机到平板到PC，导航怎么变化，页面布局用哪种响应方式，根据内容优先级如何调整模块顺序，等等。

图 6.83 页面元素布局在设备上

对于界面设计，我们以前针对桌面产品的设计可能就一个尺寸，每个模块的位置比较固定，但是在响应式设计中，这些东西改变了，设计师会根据产品的需要做多个版本的设计（见图6.84）。在这些不同的版本中，模块A在1024的宽度下，可能会是黑色背景，但是到了768下面可能会变成白色背景，实现了在不同宽度的不同展现。这里面颜色、背景、宽高等都可改变，但是有一点我们需要注意的是，DOM节点的顺序最好保持一致，因为在响应式的页面中，我们会使用流式布局，在固定版式通过绝对定位或者外边距负值的方式改变DOM顺序和视觉顺序的技巧，在这里可能并不适用。

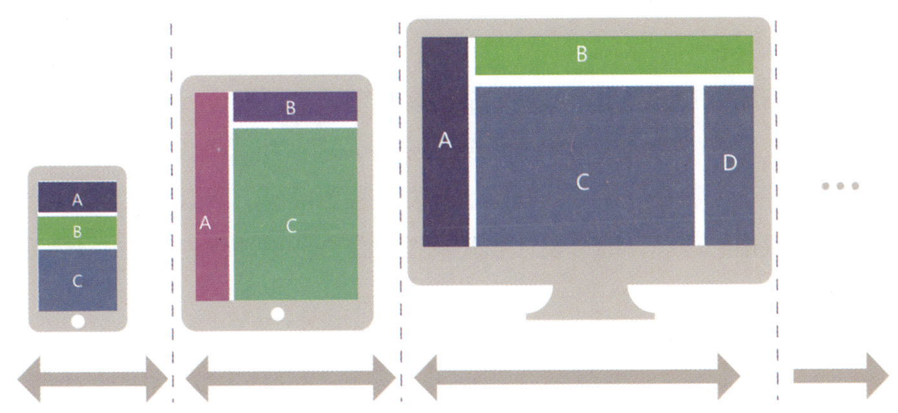

图 6.84 响应式框架设计

前端通过终端查询的方式来改变网页的布局，不同宽度的设备响应不同的布局，如何设定设备宽度的边界？这也是我们称作的断点，我们更习惯的思维是针对某些设备（比如桌面、平板电脑、手机）的数据来设置断点，比如 1024 对应桌面、768 对应 Pad、480 对应手机，但实际上，这些东西是靠不住的，因为这些屏幕尺寸会根据时代的发展不断变化，我们的响应不应该只针对某些设备，我们需要的是一个区间值，而不是将某一分辨率对应一种设备。

断点肯定是要有的，那这些断点是如何设置的呢？怎样才能不是为了断点而断点呢？实际上，这些断点的设置都是根据内容的需要做的，当我们的内容在达到一个临界点后，视觉效果不符合人们的审美或影响了内容获取时，这就是我们需要的断点。但是我们可能无法在视觉设计阶段就能覆盖尺寸区间内容所有状况，这样我们就需要把它和现有的设备相结合确立断点。

不同的项目，在响应式设计中需要的断点是不一样的。我们知道在媒体查询中有 width 和 device-width 两个特性，因为在手持设备中多数用到的是 webkit 内核的浏览器，我们一般会通过 viewport 的属性，将设备宽度赋予视窗的宽度。

响应式是一种设计理念与前端技术紧密结合的新兴形态，鼓励尽早进行跨职能沟通协作。交互确定响应式框架和栅格系统后，其他角色就可以同步开展工作了。前端开始介入完成栅格和框架搭建，产出页面基础框架。视觉同步开始探索和定义视觉风格探索，制定视觉框架，产出风格关键词、产品配色方案。整个过程需要几个角色不断讨论确定。

接着开始布局网站的功能模块。

第四步：功能模块布局。

按照移动优先的原则应该先进行移动端的模块细节设计，不过我们选择了从 PC 端开始设计细节。因为 PC 端开发能够充分暴露业务复杂度，项目团队的设计、开发、测试在 PC 环境下拥有成熟的工具和流程，从 PC 开始让开发过程更顺畅。所以个人认为移动优先是确定内容策略时应该遵循的理念，细节设计和开发过程是否要移动优先，取决于产品定位和项目团队情况。

响应式框架确定了页面结构和响应模式，模块设计这个过程开始完善所有信息排版和交互形式，这是交互设计师最熟练也是最耗时的工作。这个过程与传统流程没太大区别，只是心里要不断提醒自己，这个模块不是只为这个设备设计，它在其他设备下会出问题吗（见图 6.85）？

交互确定页面模块细节后可以抽取产品用到的控件、组件和公共模块，现在视觉和前端开始做一件有别于传统流程的事情。视觉根据前期定义的风格设计控组件和公共模块的视觉效果，把它们拼成一个模拟的页面，我们称之为风格拼贴稿。前端再把风格拼贴稿里的控组件和公共模块实现出来，统一维护一套组件规范代码。

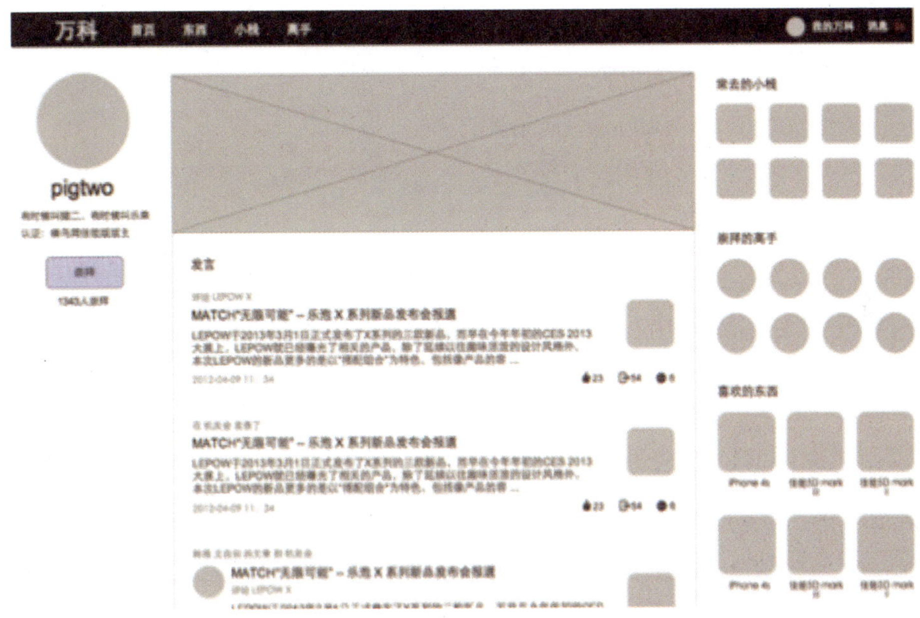

图 6.85 响应式的功能模块布局

传统的做法往往是页面视觉定稿后设计师开始整理视觉规范标注给前端。风格拼贴稿是将这个工作尽可能提前，并变成一个设计协作利器。它的好处有两点。

（1）一个页面的视觉效果实际上是由一堆控组件和公共模块组成，用真实的控组件和公共模块拼贴的模拟页面已经可以呈现出产品的视觉风格。把一个产品 10 多个页面的视觉稿全部完成定稿是非常费时费力的事情，产出一份风格拼贴稿则轻松得多。所以它是一个高效的设计工具。

（2）复杂产品总是涉及多个设计师和前端并行工作，尽早把控组件和公共模块抽取出来统一管理，是保证视觉风格一致性的有效方法。既避免了不同设计师同时设计同一个控组件或公共模块，减少重复开发造成的浪费，也大大降低了后期更新和维护页面的成本，比如当需要修改“关注”按钮时只需改一个就能全站生效。

第五步：前端组合实现。

PC 端页面模块细节和风格拼贴稿完成后，剩下工作是拓展出平板和手机端的完整设计稿，前端产出全部响应式页面代码。进行响应式模块设计时最需要关注的仍然是让操作符合设备习惯，充分利用设备特性。

此外，移动设备的屏幕像素密度与传统电脑屏幕不一样，在设计的时候需要保证内容文字的可读性、控件可点击区域的面积等。

至此，一个全站响应式产品的页面就陆续出来了。

一边开发一边将图片导入到相应的设备进行一些简单的测试，可帮助我们尽早发现可访问性、可读性等方面存在的问题。

与传统的 Web 开发相比，响应式设计的页面由于页面布局、内容尺寸发生了变化，所以最终的产出更有可能与设计稿出入较大，需要前端开发人员和设计师多沟通。

第六步：测试和优化，提交开发。

提交开发前，在真实设备下测试页面效果，项目团队讨论并持续优化。

服务端与客户端结合是目前解决响应式页面性能问题的最合理方案。哪些大图片在移动设备下只需输出小尺寸图片？哪些内容在什么设备下是不需要开发输出的？哪些可以减少输出的数据数量？与开发团队协作的响应式可以有效控制页面文件大小，避免页面成为移动设备上烧用户流量的罪魁祸首。

测试通过后提交页面进入开发环节。我们从可用性和可访问性两方面总结了一份响应式页面测试 checklist，测试要点包括但不限于以下内容，如表 6.2 所示。

表 6.2 响应式网站做可用性测试的内容

可用性	触控区域：至少 44pt × 44pt
	触屏选择：user-select 选区范围
	页面缩放：禁用页面缩放
	悬停状态：避免将内容隐藏，鼠标悬停后展现
	字体单位：建议 rem
可访问性	对比度：考虑白天在阳光下，晚上在被窝里
	可读性：小屏幕不等于小样式，考虑大号字体
	页面大小：避免文件膨胀
	设备特性：触屏、感应器、摄像头、麦克风

6.4.4 Native App 和 Web App

1. 什么是 Web App？

Web 无需安装，对设备碎片化的适应能力优于 App，它只需要通过 XHTML、CSS 和 Java Script 就可以在任意移动浏览器中执行。随着 iPhone 带来的 WebKit 浏览体验升级，使得专为 iPhone 等有 WebKit 浏览内核的移动设备开发的 Web 应用，也有了如 App 一般流畅的用户体验。[1]

谷歌 Voice 和谷歌 Gmail 是 Web App 的设计典范，如图 6.86 所示。

图 6.86 Web App

但是 Web App 有各种优缺点。如表 6.3 所示。

表 6.3 Web App 的优势和劣势

Web App 的优势	Web App 的劣势
1. 开发成本低	1. 浏览的体验短期内还无法超越原生应用
2. 适配多种移动设备成本低	2. 不支持离线模式（HTML 5 将会解决这个问题）
3. 跨平台和终端	3. 消息推送不够及时
4. 迭代更新容易	4. 调用本地文件系统的能力弱
5. 无需安装成本	

1 http://mobile.51cto.com/design-255047.htm。

2. 什么是 Native App？

而 App 因为位于平台层上方，向下访问和兼容的能力会比较好一些，可以支持在线或离线，消息推送或本地资源访问，摄像拨号功能的调取。但是由于设备碎片化，App 的开发成本要高很多，维持多个版本的更新升级比较麻烦，用户的安装门槛也比较高。但是比较乐观的是，App store 培养了一种比较好的用户付费模式，所以在苹果的生态圈里，开发者的盈利模式是一种明朗状态，其他市场也在往这条路上靠拢。

Gowalla 和 Awesome Note 是移动客户的经典设计案例，如图 6.87 所示。

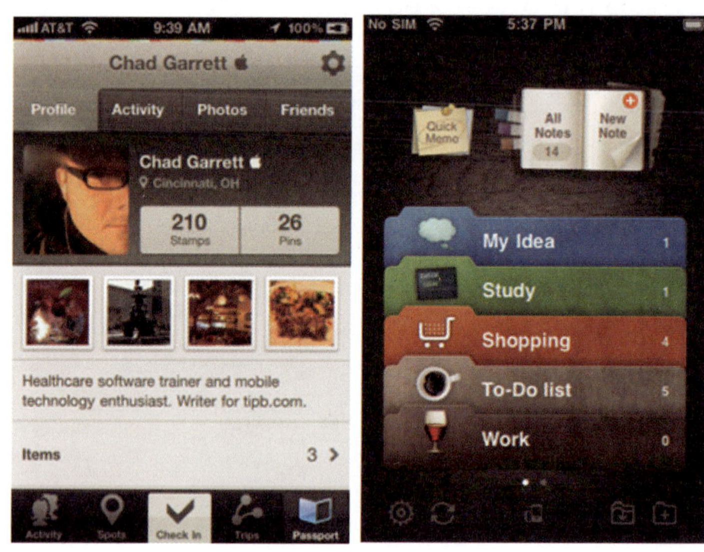

图 6.87 Native App

Native App 也不是十全十美的，表 6.4 列出了其优势和劣势。

表 6.4 Native App 的优势和劣势

Native App 的优势	Native App 的劣势
1. 提供最佳的用户体验，最优质的用户界面，最华丽的交互	1. 移植到不同平台上比较麻烦
2. 针对不同平台提供不同体验	2. 维持多个版本的成本比较高
3. 可节省带宽成本	3. 需要通过 store 或 market 的确认
4. 可访问本地资源	4. 盈利需要与第三方分成
5. 盈利模式明朗	

3. 融合 App

乔布斯有一次谈到这个问题，他说 Web 是未来，虽然现阶段 Native 给了用户更好的体验。如果现在的开发者不能有效地利用 Web 技术，那他就落伍了。但如果过分依赖 Web，完全不用 Native 那也未必就是好事。

iOS 平台上的 App 有三类：Web App，通过浏览器访问；Native App，通过 App store 安装；第三类叫 Hybrid App，它虽然看上去是一个 Native App，但只有一个 UI WebView，里面访问的是一个 Web App，比如街旁网最开始的应用就是包了个客户端的壳，其实里面是 HTML 5 的网页，后来才推出真正的原生应用。再彻底一点的，如掌上百度和淘宝客户端 Android 版，走的也是 Hybrid App 的路线，不过掌上百度里面封装的不是 WebView，而是自己的浏览内核，所以体验上更像客户端，更高效。

融合 App 的架构说明，如图 6.88 所示，客户端嵌套服务端，保证服务的高效迭代与更新。

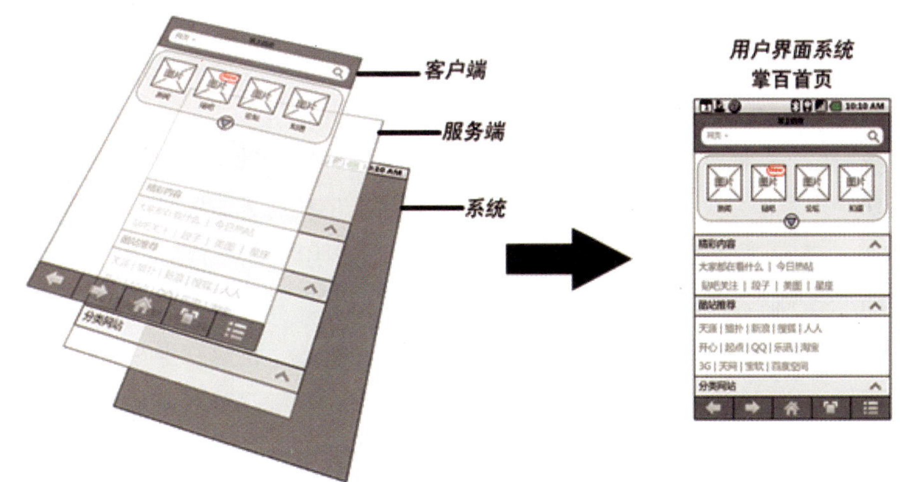

图 6.88 融合 App 的架构示意图

谷歌的 Chrome OS 和 Android 都是操作系统，但走的是两条路。Chrome OS 走的是 Web app 的路。从 Chrome OS 大会发布的 Chrome Web App 能看出来，谷歌想为未来的 Chrome OS 做铺垫，鼓励更多的开发者开发出具有应用程序体验的 Web App，正如 Chrome OS 官网上说的——“Nothing but the web”。而 Android 走的是 Native App 的路。

Android 作为手机平台的操作系统，明显更注重应用程序开发，这一点从 Android Market 可以看出来。也许前微软首席架构师 Ray Ozzie 的评价更加一针见血："谷歌的战略中 Android(以 App 为主) 是在赌过去，而 Chrome OS (完全基于 Web) 则是在赌未来。"

于是我们可以得到这样一个启发，要想服务于未来，必须不断跟随技术发展的脚步，提供更好的网页服务和体验。但是人们是活在当下，为了当下用户的需求，又必须提供现阶段浏览体验最好的客户端产品。客户端是笨重且迟缓的，它不能像传统网页那样，一有风吹草动就华丽转身，只能规划好功能点，一步一步迭代，毕竟用户的升级成本太高了。所以，就有了这种 Web App + Native App 的架构，在现有条件下给用户最好的浏览体验和升级迭代。

6.5 紧跟设计潮流

设计师在设计中除了遵循不同的 OS 系统、不同的 OS 版本的设计规范指南外，也要经常学习网上流行的相关图标设计、配色、风格等相关规范和案例，注意市面设计潮流的变化，从拟物到扁平化，从现实到虚拟，从金属质感到半透明风格，不断发展的设计潮流也是影响界面设计的重要因素。

2014 年年初，Twitter 经过五年的争取，终于拿下了一个在现在看来相当坑爹的专利：一种信息服务，用户可相互关注，可发送一些没特定收件人的信息，这些信息会由系统展示给那些关注你的人。其实这项专利就是 Twitter 本身，专利发明人包括 Twitter 的创始成员 Jack Dorsey 和 Biz Stone。

虽然这项专利听起来比苹果的滑动解锁和圆角矩形还滑稽，但这在当时确实还是比较新鲜的玩意儿，而且谁也没想到现在信息流会发展得这么普及。而除了这种信息流形式，移动互联网上还有一些应用更加广泛的交互方式，他们有的被申请了专利，有的则没被申请。

1. 下拉刷新

这项专利 (见图 6.89) 同样将属于 Twitter，但最初它却是 Twitter 的第三方客户端——Tweetie 的开发者 Loren Brichter 提交的，并且运用在 Tweetie 2.0 版本中。2010 年，Tweetie 被 Twitter 收购，这项专利也便成了 Twitter 的财产。值得一提的是，这项专利是防御性专利，即便现在所有 App 都使用这种方式，Twitter 也不会追究，据称前面提到的 Twitter 信息流也是防御性的。

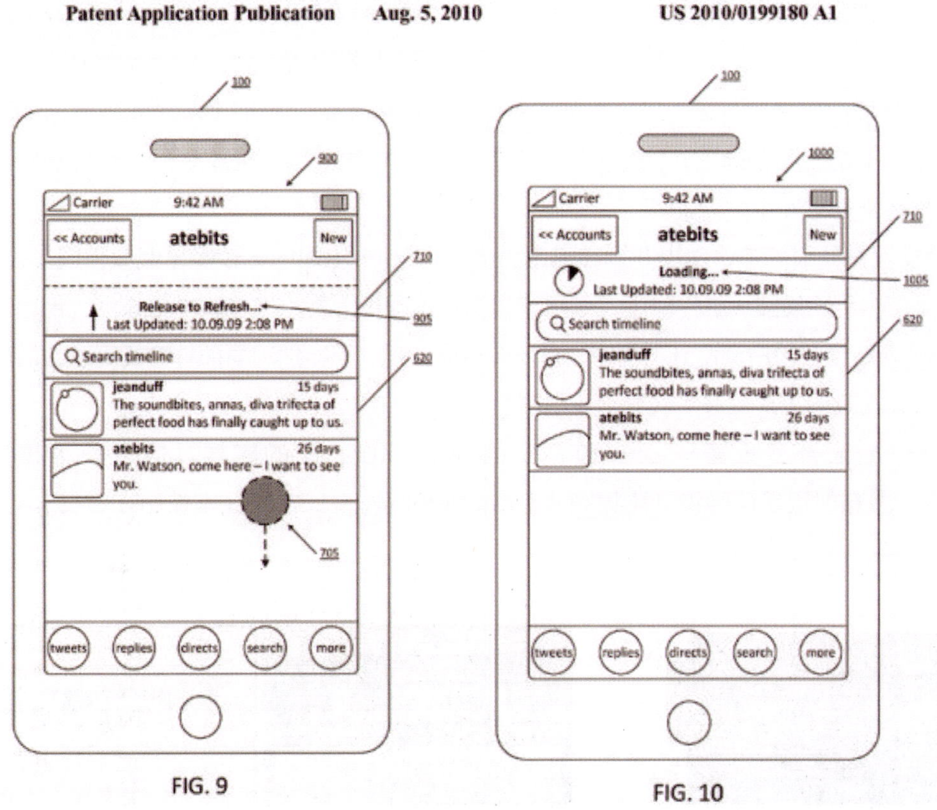

图 6.89 Twitter 的下拉刷新设计专利

2. 抽屉式菜单

这种交互方式（见图 6.90）很巧妙，和下拉刷新一样都非常适合手机这种便于手指操作的小屏幕。但对于抽屉式菜单的首创者，争论的比较多，大部分人认为是 Feedly（就是两天拿下 GR50 万用户的那位）首先使用的，也有人说是 Google。后来 Facebook 开始使用，进一步被人熟悉，在后来 Path 使用了左右双抽屉式菜单，大家被这种自然流畅的方式惊到，便纷纷效仿。

现在抽屉式菜单应用的也非常广泛。但有趣的是，像下拉刷新的下拉黏性与长度一样，交互设计师对“左右抽屉”的宽度也有着非常不同的理解，有的占到 4/5，有的则只占到 1/2。

3. 滚动时菜单停留、隐藏和显现

可能很多人没注意到，在一些有长长信息流的 App 中，你在向下滚动浏览信息流的时候，顶部、底部的菜单栏会自动隐藏。而要想显示菜单栏，只需向上滑动一下即可。另外还有一种形式是：当一个用户发布的信息超过一屏时，向上滑动会把发布人信息自动停靠在顶部

（Instagram 即是如此）。

这种设计也非常用心，手机屏幕小，在用户浏览主要内容时，可以自动隐藏不必要的元素，以最大化地把信息展示给用户。很多 App 使用这项设计时，有的上滑后只隐藏顶部菜单栏，比如 Vida；有的上下都隐藏，比如 Fab、在路上等；但很少有只隐藏底部菜单栏的。

4. 顶部快速返回

这个交互方式很简单，也主要是在信息流类的 App 中出现的比较多（但似乎很多人都不知道），就是点击手机顶部状态栏附近，信息流会自动返回最上面。这也基本上被绝大部分 App 借鉴了，很多网站会在用户浏览到下面时，有一个返回按钮，但显然前面那种方式更适合触屏手机。

5. 卡片式设计（或叫书签式设计）

这种可能大部分人第一次知道是 Evernote 5.0 上线的时候，但之前苹果自家的 Passbook 发布时也是这种设计（见图 6.91），现在这种设计方式经常被用在会员卡上面（如大众点评的会员卡）。

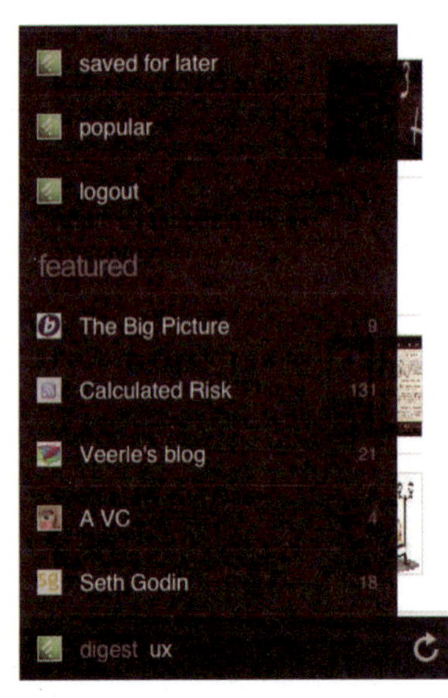

图 6.90 抽屉式菜单设计

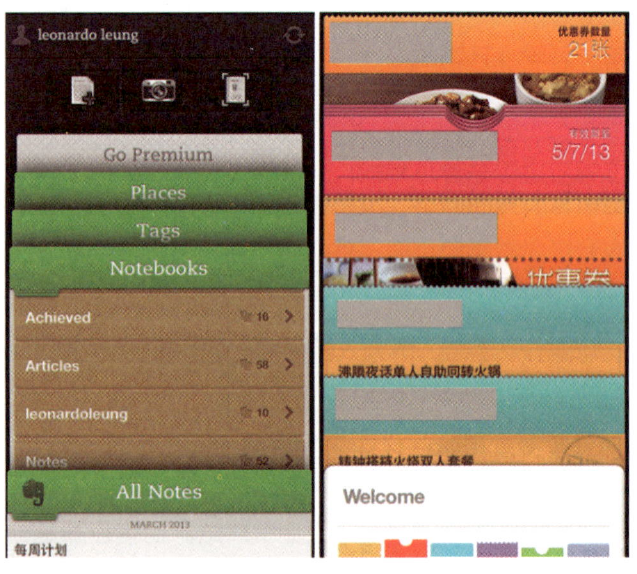

图 6.91 卡片式设计

6. 扇形动态菜单

如果没意外的话，显然这种扇形的动态菜单（见图 6.92）是 Path 2.0 上开始出现的，后来国内各种山寨 App 便开始模仿。但或许是这种点击按钮然后滚动跳出几个下级菜单按钮的

方式太过花哨，目前并没有太多 App 在使用这种方式。

图 6.92　扇形动态菜单

除了上面这些，还有一些更不为人所知的交互方式就不介绍了（比如 Flipboard 的翻折式设计）。前面我们也说过，由于手机屏幕空间的局限，导致开发者很难“施展拳脚”，这就让那些创意十足同时非常巧妙的设计大受欢迎，甚至能成为众多 App 设计的必选。但这里也要注意，虽然 Twitter 说他们拿专利是防御型的，但万一人家认真了，就不是闹着玩的了。[1]

工作方法其实很简单：经常浏览国内外知名设计站点、论坛上很多设计师放出的个人作品，了解设计潮流，借鉴风格，相互交流学习；上国内外知名大移动互联网公司的官网 UCD 中心、实验室中心等阅读其博客文章、最新调研成果等，这里为了避免广告之嫌，不一一列出，鼓励大家上网搜索。

1　来自 http：//www.chinaz.com/manage/2013/0322/296871.shtml。

第 7 章

可用性评估

什么是可用性?

国际标准化组织（ISO 9241-11）把可用性定义为“一个产品可以被特定的用户在特定的上下文中，有效、高效并且满意地达成特定目标的程度”。Steve Krug 在其 *Don't Make Me Think* 一书中，也对可用性做出了简单的定义：“可用性实际意味要确保产品工作起来流畅：能力和经验处于平均水平（甚至平均水平以下）的人都可以在不感到无助和挫败的情况下使用该产品（不管是网站、歼击机还是旋转门）完成既定的目标。”[1]

其实可用性评估并不复杂，简单说就是让一群有代表性的用户尝试对产品进行典型操作，同时观察员和开发人员在一旁观察、聆听、做记录、观察用户使用产品。该产品可能是一个网站、软件，或者其他任何产品，它可能尚未成型。测试可以是早期的纸上原型测试，也可以是后期成品的测试。

简单的一句话：观察用户使用产品。

如果稍微扩展一些，我们可以将其解释为：通过观察有代表性的用户，完成产品的典型任务，而界定出可能性问题并解决这些问题。而目的，则是为了让产品用起来更容易。

第一次有记录的可用性评估出现在 1981 年。当时施乐公司下属的帕罗奥多研究中心的一个员工记录了该公司在 Xerox Star 工作站（Xerox 8010 Information System）开发过程中引入可用性评估的经过。

经过二十多年的发展和应用，可用性评估已经成为产品（服务）设计开发和改进维护各个阶段必不可少的重要环节。它的价值在于初期及早发现产品（服务）中可能会存在的问题，在开发或投产之前提供改进方案，从而节约设计开发成本。而在产品（服务）的销售疲软或是使用过程中出现问题却无法及时精确找到问题关键时，可用性评估可以在很大程度上提高解决问题的效率。通过可用性评估不但可以获知用户对产品（服务）的认可程度，还可以获知一些隐含的用户行为规律。[2]

7.1 可用性评估的必要性

可用性是交互式 IT 产品、系统的重要质量指标，指的是产品对用户来说少错和令人满意的程度。它实际上是从用户角度所看到的产品质量，是产品竞争力的核心。

1 《用户体验度量》，作者：（美）Tom Tullis，Bill Albert，出版社：机械工业出版社，出版时间：2009。
2 http://news.webjiankong.com/a/baikewenzhang/2012/1127/36.html。

如果你想要一个好的产品，可用性评估是非常必要的。因为作为设计师，你可能会发现以下问题。

（1）为某个产品工作上几个月，你就会陷入到思维定势里，失去新鲜感，认为一切设计都是理所当然的，所以你需要让别人来告诉你“这里还可以做得更好”。

（2）好几年都运转正常的 App 或者网站，可能会在某一次微小的升级中全面崩溃，测试帮助你发现潜在的问题。所谓人无远虑必有近忧。

（3）测试会提醒你，不是每一个人的想法都和你一样，也不是每个人都像你一样那么熟悉移动设备。

为什么要做评估?

（1）建立可用性标准：对当前版本进行可用性评估，为下一版本的产品提供可用性标准。

（2）控制开发成本：在开发周期的早期就能够发现设计上的问题（原型测试）VS Coding 的成本非常高。

（3）降低开发风险：等待产品发布后再获得用户的反馈，风险太高。

（4）降低技术支持和维护成本：用户容易学习和使用产品，自然就很少打技术支持的“热线电话”，也无需太多的时间去维护产品。

（5）提高销售额：好用的产品自然就会有良好的口碑，良好的口碑成就更高的销售额。

评估什么？如图 7.1 所示，产品特征和用户反映具有直接的关系。

经过可用性评估之后，你会有以下发现。

（1）测试一个用户比不测试好两倍。

测试总会有效果，总会发现问题，哪怕是错误的对象进行的一次最糟糕的测试，也能让你看到改善产品的重要方面。同样，多测试几轮比只测试一个用户只测试一轮好。

（2）每个人发现的问题都不尽相同。

新手用户发现的问题和专家用户看待问题的角度完全不同，每个人发现的问题都不一样。初级用户比大部分用户更关心界面的简洁和可用性，专家用户更关心稳定性、功能性等高级问题。

（3）在项目早期阶段测试用户比公测时测试 500 个用户好。

如果可能，让用户参与到设计的过程中。如果你的项目比较复杂，尽快早点测试，如果不能进行充分测试，就早点进行一个简单的测试，不要到了项目尾声阶段，一切都没办法改变的时候再进行测试。

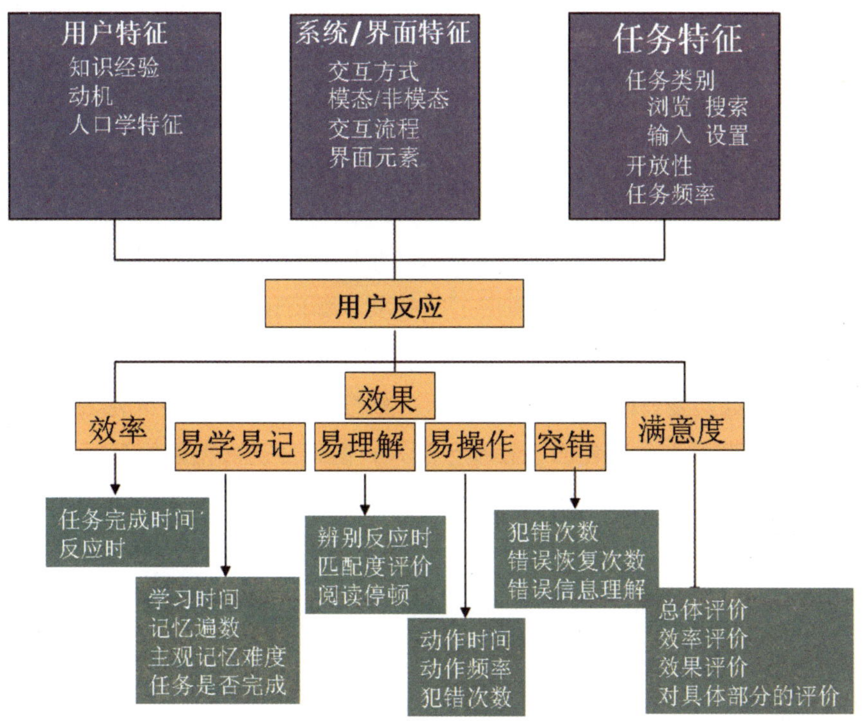

图 7.1 产品特征和用户反映之间的关系

（4）测试是一个迭代过程。

测试不是做一次就够了，而是要在项目开发的过程中持续进行，遵循开发—测试—开发—测试—修复—再测试的过程。

（5）用户现场的直觉反应最重要。

现在很多连续剧一边播一边把剧本放到网上去，让观众看怎么改，在每一集上映的时候，观察用户的反应，记住哪些情节和人物安排用户更喜欢，厉害的编剧能把不受欢迎的人物写死，也能在观众需要的时候写活，持续观察，持续改进。产品设计的可用性评估也一样，用户现场的反应最关键，过上几星期之后很难知道用户当初为什么这么选择，场景已经无法复原了。

7.2 可用性评估的步骤

很多情况下，每一轮的可用性评估，我们不需 20 个人的讨论小组，那样效率太低，3~4

个就是最理想的数量。

三人为众，能发现很明显的 80% 以上的问题，重要的是多测试几轮，而不是记录每一轮里发现的所有细节问题。三个人的小组很容易让你进入到下一轮测试里，而不至于把测试过程拖拉得太长，使用户疲倦和厌烦。

尽量选择差异化的用户进行测试，比如至少一男一女，一老一少，一个白领一个蓝领，在测试中任意搭配。

不要不好意思去邀请同事、朋友、同学或邻居帮忙。每个人都会喜欢体验新产品并发表自己的意见，至少他们学会了一种新的操作方式或接受了新的网络服务。如果有一定的报酬，他们会更加乐意。

选择合适的主持人，要有耐心、善于沟通、冷静的，善于倾听的，天性公正，不偏执的人，或者办公室狂人。可以是熟悉项目，了解项目的人，但不要选择和项目有直接利益关系的人，例如市场部经理。他可以作为观察者。

观察记录者可以是任何人，团队成员，项目利益相关者。领导可以参与几分钟，告诉团队成员“我在关注这个产品”，起到鼓舞士气的作用，领导们也非常乐意自己的产品在被人使用，但很多地方并不是和他们想象的一样完美。

不论是哪一种方法，可用性评估的步骤基本上都可以概括为：（1）设计任务；（2）找用户；（3）进行测试；（4）分析找到可用性问题。[1]

7.2.1 设计任务

设计测试任务是可用性评估前期计划的核心，我们建议最好在任务设计好之后再确定用户招募的标准，因为测试中涉及什么样的任务和你要描述的用户操作经验直接相关。确定了前者，后者也就更明确了。在设计任务前，需要反复问自己：“我设计的测试任务是真的反应了用户的实际目标么（而并不是我认为用户想要做的事）？”

在问了三次以上上面的问题，并且确定可以肯定地回答自己之后，就可以开始设计任务了。通常的方法如下。

（1）先列出一个任务清单，用简单的短句描述测试中涉及的任务——主要是给内部人员看的。由于是快速测试，因此，任务不宜过多，必须是重要的、核心的、觉得可能会有问题的任务。

1 http://uedc.163.com/4151.html。

（2）筛选完任务清单后，将任务变成场景——场景就是你要读给用户听，或者要给用户看的内容。因此必须要包含用户的目标和动机——因为对用户来说，你的功能并不重要，重要的是他们的目的以及他们完成目的的过程。这时候，你可以再问一次自己上面的问题。

（3）确定操作任务需要的条件：比如是不是需要一个新的账号，是不是需要准备好必要的文件等。

（4）预测试：预测试主要是为了发现任务设计的问题，可以找公司内部员工，利用午休时间快速完成。

7.2.2 找用户

在利用各种资源找用户之前，我们首先要明确，我们要找什么样的用户？

测试中我们最关注的是用户的操作行为，因此，在确定用户甄别的标准时，我们最应该关注的是产品使用经验和使用行为，而不是人口统计学特征。参考本书前面的用户研究相关章节找到合适的典型用户。

找几个人？

一谈到要找几个人来测试，就不得不请出 Nielsen 的这张经典图表。虽然学术界对于 5 个用户究竟是否足够有很多争论。不过，从我们实践的角度来看，只要在第一个阶段界定好，找到合适的人，那么，5 个用户真的已经可以发现明显的可用性问题了，当然，这里要再一次强调，快速测试的目的是为了发现严重的问题而不是全部的问题。

此外，我们发现，在平时的测试中，在观察前三个用户测试时，单面镜后的产品和设计人员往往精力集中，下笔如飞，但到了 5 个之后，新的信息越来越少，大家不是发呆，就是干脆睡了（就像图 7.2 中的兔子一样）。所以，从工作状态的角度讲，不多于 5 个的测试用户，能够保证大家精力集中，并且愿意去观察和倾听。

如何找用户？

在确定了甄别的标准和用户的数目之后，找用户就成了头痛的问题。在这里，由于是快速测试，建议尝试一切办法，无论是找同事（同部门的同事就不要找了），朋友，朋友的朋友，网站论坛发广告等，只要快，并且在招募时，坚持要求，大家是可以“不择手段”的。当然了，如果这时候能有一份平时就在维护的用户列表就再好不过了。

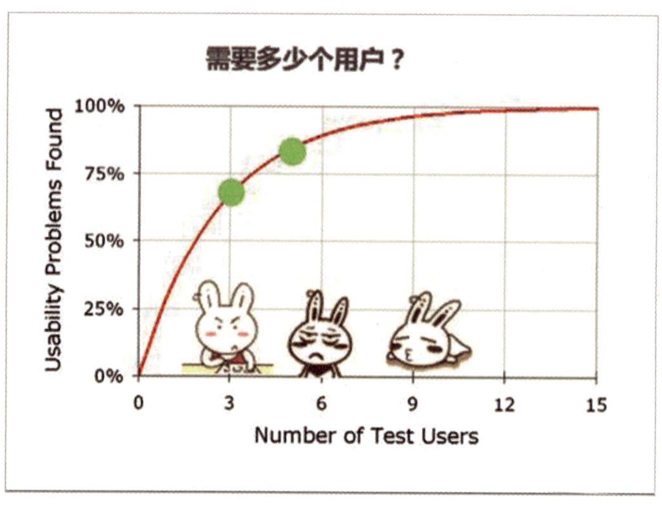

图 7.2　测试用户并不是越多越好

7.2.3　进行测试

主持人做什么?

在进行测试之前选择主持人，可以是产品设计组成员的任何一个人。在这里要强调的是，在测试中不要试图教用户如何使用产品，也不要试图向用户推销你的产品。

测试前：

第一步，致欢迎词。包括自我介绍，解释测试的目的和时间，强调测试的重点和难点，告知测试过程会录像或录音，但结果完全保密，最后签署保密协议。

第二步，提问。向被访问者询问职业等基本信息，产品使用情况，平时的使用偏好，同类产品的偏好。

第三步，请用户浏览产品但不要进行操作和介绍。

测试中（30 ~ 50 分钟的时间）：

第一步，请用户执行任务。包括宣读任务，请用户操作，不要在用户执行过程中对用户的操作犯错或者操作过慢有所反应，仔细观察，必要的时候选择停止任务，用户在测试中遇到问题时，尽量不提供帮助，但可以进行适当的鼓励，在用户完成一个场景时可以适当提问，尽量简单，询问用户的基本目的。

第二步，问题探索。询问过程中深入了解用户的目的，围绕问题进行探讨。

测试后：

第一步，停止和休息。期间主持人可以离开现场，询问旁观者有没有其他没有询问到的问题，尤其是设计开发或者其他部门关心的问题。

第二步，道别。返回现场，感谢用户，将用户送出门口。

第三步，整理现场，收集记录资料。保存记录文件。组织大家讨论。如果还有下一场访谈，清理现场，迎接下一批用户的到来。

记录员做什么？

无论是有条件实时观察（有专门的体验室或者工具），或者需要回看录像来观察，记录时都要注意，记录的重点不是用户说了什么，而是用户如何使用。记住，在测试中，做了什么比说了什么更重要。当然，由于是为发现严重问题而进行的测试，并且严重的问题总是显而易见，因此，可以同时记录问题，但不要急于讨论问题的解决方案。因为马上想到的方案或者用户提出的方案并不一定是最好的，这个工作可以留待以后安静思考或者大家讨论时进行。

记录员可以利用合适的表格进行快速记录，如图 7.3 所示。

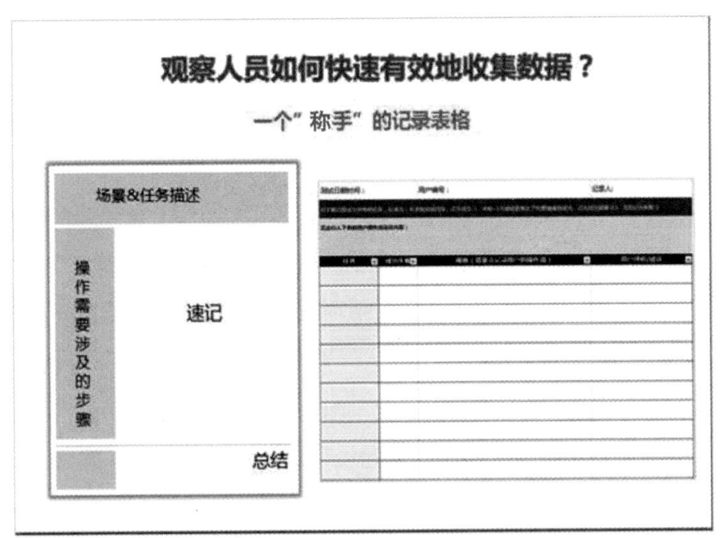

图 7.3 一个方便快速记录访谈的表格

7.2.4 分析找到问题

在完成测试后，需要主持人和观察人员趁着记忆犹新的时候快速地将有用的信息整理出来，可以采用便利贴，也可以专门空出一块白板或者建立一个文档。总之，把用户相关的操作、提出的问题和我们自己发现的问题迅速地写出来，但不要快速下结论。

在所有测试完成后，整理已经有的便利贴、列表等，然后找出那些最严重的问题，快速修复它们。在这一环节，重点是一再地明确，究竟那些问题才是最重要的，并且可以马上修复的。这样，测试的结果才是可执行的，而不是仅仅变成一张存档的问题列表而已。

7.2.5 要记录什么

可用性评估的现场要记录什么，用什么作为分析依据？

1. 原始资料

在测试现场，用专门的录频软件，可以记录用户的点击等操作过程。如果有记录眼睛视线走向的“眼动仪”，那更好。

使用录音录像设备，记录下用户的影像和声音，当然是最好的。如果没有，用文字描述详尽快速地记录用户的现场反应、疑问、交流过程，这些都是最原始的资料。

2. 凝练用户需求

在产品设计前期—用户研究阶段，我们通过调研可以得到一系列用户需求。

在以后的设计中，用户当场提出的需求，由于没有当下场景的影响，无法还原现场，因此需要记录员记录时，记录的是从原始需求中提炼后的需求，最好是明确的、可量化的需求。虽然用户的原始需求很重要，但是在实际开发过程中很少使用，因为需要设计师提供给开发人员，使用这种功能明确的需求记录。

另外在需求提炼时，用户虽然提出一些有关“多少、大小、快慢”等需求，虽然这些需求涉及的面是比较明确的，但是这些需求比较抽象，没有量化，由于每个人衡量标准不一样，因此往往虽然最后你在这方面做了设计实现，但与用户自身衡量的数量或标准有距离，那么用户仍然会认为他们的需求没有被满足，比如在电视节目需求调研中，用户提出“节目更新要快”，那么可以说用户需求是比较明确的：在更新方面要提升，但是每个用户对“快”的理解不一样，有些人认为“一周更新一次是比较快”，也有些人可能认为“一个月更新一次可以算快”，如果你最后设计成“一个月更新一次”,那么希望“一周更新一次”的用户认为他们的需求没有满足。

总之，我们在调研中，如果涉及抽象数量的用户需求，需要进一步进行量化；在需求评估中，也要把需求稳定性作为评估维度之一。

3. 现场初步想法

针对最典型用户、正在做或刚做完的事情，设计师可以马上进行询问和交谈，提出自己的设计对策，并马上验证自己的想法（有声思考）。

在观察法使用过程中，我们不建议设计师过多询问，因为设计师的询问可能对被观察者的后续行为产生影响，但是我们怎么了解被观察者当时的想法呢？可以借助一些方法和技巧，比如有声思考，让被观察者把他操作过程中的想法、决策过程自己说出来（即自言自语）。

4. 需求记录表

需求记录表的表头要记录以下要点：需求来源、需求满足的标准、相关需求、冲突需求、当时的场景。如表 7.1 所示。

表 7.1 需求记录表表头

需求来源	需求满足的标准	相关需求	冲突需求	当时的场景

需求的来源，即产生需求的对象。为了防止以后设计开发团队对调研团队思路理解不全或者理解不一致，需求记录卡中要明确需求来源，而且将需求记录卡贯穿整个产品设计的各个环节，可以让各个环节，尤其设计环节、测试环节等，紧紧围绕核心目标用户开展工作。

需求满足的标准，可以为设计人员、测试环节人员提供明确的考核标准。在实践中，需求满足的标准可以遵循“能量化的，尽量量化；不能量化的，尽量流程化；不能流程化的，尽量细化”的原则，提供可衡量的标准。

相关需求和冲突需求是需求设计需要考虑的两个方面，在需求体系中，不少需求之间存在关联关系，或者正面促进，或者反向影响，因此可以提醒我们在设计或改变某需求时，需要考虑相关需求，而不是单一改变该需求。

在需求记录卡里面记录需求情景，不仅有助于设计师和测试人员更准确设计需求实现和设计测试条件，还有利于多方检核需求级别。目前我们评估需求级别主要是调研团队在负责，一旦评估完成，设计团队和测试团队负责执行，依靠单一环节的评估存在一定风险，如果将需求情景传递到产品各个环节，可以收集各方意见，有助于降低风险。

5. 其他现场资料

（1）原型：初级（低保真）、高级（高保真），产品架构图，原理图等。

（2）先考虑功能，再考虑界面，而不是先设计功能，在设计界面，两者有本质区别。

综上所述，记录、健全的需求记录卡等资料，有利于贯彻用户为中心的设计思想，同时减少产品设计风险。

7.3 可用性评估的方法

可用性评估的方法其实有很多（大概有 20 多种），而且在不断发展，不过本文将主要介绍的三种方法是最常用的可用性评估方法。几乎任何产品都需要使用。

可用性评估方法主要有绩效测试、认知走查、启发式评估 3 种。[1]

7.3.1 打分法

绩效测试法（打分法）

“打分法”是在可用性评估中，测试用户在特定情境下对特定产品，或完成特定任务时的给定可测量的行为指标的方法。你可以简称它为“打分法”。它是一种更适合针对典型用户来进行测试的方法。

“打分法”可以在各个阶段使用，但更适用于高保真原型或者产品已经设计出来的阶段。它是一种对产品的理解测试，就是让用户看到产品、看到界面，询问用户是否理解这个界面，是否看得懂这个产品，是否在没有指导的情况下会用这个产品，是否理解产品的目标、主张意图，工作方法、运行方式等。

“打分法”的特点是，在设计测试的每一个步骤时，都对用户的行为结果预设一个值，观察并统计用户在完成任务过程中各项测试指标，万不得已，不会给予用户提示。即使给了提示，必须判定该任务测试失败；对待自己的行为，用户需要解释原因。

绩效测试的要点是：（1）设计的任务需要统一；（2）打分时避免主观因素的影响；（3）对主持人要求高，主持人需要和用户进行交谈，善于挖掘需求和搞清楚需求的动机。

7.3.2 走查法

认知走查法（走查法）

认知走查法是通过分析用户的心理加工过程来评价用户界面的一种方法。最适用于界面设

1 向怡宁：《就这么简单——Web 开发中的可用性和用户体验》，清华大学出版社，2008 年。

计的初期，检查产品的流程逻辑。可以简称为“走查法”。它的使用者主要是熟悉用户行为或者心理的专家，可以是专家用户也可以是资深产品设计专家。

“走查法”的特点是，主持人选择典型的界面任务，并为每一任务确定一个或多个正确的操作序列；走查用户在完成任务的过程中在什么方面出现问题并提供解释。

使用“走查法”时需要注意：(1)该方法是由分析者操作的、反映的是分析者的判断，而不是用户测试；(2)检测评价的是特定的用户任务，而不是对整个界面特征做评价；(3)只是分析正确的操作序列是否被用户采用而不进行用户行为的预测；(4)目的不仅要发现界面中可能存在的问题，而且要找出原因；(5)通过用户完成任务的情况追踪用户的心理加工过程来发现可用性问题，而不是聚焦于界面本身；(6)主要对用户操作进行解释，以推断这些行为如何与界面设计的可用性问题相关。

走查法主要是针对几套方案进行 A/B 选择的评估测试，从中选择出最优方案，一般被选择的几个方案都是相关的、类似的。比如更换网页上的某个按键颜色、导航条选项、文字内容等。然后将更改过的网页与未更改的网页进行可用性评估对比，看看用户对于更改前后使用情况的区别。是为了调整产品上的局部元素而做的细节测试。

下图是使用 A/B 测试两个搜索引擎的用户使用习惯，图中的许多圆点就是用户视觉关注点，如图 7.4 所示。

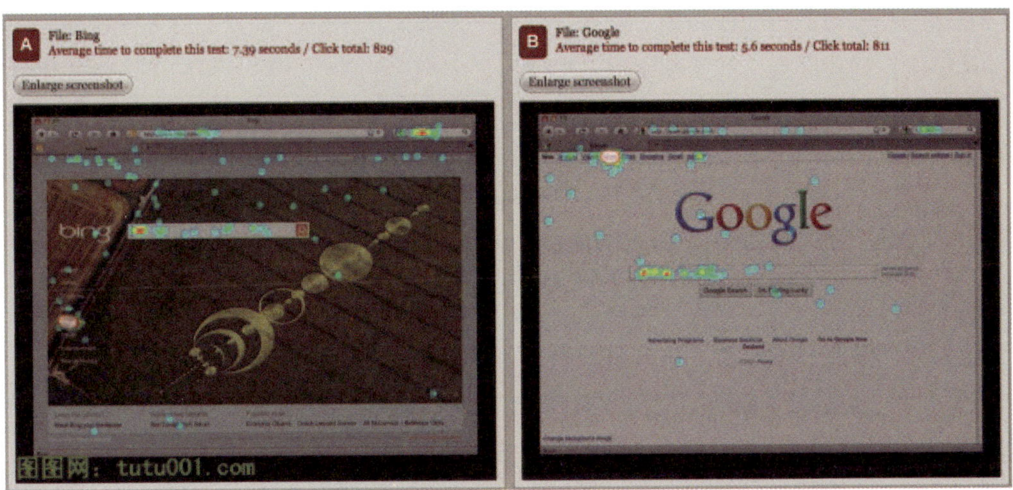

图 7.4 用机器记录的用户视觉热点

走查法是最常用的方法，但也有缺点：用户的意图和偏好理由很难确定。几套相近的方案流程差别都不是很大，用户把所有的方案遍历一遍之后，时间比较长，难免会觉得烦躁，后面被测试的方案就无法客观评价了。

7.3.3 问卷法

启发式评估（问卷法）

是让一小批评估人员评估用户界面以及判断这些界面是否符合已经确立的可用性规则，以发现界面设计中的可用性问题，并把它们作为界面再设计过程中所重视问题的可用性方法。这种方法更适用于高保真原型或者产品已经设计出来，适用于重要度和紧急度都高的项目，也适用于目标群体比较分散或者多样的情形。启发式评估常常被设计成问卷的形式，又称“问卷法”。

从这种方法的名称就可以知道，和普通问卷调查一样，评估开始前需要设计问卷，制定评估标准，邀请各个用户各自单独进行评估，汇总并统计结果和讨论，最后设计修改意见。

问卷法没办法对流程进行评估，因此主要针对界面，帮助找到界面中不符合评估准则的设计细节，而不是针对任务和流程。主要记录评估者关于界面的评论，而不需要去解释评估者的操作；主要对 UI 设计师的设计进行评估，而且根据事先确定的评估原则进行评估；不一定在实物上操作，可以在纸面上操作；在评估过程中，应该给予解答或者帮助。

问卷法的测试对象可能会因为对产品不熟，不理解图示内容，需要主持人假定典型使用场景辅助理解。这样势必会造成流程缓慢，由于不了解产品的总体流程，用户无法直观想象产品的前后承接关系，往往会陷入到对细节的意见中去，忘记了总体把握产品的逻辑结构和功能方面的问题。

7.4 可用性评估报告

7.4.1 为什么要写可用性评估报告

可用性评估最终是用来指导产品的优化和改进的。测试的原始资料弥足珍贵，但并不是一切工作的结束，如果可用性评估止于测试，那测试就是白测了，或者说测试工作还没有做完。测试者要整理和分析原始资料，凝练出测试报告提出优化方案。

这里的可用性评估报告，不同于测试部门提供的软件性能和功能性测试。而是为了总结阶段性设计中存在的具体问题，比如新版界面的效果图上显示，哪一套方案用户更喜欢，哪些地方用户不喜欢，哪些地方值得再改进。

对设计者而言，测试后的报告和优化方案，才是整个测试的智慧精髓所在。

报告的炼成方法和步骤如下。

第一步，你要分析、解决的是什么问题。

第二步，运用哪种评估方法和步骤，得到了哪些资料。

第三步，这些资料反应或印证了什么问题、分析这些问题的原因。

第四步，提出优化解决方案，并计划如何在下一次测试中验证。

7.4.2 可用性报告包含哪些内容

1. 测试系统

包括测试的时间、网络环境、所用设备、测试设别、所用版本、网址等。

2. 测试目的

你要分析、解决的是什么问题，或者要验证什么结论。

3. 人员记录

逐一描述测试用户的个人资料。包括性别、年龄、受教育程度、对产品的熟悉程度等。

记录主持人、记录者、旁观者人员。

4. 测试任务

逐条描述测试预设的任务，尽量描述清楚任务的起止点。

5. 测试方法

设计师可根据条件，根据测试任务的需要，选择合适的测试方法。

6. 测试流程

详细记录每一步的测试流程，包括前期准备、用户的操作记录、中途遇到的问题、和主持人的交谈过程。并记录每一步测试的结果是成功还是失败，每一步测试所用时间。

事后交流反馈用户原始建议。

7. 数据分析

分析总结原始数据发现问题，凝练成需求列表。转化成现存产品的问题。

附带相关问题截图。

8. 解决方案

这是携程网站的一个可用性测试报告[1]。

关于“携程”网站的可用性测试报告

2008-11-23

1. 测试系统

携程旅行网(网址:www.ctrip.com)

2. 测试目的

2.1 了解网站的用户行为模式;

2.2 了解用户在执行任务时网站所存在的可用性问题;

2.3 找出解决网站现已存在的可用性问题的有效方案;

2.4 增强该网站在同类性质网站的核心竞争力;

3. 测试用户

用户 A、用户 B

用户 A、B 都是广东省某高校数字媒体专业的学生,都具有一定的计算机应用技能。

4. 测试观察人员:

观察者 C、观察者 D

观察者 C、D 都是广东省某高校可用性工程研究方向的学生,掌握有一定的观察技能。

5. 测试任务

用户登录网站携程旅行网(网址:www.ctrip.com)

任务 1. 预定两张往返双程的机票:广州——青岛

要求:2008 年 11 月 25 日从广州出发,2008 年 11 月 28 日从青岛返回

任务 2. 在青岛的某家酒店预定一间房间

要求:标准双人(床)房

任务 3. 租车一天,寻找喜欢的线路游玩青岛

注:用户想租车自己开车去玩,线路自定

1 http://wenku.baidu.com/browse/downloadrec?doc_id=562ac6bec77da26925c5b0ea&。

6. 测试方法

协同合作法、有声思维法、回顾式测试法。

协同合作法：用户 A 和 B 共用一台电脑，一起合作，互相帮助执行任务；

有声思维法：用户 A 和 B 在执行任务的过程中，自然地说出他们在每个过程的所思所想；

回顾式测试法：在测试期间录了像，事后回放，和测试用户一起观看，用来收集额外的信息。

7. 实验设备

一间独立、安静的房间、两台装有测试软件（morae manager、morae observer、morae recorder、morae player）的电脑、一个摄像头。

8. 测试流程

8.1 测试前期准备

a. 根据网站所提供的主要功能制定测试的标准任务。

b. 向用户详细讲述标准任务的内容。

c. 确保测试（实验）过程不受打扰。

d. 确保用户在执行标准任务前没有访问过该网站。

e. 准备一间独立安静的房间、两台电脑，并装好相关的测试软件（morae manager、morae observer、morae recorder、morae player）、准备好一个摄像头，并且连接电脑。

f. 向用户声明，我们测试的是网站，而不是用户。

g. 让用户明白，他们可以随时终止测试网站。

h. 实验观察者要熟识所测网站。

i. 让用户掌握使用测试软件（morae manager、morae observer、morae recorder）的方法。

具体措施：

01. 测试的标准任务卡：

登录网址：www.ctrip.com(携程旅行网)
测试任务：
任务 1.预定两张往返双程的机票：广州—青岛
要求：2008 年 11 月 25 日从广州出发，2008 年 11 月 28 日从青岛返回
任务 2.在青岛的某家酒店预定一间房间
要求：标准的双人（床）房、经济型
任务 3.租车一天，寻找喜欢的线路游玩青岛（路线自定）

02．将宿舍作为一间独立的实验室，在宿舍的两台电脑装好相关软件（morae manager、morae observer、morae recorder、morae player），将摄像头与电脑连接好，在房门口挂上提示以确保实验过程不受打扰：

内做实验，请勿敲门（时间：16：20-17：20）

8.2 测试过程

01．确定相应设备安装就绪。

02．用户打开软件 morae recorder，进入相应界面，按下链接的相应开始按钮后开始执行任务，与此同时实验观察者也在另外一台电脑打开软件 morae observer，输入用户电脑的链接地址，进入观察界面。

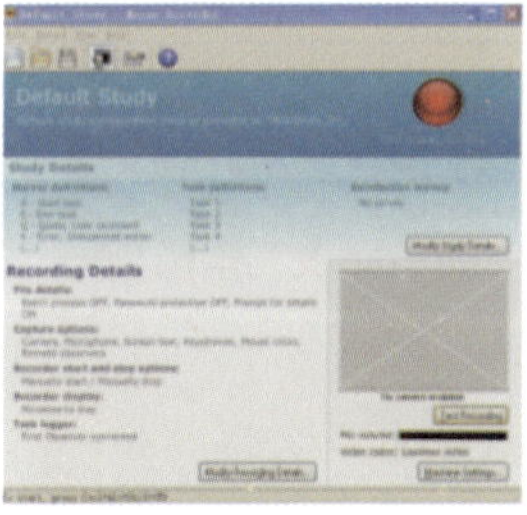

Morae recorder 界面

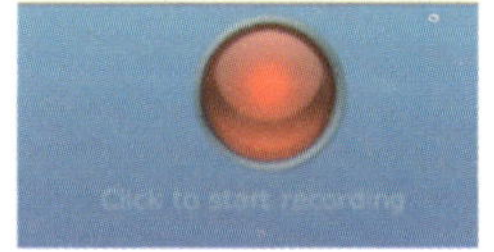

Morae recorder 开始按钮

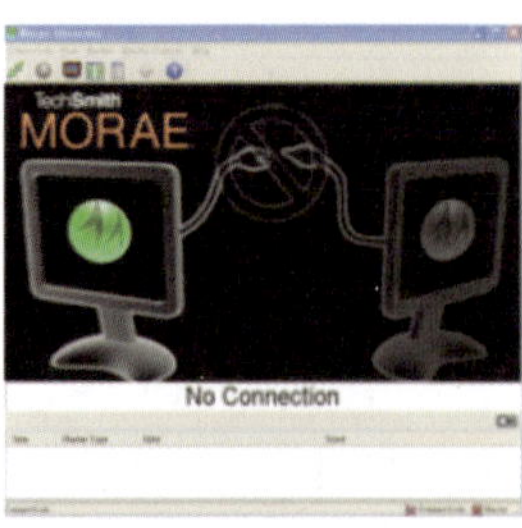

Morae observer 界面

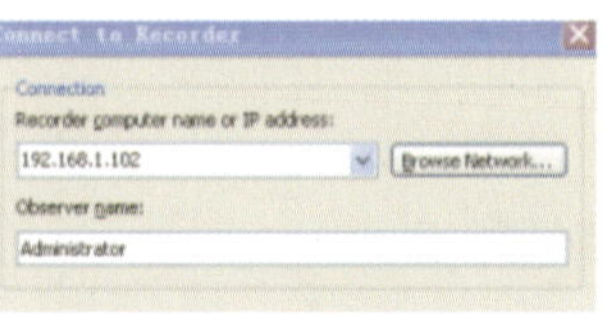

Morae observer 链接栏

03. 用户登录携程旅行网 :http://www.ctrip.com 开始执行标准任务，观察者则开始观察并且记录下用户对系统的操作行为。在实验室里，两个观察者都能够观察测试用户并听到测试用户说话，其中一人照看着测试用户并坐在测试用户的旁边记录下用户相关的语言，另外一个人则是照看好观察设备并且设置相关的标号、做好相关的观察记录。

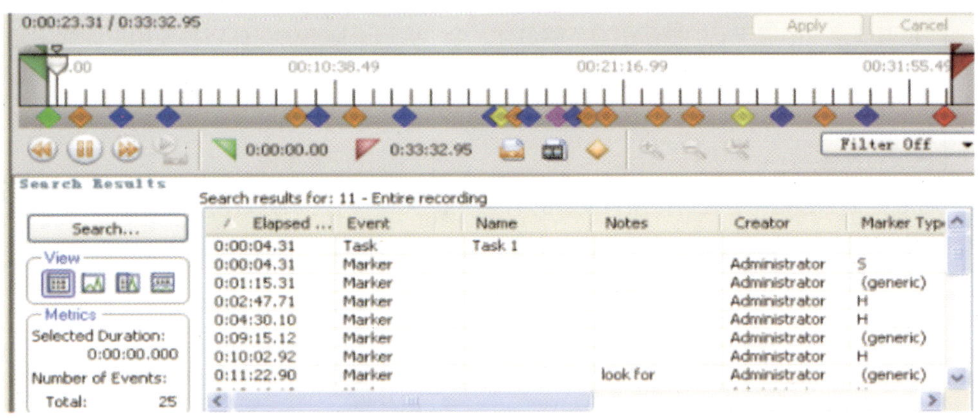

04. 用户执行完任务之后，用户和观察者保存好相应资料，退出软件。

8.3 用户测试时间

总时间：33 分 12 秒

（第一个任务费时：09 分 15 秒；第二个任务费时：08 分 08 秒；第三个任务费时 15 分 49 秒）

8.4 事后交流

01. 观察者打开软件 morae manager，和测试用户一起观察刚刚记录下的视频文件（.rdg 格式），并观察相应的录像。

02. 在观看录像过程询问用户在执行标准任务过程，用户神情专注、口发牢骚，遇到问题或遇到阻塞的原因。

03. 询问用户是否还有更多的关于系统的问题，并听取用户对于系统的建议。

9. 测试数据分析

9.1　实验过程所发现的可用性问题及可用性问题严重性分析说明列表

序号	可用性问题	严重性分析说明
01	“机票信息”中“退改签”的意思太过专业、令人费解	太过专业的语言容易让用户误解，增加用户的负担
02	“机票信息”中“全价”与“折扣价”的选择提示不够人性化	用户很容易忽略对选项进行选择，经过错误提示后易使用户产生厌烦情绪
03	“机票信息”中提示框的提示语言不够具体、令人费解	提示语言不够具体容易使用户迷惘，增加用户负担
04	预定酒店时“城市选择”选项迴双击城市名系统没有反应	容易让用户着急、不知所措，大大降低了网站的用户满意度
05	在预定酒店过程中存在链接没有反应的情况（死链接）	死链接直接导致用户对网站的满意度大大降低
06	预定酒店时选项星号（*）的提示含义解释不够明确	用户很容易就会忽略掉星号（*）的意义
07	“入住信息”选项中“最晚到店时间”的提示语言不够具体	提示语言不够具体容易使用户迷惘，增加用户负担
08	导航系统比较混乱，设计和栏目分类不合理，指示不够清晰	大大增加用户的搜索难度和记忆负担
09	“目的地指南”选项中的“搜索”按钮与键盘中的“Enter”键不相匹配	严重违反了用户的行为和思维习惯
10	租车信息处缺乏与出租车相应的旅游服务，即链接不够广泛	大大增加用户的搜索难度和记忆负担

9.2　相关问题截图（部分举例，不一一列出）

问题列表：

01. 退改签问题

02. “全价”与”折扣价”的选择提示问题

03. 提示框语言问题

04. 双击城市名系统没有反应

05. 死链接情况

06. 星号（*）的提示含义不明

07. 提示语言不够具体

08. 导航系统比较混乱

09. “搜索”按钮与键盘中的“Enter”键不相匹配

10. 网站相关可用性问题的解决方案

10.1 尽量在网页中减少出现像“退改签”这样晦涩难解的语言，要多从用户的角度出发，尽量使用用户比较熟悉的通俗语言。

10.2 在一些例如“全价”和“折扣价”等选项选择旁添加上一些提示语言来提醒用户，从而减少用户操作系统时所犯错误的次数。

10.3 提示框的语言要尽量具体、详细，要使用用户习惯的通俗易懂的语言。

10.4 当用户选择了某种选择时，系统应该相应地做出某种反应。

10.5 在网站里面，要绝对避免出现死链接的情况。

10.6 网站中星号（*）的摆放位置要一致，对于星号（*）的意义也要加以说明（例如带有星号的选项是必填项，其他的可填可不填）。

10.7 注意导航栏的分类应该有序，导航栏每个选项的名称要容易理解，避免错误引导用户。

10.8 要尽量满足用户的行为习惯，注意将“搜索”按钮与键盘的“Enter”键相匹配。

10.9 注意在相关选项处增加相关的一些链接，从而方便用户搜索。

11. 总结：

只有符合用户的行为习惯，尽量使用用户语言，清楚地了解用户的行为模式，提高用户对于网站的满意度，网站才能够更好地生存和发展。

7.5 几个经验值

7±2 原则[1]

因为人脑在获取信息时有容量限制，所以在处理复杂信息时会把其分为大的块和单元。根据佐治 . A. 米勒对人类短时记忆的研究，人脑每次能记住大概 5~9 项。这个理论用在限定导航菜单选项的数目上通常最多为 7。可是，关于“神奇的 7±2”一直有激烈的争论。因此，关于 7±2 原则能否或者应不应该应用在互联网上，还是没有达成共识。

2 秒规则

一条不成文的规则说，在一定类型的系统响应下，用户不必等待多于 2 秒，例如，切换应用程序和启动应用程序。尽管 2 秒钟的说法多少有点武断，但还是一个合理的规则。更可靠的说法应该是：让用户等待的时间越短，用户体验越好。

3 次点击法则

根据这个规则，如果用户在点击 3 次鼠标之后都找不到信息或者找出站点的特征，那么他们可以放弃使用这个网站。换句话来说，这个规则强调导航清晰的重要性，要求具备逻辑性的架构和容易领会的站点系统。在大多数情况下，点击次数其实是无关重要的；真正重要的是访问者总是知道他们在哪里，去过哪里还有下一步可以去哪里。如果用户完全了解系统如何工作，甚至 10 次点击也是可以的。

80/20 法则（巴莱多定律）

巴莱多定律（也叫关键少数法则或稀疏因子法则）指 80% 的效果归结于 20% 的原因。这是经济学上的基本经验(“80% 销量来自 20% 顾客”),但也可以运用在设计和可用性上。例如，通过识别 20% 用户、顾客、活动、产品或者进程，以及 80% 利润和使关注度最大化，可以戏剧性地改善网页。

交互设计的八条黄金法则

通过交互设计研究，本 · 施奈德曼从经验和大多数可行的交互系统提取出有启发性的法则集。这些法则对于用户界面设计和网页设计都是普遍适用的。

- 尽量保持一致性
- 让熟手用户使用快捷键
- 提供信息化反馈

---

1 http://blog.sina.com.cn/s/blog_6103cd640100wbvu.html。

- 设计对话框提示结束
- 提供简易错误处理
- 允许简单的恢复操作
- 提供控制的感觉
- 减少短时记忆载入

费茨定律

这是保罗·费茨在 1954 年发布的，费茨定律是移动点或者手指到达目标的时间和移动距离的对数成正比。该定律经常运用于鼠标从点 A 到点 B 的运动。例如，以一个更有效的途径使可接近性更大和提高点击率去放置内容，这个定律便显得重要。

倒金字塔

倒金字塔是文章摘要在开头的一种书写风格。这种方式利用新闻界有名的“瀑布效果”，让读者尽量了解作者报道的主题思想。文章以结论开头，然后陈述主要观点，最后是次要的细节例如背景信息。既然网页用户想要即时的满足感，那么，正如尼尔森所说的，倒金字塔对于网页写作是非常重要的，而且更有利于用户体验。

满意原则

网页用户不喜欢以最优方式去寻找他们所需要的信息。他们对最合理的解决方案不感兴趣。相反，他们经常以快但并不清晰的方式浏览。在网页应用里，满意原则实际就是描述这种方式：用户以“够用就好”的方式解决问题——尽管长远来看另一种方案能更好地满足他们的需求。

小鸭子综合征

小鸭子综合征描述了访问者趋于坚持他们接触的最初设计以及用最初设计的相似性去衡量其他设计。结果是比起其他不相似的系统，大多数用户更喜欢相似的系统。这是因为大多数再设计所具有的可用性问题：用户习惯了原先的设计，对于新的站点结构感到不适应，而不得不重新适应、找新的方法。

无视横幅广告

网页用户习惯无视看似广告的任何东西，有趣的是，他们还十分擅长这个。尽管广告显眼，但却经常被忽略。因为用户上网有不同的目的，当在网页上搜查明确的信息时，他们只会将注意力集中在他们认为是相关的信息上，例如，小的文本和超链接。大的色彩斑斓或者动画横幅和其他图形在这种情况会被无视。

蔡格尼克记忆效应

人类不能记住不确定的东西。我们习惯尽力找出我们感兴趣的未知问题答案。蔡格尼克记忆效应就是基于这种现象；蔡格尼克记忆效应下的电影、文章和情节都有一个意外的结局，经常留下一个令人震惊的意外或是困境。这种效应经常运用在广告里：叫访问者回答，然后答案广告商强迫他们阅读广告，点击横幅或者跟随一个链接。

这个效应由蔡格尼克于 1927 年发现，它有利于跟读者建立情感化联系，也在市场营销方面产生了效果。访问者能更好地记住广告是说什么甚至最细节的地方也记得一清二楚。在网页写作中蔡格尼克效应也用于联系访问者到网站（例如，“订阅我们的 RSS 以免你错过文章的第二部分！”）

自我参照效应

自我参照效应对于网页写作特别重要，而且可以有效地改善作者和读者的沟通。比起无直接关系的事情，我们能更好地记住跟我们个人想法有关的事情。例如，阅读完一篇文章，用户可以很好地记住跟他们经历相似的角色、故事或者事实。在网站的可用性中，自我参照效应经常运用在网页写作和内容展示方面。

形态理解的完全法则

下面这些法则是人机交互设计的基本心理学。

- 相近性法则。当我们看到一个物体集合，我们就觉得物体互相靠近组成一个群组。
- 相似性法则元素。如果元素之间彼此相似，那么他们就被认为是一组。
- 图形背景法则。在感知视觉领域，当一些物体退弱为背景时，另一些物体就占主导角色。
- 对称法则。我们倾向于感知物体的中心周围形成对称的形状。
- 结束法则。我们认为物体结束或者完成，尽管事实并非如此。

如图 7.5 所示。尽管我们只是看见白色和蓝色的横线间隔出现，但我们仍然可以看见字母“I”“B”“M”。

图 7.5 IBM 的 Logo

第 8 章

产品优化的减法

产品设计是一个不断迭代优化的过程。大家都喜欢做新东西，接手别人的产品开始做优化，比一个产品从头开始，还要难。平庸的设计师是拿来主义：别人有，我也得有。造成接手的产品越来越复杂，越来越庞大。或者完全推倒重来，给开发人员带来很大的工作量。优秀的设计师会结合分析产品现有功能架构，在让产品更好用的基础上，对产品进行优化。这个优化可以是功能的增减，也可以是视觉的合并、重绘。

8.1 加还是减

在开发的过程中，总能想到各种各样的新功能，新的想法也不断涌现，偶尔也会遇到一些相当出色的想法。但对于一个产品而言，太多的功能或许并不是一件好事，尤其是那些用户几乎用不到的超前功能，盲目地加上去只会令人产生困扰。这个时候，我们更需要的就是对产品做减法，去掉那些不必要的功能。但是减法，往往是一个更令人头痛的问题。

“简单”和“简洁”是两个不同的概念。简洁更多的是一种可以被看到的，更倾向于界面的设计风格方面；而简单，则是一种难以被直接看到的，贯穿了整个产品设计中的思想。

简洁的界面，其根本目的是为了降低用户的学习成本。如果创新的设计平白为用户增加了不必要的学习成本，那它与设计的初衷已经背道而驰。对于开发维护的工程师来说，也增加了开发和测试的维护成本。

为了保持简洁的风格，去掉一些不常用的按钮，确实是有意义的；但是从用户的角度而言，用法保持简单，使用路径最短，直达用户所需，才是更重要的事情。

先来看一个 App 减了又加的过程。

友录是一个著名的第三方拨号程序，有许多出色的设计。包括对联系人名单的补完、快速搜索拨号记录等功能，比系统自带的那个要强出许多。但是看图 8.1 这张拨号时的截图，是不是少了些什么？是的，那就是最常见的“*”和“#”字键。

从使用的角度来说，“*”字键和“#”字键，在拨号的时候确实没有太多用到的机会，毕竟很少有电话是需要用到这两个键的，而在通话中需要用到这两个键的时候，也会有一个独立的“拨号键盘”出现。这样看来，对于普通用户而言，完全没有机会用到“*”和“#”这两个键。相反，重新改造的拨号界面，会更有效地利用原有的按钮，创造更强的功能。这应该是一件利大于弊的事情。

但是对于 Android 来说，情况有些不同。“*#*#4636*#*#”对于安卓用户而言，已经是再熟悉不过的代码了，只有在拨号的时候拨这个，才能够进入系统隐藏的高级设置。好在对于

一个还在更新的软件而言，这并不是什么难题。只要在新增的按钮中，根据系统不同，添加一些常用的功能性拨号，就可以圆满地解决这些问题。

一切看起来都很完美。但是经过不断的更新，它在不知不觉中又变了回来（见图 8.2）。

图 8.1　拨号界面

图 8.2　变更后的拨号界面[1]

新版本中，它又将“*”和“#”字键重新加了回来。看似很出色的设计，既没有破坏界面整体的风格与平衡，也有效地增强了程序的功能，为何要改过来？究其原因，无外乎一点：给用户带来了不必要的困惑。

对于普通用户而已，带有“*”字键和“#”字键的标准拨号键盘布局，已经非常熟悉，甚至完全能背下来。对于这样的一套已经是唯一标准的布局，任何的改动，都会增加用户的学习成本。面对这样一个新的界面布局，用户需要花费时间去思考，“*”和“#”这两个键去了哪里？尽管从行为模式上来说，他们现在根本不会用到这两个键。

8.2 哪些是可以去掉的

如何让杂乱又咄咄逼人的网页变得轻薄简洁而美观，又完整保留功能、同时很好地区分出

1　http://www.chinaui.com/Knowledge/20110406/201104061000001207179.shtml。

重点模块？这往往是设计师困扰纠结之源；如何更好地将多余的元素、色彩、形状和纹理剔除，保留重点并梳理出清晰的视觉流动方向？

如果一个页面有太多的元素，用户将困惑于该看哪里或误解元素的优先级。优秀的设计师需要用设计语言将焦点引导到正确的内容上，正如前面提到的，极简的网页视觉能够将最重要的内容带到最前面并避免使用户分散注意力，例如，在一个黑白设计上的任何色斑都会引起用户的注意力，色彩本身也将成为焦点。

8.2.1 保留有效元素

如果一个页面上有一段文字、一张图画、一个按钮，用户会怎么做？人自然而然的目光顺序是：先看图画——再看文字——点击按钮。但是，当一个页面上有好几段混排的图文，好几个并列的按钮，按钮上还有数字、图标，用户就开始疑惑了：

“我是先看这张图还是先看那张图呢？”

“这么多按钮，我该先点哪个？是挨个点一遍，还是全部忽略？”

当用户一旦对你设计的一排按钮熟视无睹时，最糟糕的事情已经发生了——用户从心理上已经拒绝和你的产品进行互动了！

那些多余的、会被大多数用户的眼睛自动忽视的功能，就是界面上的无效元素，去掉这些无效元素吧，这将大大提高你的界面使用效率，并且还能降低开发、维护、测试的成本！

设计开始之初，从原型稿到视觉稿的转化过程中，擅长图形化识别的视觉设计师们，在面对繁杂而单调的线稿内容时，往往急于展开创作，却忽略了清晰梳理判断整体页面结构的重要环节。

哪些属于重点模块需要突出展示，哪些次要模块可以移动到更优化的布局或者精简合并？这是一个需要长期经验积累，不断磨炼耐心和提高理解判断能力的成长过程，也是职业化的开端。

我们可以首先写下必须要的内容：Logo、介绍、导航等。去掉其他一切不需要的元素，尽可能地丢掉它们。

下面是一些你可能不需要的元素。请注意这仅仅是一个指导。你的确切的需求将依赖于具体设计。下面的一些元素对你的网站来说可能不是必需的。

- 社区媒体的图标或图形，或者社区媒体部分。
- 宣传员和补充说明或介绍。
- “推荐”“流行”和“最新”列表（包括 Twitter 和 RSS 订阅列表）。

- 多于 3 个主要部分的页面（比如“介绍”“关于”和“服务”）。
- 次级导航页面。

这里的关键并非是让网站有较少的功能，而是去掉不必要的元素（从而强调必须的元素）或将多个部分整合到一个更简单的布局（比如，通过合并你的社区媒体链接到“关于”或介绍性部分）。

简约设计应该有较少的纹理、色彩、形状、线条、内容或排版。然而，如果太直白，设计将会空洞。与其丢掉所有东西，不如通过给焦点添加重要的特征来给设计增加一些感染力。

8.2.2 去掉低频元素

层级清晰，从一开始的交互操作和产品架构开始，可以写下必须要的产品步骤：启动——首页——列表——内容——操作——结果，尽量去掉其他一切不需要的点击，尽可能缩短用户的使用路径。

下面是一些你可能精简的层级，请注意这仅仅是一个指导，确切的需求将依赖于你的具体设计。

（1）跳转到编辑页面——在同一个页面上，所见即所得，当页修改，当页显示修改后结果。

（2）占一行的纯提示性文字——道理同上，所见即所得，尽量减少那些不可操作的、纯用来做提示、分类、标题的文字。

（3）二级导航页面——如果一级导航可以看作是不同功能模块的分组，那么二级导航页面的使用效率就会极大下降，毕竟在移动 App 上，上下滑动是最高效的操作方式，切换就不必了。

（4）超过一屏幕的文字说明——在移动 App 大段文字的排版工作上，除非这是法律说明，其他任何形式的提示、说明、引导，还是考虑用控件、图片或者互动动画来解决。

8.2.3 合理布局

如果一个页面有太多的元素，用户将困惑于该看哪里或误解元素的优先级。优秀的设计师需要用设计语言将焦点引导到正确的内容上，正如前面提到的，极简的网页视觉能够将最重要的内容带到最前面并避免使用户分散注意力，例如，在一个黑白设计上的任何色斑都会引起用户的注意力，色彩本身也将成为焦点。

设计之初，从原型稿到视觉稿的转化过程中，擅长图形化识别的视觉设计师们，在面对繁杂而单调的线稿内容时，往往急于创作，却忽略了清晰梳理判断整体页面结构的重要环节。

哪些属于重点模块需要突出展示，哪些次要模块可以移动到更优化的布局或者精简合并？这是一个需要长期经验积累，不断磨炼耐心和提高理解判断能力的成长过程，也是职业化的开端。

排版布局中的平衡、对齐及对比关系，对页面视觉效果至关重要。如果画面效果头重脚轻，或者左右不均衡，会让用户有压迫感，从而影响到浏览的流畅性。虽然大部分的布局可以通过空白和良好的线框实现，还是要特别注意一下设计的基本原则。与极简设计相关的三个最重要的因素是平衡、对齐和对比（见图 8.3）。

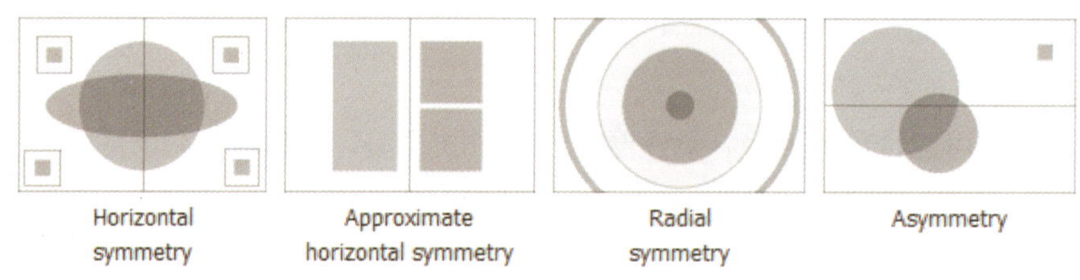

1

图 8.3　布局三要素：平衡、对齐、对比

实现简化设计的第一步，不是简单地去掉大部分图片，而是要重新考虑内容并将其简化到无遮盖的需求。只有那样才能让页面中最重要的元素实现其预期的效果。

8.2.4　怎么精简元素

有三个方法。

（1）眯眼测试法

移动 App 多数使用场景是在车上、路上，晃动的、局促的、幽暗的地方是测试你的界面是否简洁的最好环境。视力不好的人，手太小的人，单手操作有点困难的人，是最佳的测试用户。

就用“眯眼”测试法来检验一下你手中的产品吧：在一屏界面上，眯着眼睛，单手操作，画出 3 个最吸引目光最容易操作的地方，这三个地方，摆放你最重要的三个功能或者界面元素！其他的统统砍掉，舍不得砍掉？那就用抽屉归类的方法，藏起来！

1　http://cdc.tencent.com/?p=2431。

（2）倒数去除法

当我们列出一长串功能或者界面元素时，让你选出最优先、最重要、必须要做的功能，非常难。这个时候，采取倒数去除的方法：这里有十个功能，如果必须去掉三个，你选择哪三个？这时候做选择会比较容易，砍掉三个，剩下七个功能。如果再必须去掉三个，你选哪三个？这时候做选择就比较谨慎和困难了。

再去掉三个，剩下四个时，最终再去掉一个，剩下的三个功能或者界面元素就是你界面上最重要的三个了。用这三个功能来布局你的界面，服务你的用户吧！

（3）进一出一法

新版本迭代，要增加新功能？可以，没问题！

还想要作为重要功能，主推给用户？可以，也没问题！

但是，进一个新功能，必须出一个旧功能。

这里说的旧功能，并不是 1.0 版本就有的基础功能，而是那些用户使用中，通过统计显示的低频功能。这些功能，或去掉，或隐藏，让界面的主推功能更醒目！

8.3 善用色彩的心理暗示

简约而通透的白色页面

白色优雅、平和而简单，没有强烈的个性，因而网站设计中，白色含有高级、科技的意象，是流行的主色调。

白色可以给人轻快速度感，运用得当可以让其他任何浅颜色及亮颜色呈现出明度的不同，通过对比让亮色更加明快和舒适。

图 8.4 所示的网站展示了如何使用白色来呈现内容和一个网站自身的潜力。

精致高雅的灰色绅士

“灰质（Gray matter）”让人联想到智商与脑力。它不像黑色那么鲜明，又不像纯白那样苍白，灰色是黑与白的过度，是完美的补色。灰色可以和任何色彩搭配，由于它的中立性，它常常被用作背景颜色，可以让其他色彩突出。使用浅灰色替代白色或者用暗灰色替代黑色，能够赋予网页与众不同的高雅之感，如图 8.5 所示。

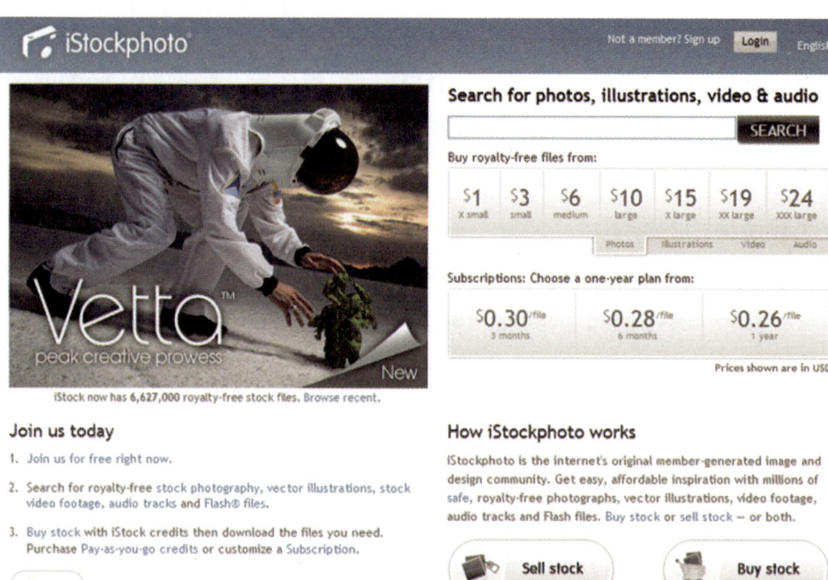

图 8.4 白色系设计的网站[1]

图 8.5 灰色系设计的网站界面[2]

1 http://www.istockphoto.com/index.php。
2 http://www.apple.com。

灰色无论是作为背景颜色还是标题或主字体颜色都很流行。灰色也是极简主义网站的首选色彩，这类网站通常会选用浅灰色作为背景色彩，然后选用深灰色作为主要的字体颜色。

8.4　设计的加减法哲学

从第一个像素开始，我们开始不断用加法进行创造，搭建出完美的设计作品，然而这就是极致么？设计时适时运用放大或减少，不断地变化，可以更好地趋向极简，反复历练考究每一个必要的元素存在的价值。

过度设计有时会成为一种习惯。无论你多么艰难地尝试将一个设计保持简单，它最终仍变得凌乱和复杂。要修正这一点，我们必须养成新的习惯。试着在每个项目之前回顾上面的技巧并让它们贯穿整个设计流程。比如，努力在将内容放到空白之前减少和简化它们。如果发现自己左右为难，可以先试着把东西拿出来，而不是加入一些新的东西。

极简主义的每一个方面需要不同的天赋。将这些原理实践地越多，你的设计就将变得越简单。另外，一旦使用了这里讨论到的技术，看一下最终的产品并查看一下你是否能找到更进一步简化这个结果的方法。你可以专注于设计过程中不确定的区域，而且你也可以向其他设计师询问以指出你可能遗漏的元素。

精简元素

每当到达这个阶段，设计师需要静下心来思考，当加法加到一定量的时候再转做减法设计，考验的是设计师对整体的把握能力。减法设计是在加法比较成熟的情况下才能尝试的设计方式。理论上来说，加法设计比减法设计相对更加容易。减法设计更能体现设计师的功力和积累，目标是少而精练。

鼓起勇气大胆地去除边框，让画面更加通透大气，空间视觉元素不多不少，但又显得很丰富、美观。这个加减的过程正是让设计不断趋向完美的历练之路。

让空间透气

在通过去除与隐藏的方式降低设计复杂性的过程中，减少“视觉感知”的复杂性也是很重要的。空白与对比无疑成为行之有效的减少视觉干扰的重要方法。

视觉布局中适当的空白对即将出现在页面中的少量元素是必要的平衡。它应是默认的布局工具。经典法则之一：如果可以使用空白就不要放置其他设计元素。如果用这种方式布局，你会很惊讶地发现，只要调整界面的空白就可以完成布局了。

虽然使用空白多多益善，但也要尽可能地保证有对比感。设计师应使用最小的视觉变化来表达想法。事实上这就意味着元素之间要有主次感。

空白不等于苍白。如图 8.6 所示，是不是觉得整版的文字缺少图片的点缀？在保留必要的留白空间后，试着为文字配上一张点睛的美图吧，或者给段落文字总结配一个示意小图标，适当的点缀必不可少。透气的留白不等于无力的苍白，让有趣的设计大胆地激发用户的视觉神经，让设计更有思想，不断趋向简洁和完美。

图 8.6　全部用文字组成的界面[1]

1　http://www.kylestanding.com/。